良 石 宋璐璐/编著

宝宝起名有学问

北京科学技术出版社

图书在版编目(CIP)数据

宝宝起名有学问/良石，宋璐璐编著. —北京：北京科学技术出版社，2020.4（重印）

ISBN 978-7-5304-5937-9

Ⅰ.①宝… Ⅱ.①良… ②宋… Ⅲ.①姓名学-中国 Ⅳ.①K810.2

中国版本图书馆 CIP 数据核字（2012）第127296号

宝宝起名有学问

作　　者：良　石　宋璐璐
责任编辑：李　菲　王云飞
封面设计：子　敏
出 版 人：张敬德
出版发行：北京科学技术出版社
社　　址：北京西直门南大街 16 号
邮政编码：100035
电话传真：0086-10-66161951（总编室）
0086-10-66113227（发行部）　0086-10-66161952（发行部传真）
电子信箱：bjkjpress@163.com
网　　址：www.bkjpress.com
经　　销：新华书店
印　　刷：北京中创彩色印刷有限公司
开　　本：787mm×1092mm　1/16
字　　数：490千
印　　张：19.25
版　　次：2012 年 7 月第 1 版
印　　次：2020 年 4 月第 3 次印刷
ISBN 978-7-5304-5937-9/K·105

定　　价：29.80 元

前言 Preface

古人云："赐子千金，不如教子一艺；教子一艺，不如赐子佳名。"的确如此，中国人历来讲究取名艺术，因为在中国历史长卷中蕴含着悠久的传统文字艺术，所以对每个中国人来说，名字将会对人的一生产生重大的影响。

姓名是一个人的第一张名片，虽然只是一个文字符号，但是它的背后却包含着时代的气息，凝聚着父母的情意与殷切希望，隐喻着不同的理想抱负与人生梦想。

人们常说："人如其名。"一个人的名字，往往能够引发人的联想，影响他人对其的主观评价。比如，提起湖南卫视著名主持人汪涵的名字，首先给人的感觉就是这个人非常有涵养，结合他本人主持风格风趣、幽默、睿智，名字的寓意真是妙不可言。

为孩子起名，是家庭教育的第一步，是父母对孩子未来人生信息密码的锁定，是个人愿望与社会责任的"固化剂"。倾注人生信念的名字，将作用和影响人的生命航向。

一个响亮、优雅的名字，有利于提高亲和力，增强交际能力，将会对事业的发展产生很大的推动作用。一个符合五格剖象、生肖玄机的吉祥名字，对一个人的健康、婚姻、事业有极强的暗示力与灵动力，它能够帮助人与社会和谐相处。一个恰到好处的佳名、雅号，能够影响人的素养与品位。它能够给人积极的暗示引导，使人奋发图强、力争上游，为人走向成功的殿堂增加一份能量。可以说，一个好名字，就是父母送给宝宝最珍贵的礼物。

然而，现实社会中的情形却很不理想。由于缺乏起名的知识或者对其有误解，导致我们为宝宝起名时出现了很多弊端。有的名字粗野不堪，有的名字杂凑不严肃，有的名字不分性别，有的名字十分拗口，有的名字有歧义等。那些纷繁重叠、零乱不堪的名字，就像一只沉重的包袱，压在孩子们的身上，让他们徒增烦恼却又无可奈何。

给宝宝起名非常重要。那么，如何才能给自己的宝宝起一个吉祥响亮的好名字呢？

为了解决给孩子起名难的问题，本书系统地介绍了好名字对宝宝的影响，给宝宝起名的原则与禁忌，民间常用的起名方法，五格剖象起名法，生肖玄机起名法，生辰八字起名法，因姓生名起名法以及起名常见的误区，给宝宝改名的学问等内容，兼顾了科学性和我国民间起名的传统习惯。

希望广大读者在打开我们精心编纂的这部《一名定乾坤：宝宝起名有学问》的时候，能够把握其精髓，参透其内涵，快速地给宝宝起一个理想的好名字。

目录 Contents

第1章
好名字为宝宝带来好运气

第2章
至关重要的宝宝起名原则

第3章 不容忽视的宝宝起名禁忌

第4章 民间常用的宝宝起名方法

第5章 五格剖象宝宝起名法

第6章 生肖玄机宝宝起名法

第1章 好名字为宝宝带来好运气

好名字能够助宝宝闯天下

好名字给宝宝带来好运气

名字和健康之间的关系

名字与事业有何“姻缘”

有财全靠好名字

性格与名字也有关系

好名字激励宝宝的一生

好名字能够助宝宝闯天下

古人云：“赐子千金，不如教子一艺；教子一艺，不如赐子好名。”中国人历来重视起名，中国的智者们，也都无一不重视“名”的地位。先贤荀子曾经说：“名有固善，径易而不拂，谓之善名。”圣人孔子也曾言：“名不正则言不顺。”名士苏轼曾坦言：“世间唯名实不可欺。”从中，便可看到“名”重要之一二。

不仅古人如此，今天，绝大多数父母也都在为自己的孩子苦思冥想着合心意的好名字。从仙鹤送子的那一刻开始，还在妈妈肚子里的宝宝就已经成了大家的焦点。诚然，宝宝是父母爱的结晶，给宝宝取一个好名字，不但可以寄托父母的期望，而且还能伴随孩子的一生，甚至帮他出人头地、大展宏图。然而，一个不理想的名字也许会是其人生路上的绊脚石。不信，我们可以一起来看看下面的例子：

清代同治七年，江苏人王国钧在参加全国科举考试中，成绩名列前茅，进而参加殿试。原本以他的才华，应当为金科状元。然而，当慈禧太后听到他的名字时，觉得这与“亡国君”三字谐音，大为不满，立刻下旨降为三等。就这样，因为名字，王国钧不但丢失了应得的桂冠，还被发往安徽当知县，又被议，改任教职。在山阳县任教官二十年，因为才干卓越，才被选为云南某县令。不幸的是，他还没有上任，就因故去世了。

清代光绪三十年，直隶人刘春霖参加科举考试，名列进士三甲末等。但是，因其名“春霖”有着春雨的意思，再加上其姓正好又与“留”谐音，很受慈禧太后青睐。她认为，这个人的名字非常吉祥，符合自己“恩泽永垂”的心境，便下旨将刘春霖破格提升为甲等第一。就这样，原本与状元无缘的刘春霖，却意外折桂。

在几乎同样的条件下，仅仅因为名字的缘故，王国钧与刘春霖的命运就有了天壤之别。名字的重要性，由此可见一斑。

开创了“香草美人”传统的屈原，在出生的时候，父亲为了给他取得一个“佳名”，仔细计算生日时辰，费尽了心思。近代资产阶级启蒙思想家严复，更是注重名字的重要性，前来向他求取好名字的人不下千人，而他总是慎之又慎，一个名字往往要花费十余天，甚至一个月的时间。

最为典型的，莫过于三国时期的名士王昶。他给两个侄子起名，一个为王默，字处静；另一个为王沈，字处道。他给两个儿子起名，一个为王浑，字玄冲；另一个为王深，字道虚。他为取此名，还曾专门作文告诫儿子与侄子：“为了让你们立身行事遵照儒家的规矩，履行道家的主张，所以，用玄、默、冲、虚作为你们的名字，这是想要你们，顾名思义，不敢违背逾越。”

俗话说：“艺由己立，名自人成。”父母给宝宝取一个寓意深刻的好名字，并不断地为其讲述名字的含义及由来，可以很好地激励宝宝努力学习，立志成才，从而促使宝宝日后成为社会栋梁之才。

好名字能够带给宝宝自信、快乐与希望。所以，亲爱的父母们，用心且谨慎地为宝宝取一个好名字吧，将你们的爱意、情意全都倾注其中，从而为宝宝日后闯天下赢得一份珍贵的“橄榄枝”。

好名字给宝宝带来好运气

中国有句成语说的是“听天由命”，意思是听任事态自然发展，不做主观努力。常常也有老人说“命里注定”，意思是命运早已安排好了。那么，什么是“命运”呢？“命运”真的无法改变吗？先来看看“命运”这个词，它是由“命”和“运”两个字组成的。先天指“命”，后天指“运”，正所谓“先天之命，后天之运”。一个人出生的年、月、日、时和出生地点与生俱来，不可改变。一个小生命好比一颗种子，他的基础、条件已经决定。这就是所谓的“先天之命”。

再来说说“后天之运”。一颗种子已经深埋地下，它就需要阳光、雨露、浇水、施肥。种子能茁壮成长，除了自身的基因起作用外，它生长的环境也很重要。人的姓名能够自由选择，这是诸多可以影响人的命运的因素中很重要的因素，也是人们最先面对的一个因素。一个人名字取得好，将会为他未来的发展加分。

其实，姓名往往不只是“区别符号”这么简单。《说文》一书中有“名自命也”的说法。“形以定名，名以定事，事以验名。”说的是观察辨别人物、事物要先定其名而后才可以成事，而事物的成败得失，又可以检验其名。名字实际上和“命运”有着密不可分的关系。

“不见其人，先闻其名”。姓名所提供的信息往往具有极强的暗示性。古人云：“汝巧非汝能，我拙非我愿。”这实际上与姓名的诱导暗示作用不无关系，好名字带来好运气，一个人的姓名有可能影响着他的命运。

在社会交往中，一个人会因为一个响亮的好名字而给他人留下深刻的印象，甚至因此给自己带来好的运气。相反，一个不合时宜的名字，可能会让自己走背运。这样的例子古今中外不胜枚举。

明永乐二十二年，孙日恭在殿试中的成绩排名第一，邢宽排名第二。但是当发榜时，邢宽却意外地由榜眼变身为状元，孙日恭屈居第三名。原来，永乐皇帝认为孙日恭的名字“日”“恭”合起来成了“暴”字，犯了皇帝的忌讳；相反，邢宽的名字可视作“邢”政“宽”和，可以为皇帝赢得人心。因此，邢宽便取代孙日恭做了状元。

在我国历史上因名字春风得意或屡屡受挫的轶事不少，有些甚至近于荒唐，不过这在一定程度上反映了名字的重要性。当然，“人如其名”也不绝对，一个名为“静”的孩子，也许在性格上却是活泼好动的。

随着社会的进步，人们的物质生活和精神生活水平不断提高，人类的交往活动也日益频繁，名字对于人的作用越来越重要。许多专家学者通过研究发现，每个人的名字除了表面的意思外，还存在着潜在的信息，它可以直接影响到人的性格、情绪，乃至对生活的态度和事业的成就。为什么“名”和“命”两个字的声母、韵母都相同，只是音调不同？为什么“姓名”和“性命”的发音如此相像？由此可见，名字和命运是存在着千丝万缕的联系的。看似简单的姓名，不仅影响着一个人的性格、健康、事业、姻缘，还与他的一生有着密切的关系。

好名字带来好运气，既不要抹杀它对人后天的诱导作用，也不要过分夸大名字对个人的影响，这才是年轻的父母在为宝宝起名时应持有的态度。

名字和健康之间的关系

从某种意义上来讲，健康是拥有一切的基础。没有健康作保证，一切都是枉然。为人父母，最希望的是自己的子女能够健康成长，一生平安，至于其他倒在其次。这种愿望也反映在所取的名字之中。

一个人的名字起得好与坏直接影响到他的健康，这听起来像是天方夜谭，然而传统的中医学理论却认为，姓名的数理关系好比人体五脏的关系，因此姓名是可以影响到人的健康的。金、木、水、火、土是五行，中国的先人通过这其中的奥秘，就能找出姓名与人体五脏之间的内在联系。中医学理论认为，在五行中数字1、2为木，3、4为火，5、6为土，7、8为金，9、10为水。木在五脏中属肝，火属心脏，土属脾胃，水属肾脏，金属肺。因此，人体五脏通过五行折映在1～10的数理中，五行相生相克的关系即表明人的身体健康状况。当然，这种推断是否有科学根据，还有待考证，我们暂可将其作为一个参考。

美国的医学家也发现，姓名和健康有着极大的关系。他们在排除了人的种族、性别、社会经济状况等可能影响一个人的健康因素后，得出这样一个结论："父母给孩子起的名字似乎可以改变孩子的死亡原因和时间。姓名缩写为贬义者，不仅寿命短，而且所患的疾病种类多，意外发生死亡率很高。"

"一个人的健康状况确实和他的名字关系密切"。对此，专家们指出，不同的名字有着不同的语音组合，这些组合及其引起的振动对人脑将产生特殊影响，从而控制着人的身体功能。由于名字的差异，不同的人所患的疾病也会不同。这其中，名字伴随的父姓起到关键的作用，因为它包含了代代相传的遗传信息，不同的名字会产生不同的语音组合，结果可能导致因为取名不当而引起身体和智力的发育不全。可见，一个人名字对健康的重要性。

此外，还有专家表示，取名还应考虑孩子出生时的季节。比如，春季出生的小孩由于缺乏维生素可能会导致抵抗力不足，其名字就应该更阳刚一些。相反，冬季出生的孩子，其名字可以取得较柔和一些，以便弱化“冬季”小孩典型的健康问题。所以说，一个名字与孩子的健康息息相关，并将影响他的一生。

严格来说，真正的健康不仅包括身体健康，还包括心理健康。一个人的名字不仅影响他的身体健康，也可能影响他的心理健康。有的孩子因为取名不恰当，常常会表现出高度兴奋、心理不适等异常的心理状况。专家提示，父母在给孩子取名时，应考虑孩子的姓与名的协调度，那些易于发音和容易被记住的名字是好的选择，而有些稀奇古怪和拗口的名字则可能会导致孩子表现出不适的症状。

名字与事业有何“姻缘”

每个人都有自己的理想和追求，希望在有生之年成就一番事业。名字作为一种符号，包含时代变迁的信息，铭刻着不同的文化理念，同时又是人生信息传递的重要载体。名字凝聚着父母的深厚感情和殷切期望，同时也隐喻着不同的抱负、理想、爱好与追求。同样是干事业，有的人成功容易，成就辉煌，不干则已，一干就飞黄腾达；而对于另外一些人来说，干事业总是困难重重，劳而不获，一事无成，前途莫测。

我们都知道，世上的职业种类繁多，事业纷繁复杂，人的志趣又各有不同。有人喜文，有人擅武，有人偏爱静坐，喜欢读书，有人则性格活泼，常侃侃而谈。有的父母在给孩子起名字时往往加入许多自己的意愿。比如，假借孩子的名字表达自己在某个领域的失意，希望孩子能够完成自己未完成的梦想；通过孩子的名字表达自己对一份事业的执著，希望孩子能在自己喜爱的领域有所作为。其实，孩子今后的道路还是需要他自己去走，这样的起名方法实不可取。

在古代，很多人的名字体现了所谓的职业趋向，由于当时对职业划分没有现在这么详尽，因此希望“从文”或“从武”的例子比较多见。比如，孙希武，元代人，希望从事武官，但此人从没当过武官，只做过文官。魏希文，明代人，希望从事文业，果然如此。另外，柴武是汉高祖时的一员大将。清代的毛宗文立志从文，并著有《扶雅堂诗集》，而宗文就是文宗的意思，以文为宗旨，义甚明了。还有杨成武、杜从武、张经武均为武将，从名字看就有希望成为武将的意思，其愿望最终得以实现。

现代人取名时的职业倾向化，在艺术文人中间多有体现，比如，著名作家沈从文，当代作家陆文夫。两者的名字很有意趣，一个立志从文，一个甘当“文夫”，最终都走上文学道路。现代著名漫画家方唐，意谐“荒唐”，他的画利用夸张、讽刺手法表现，漫画看似荒唐，实则一针见血，入木三分，看后让人捧腹大笑。莫非仙，魔术家，名如其人。联想起其鬼神难测的高超演技，真让人产生莫非遇上仙的感觉。此名与职业相配得出人意料，引人入胜。孟财茂，商人，名字稍显俗气，但却与职业志向相吻合，意为盼望财源茂盛，足显其求财创富之心意。

有时爱好往往是从事职业、开拓事业的基础，将爱好寓于名字当中也将会有助于未来事业的发展。

下面提供一些例子以供参考：

陈好棋，表示对棋艺的爱好。刘爱琴，表示对音乐的喜爱与追求。除此之外，还有李心歌、张悦画、刘书怀、王以文、石文清、商海华、库金山、方秀竹、莫言等。

如何让孩子打拼一份属于自己的事业，给他取一个好名字也许会事半功倍。

 有财全靠好名字

一个好名字是父母带给宝宝的第一笔重要财富。名字中隐含着巨大的能量，足以影响宝宝一生的命运，关系他未来事业发展的成败。

做生意最重要的是求财，对于公司或企业来说，好名字是一块“金字招牌”，具有神奇的力量。它不仅能吸引顾客的眼球，起到宣传推广的作用，还能源源不断地为企业带来订单，使企业不断走向成功。好的名号是企业最宝贵的无形资产。试问天下经商者，谁不期望财源广进？能够给商号起个好名字，不但是企业发财致富的第一步，同时也是导致企业兴衰成败的重要环节。

在央视进行黄金段位广告招标的那一年，蒙牛集团以3.1亿巨额投入成为央视“新标王”，可谓出尽风头。回顾几年前，蒙牛创业之初，就是靠“蒙牛”这个名字起家。当时，蒙牛在只有1000万元资金的情况下，并没有急着买设备，建厂房，而是斥巨资在内蒙古地区铺天盖地做起了广告。虽然还未开发出产品，但“蒙牛”的名号已经是家喻户晓了。然后，蒙牛才借助其他厂家的牛奶迅速占领市场，取得了成功，从而创造了中国乳业王国的奇迹。

由此可见，名字不仅对个人，对于企业或店铺来说也是至关重要的。一般来说，是否决定与该公司洽谈业务，是否准备从该企业订购产品，往往是先

看其招牌是否中意。而企业或店铺在对外推销产品、开展业务活动时，在很大程度上也是期望客户能够熟悉企业或店铺的名字，认可公司的经营理念，信任其生产的产品，从而引起购买行为。因此，一个响亮的、好记的名字是成就企业品牌的前提和关键。而对于用户来说，当他面临多种不同选择时，一个熟悉的名字能够迅速涌上心头，证明这个品牌在他的心中已经占有一席之地，取得了他的好感与信任。

因此，做人就如同做企业，为自己的企业或子女取一个好名字，才能带来好的财运，这是使人生走向成功的第一步。这样的例子在影视明星中比较多见，他们的成功相信读者也有目共睹。刘德华原名刘福荣，李玟原名李美林，许如芸原名许宏绣，成龙原名陈港生，熊天平原名熊威，关之琳原名关家慧，王菲原名夏琳……一个朗朗上口并不落俗套的好名字，能让大家在短时间内记住你，这就是名字的魅力。李玟本名李美林，听名字犹如邻家女孩，似乎少了些成为歌坛天后的霸气，所以当她十八岁来台湾发展时就以“李玟”为名出道。这一名字既时尚、利落，又好写、好记，而且不容易与他人名字混淆。多年来，李玟在歌坛闯出了自己的一片天。艺人们通过改名字大红大紫，在打响知名度的同时身价倍增，自然挣得盆满钵满，从而运势兴旺。

哪位父母不希望自己的孩子长大后出人头地、有所作为。那么，在孩子的成长过程中，除了为他创造一个好的成长环境外，帮他起一个好名字也可以助他建立后天的运势。

性格与名字也有关系

在现代社会中，成功的事业离不开良好的人际关系，即所谓的“人脉”，“人缘好”则事事顺利，“人缘差”就会处处碰壁。拥有什么样的人际关系取决于自己平时的为人处世之道，这与自己的性格是有关系的。好的性格、好的人际关系会对一个人的前程有很大的促进作用。人名作为一个特定的符号，它不仅是一个生命体的代称，同时也能反映出属于一个人本质。在日常生活中，我们常常会发现这样的情况，一个人的名字豪爽，会给人一种爽直的感觉，而一个人的名字典雅，也会给人很优雅的感觉。

当父母给孩子起名字时，常常是将自己的期望寄托在其中，而这种期望大多是积极向上的，这样的名字必然对孩子今后的成长产生积极向上的作用。但如果名字的寓意是消极的，就会给人带来不愉快的联想，有时还会成为让别人嘲弄的笑柄。人名在一个人的一生中将是使用频率最高的词语，当他签名或被叫喊时一定会对这个人的精神意识产生作用。

人的名字对本人和他人的心理产生直接或间接的暗示作用，直至最后可能真是“人如其名”了。因此，把人的名字称为“人生密码”，从某种意义上来说并不为过。而以一个人的名字来判断他的性格，也不失为一个虽不一定准确但却十分可行的方法。好名字有着画龙点睛的神奇作用，对于人生是有裨益的。

一个人具有什么能力，能够接受什么样的嘱托，承担什么样的责任，做些什么事情，很大程度上取决于他具有什么样的性格。看来，人的名字和性格相辅相成，共同影响着人生。名字的内涵有利于性格的成长，这对于我们的人生是大有好处的。比如说，一个人生性懦弱，遇事消极，给他起一个带“强”或“坚”字的名字就比较适合，可以时时提醒他要克服自己的懦弱，坚强奋斗；而一个人如果性格激烈好胜，就应该给他起一个诸如“文”“华”这样的名字，让名字的寓意中和一下他性格中激烈的成分。还有很多例子，比如，王秉刚，清乾隆帝时的武进士；王勇，北周武川人，为当时骁将，官至大将军。还有舒真、杨爽、张乐、邓刚、文良、志坚、张娴、静文等。取这样的名字是为了更加坚定性格中的强势，补足性格中的弱势。

其实，如果仔细观察一个人就可以发现，同一个人有时表现得崇高，有时表现得卑琐；有时勇敢，有时胆怯；有时聪明，有时又犯糊涂。一个人到底是什么性格，也许连他自己都说不清楚。但毕竟“江山易改，本性难移。”性格应该是一种稳定的心理特征。而每个人身上却都存在着多重性格，这种稳定是相对的。对于智者，性格是一匹驯马；对于愚者，性格则是一匹野马，不可驾驭。当一个人拥有了一个好名字时，良好的性格完全可以占据主导地位，这样一个人就能够更好地驾驭自己的命运了。

好名字激励宝宝的一生

取一个好名字，一方面会提醒自己一定要“人如其名”，另一方面也会让周围的亲朋以“名”为标准不断地鞭策自己。比如，取名“仁”“信”，你可能就会不断地告诫自己，千万不能做“背信弃义”的事情，做事要对得起这个名字。一个叫“志刚”或“志强”的人，也绝不会给人留下优柔寡断的印象。

曹雪芹，清代小说家，清代著名文学家，字梦阮，号雪芹。他历经十年创作了《红楼梦》，死后遗留《红楼梦》前八十回稿子。他起名的背后还有一段故事。据说曹雪芹嗜酒喜吃，家道衰落后，经常自己烹调菜肴，他最拿手和喜爱的一道菜叫做“雪底芹芽”。这道菜早在宋代以前就有了，是用斑鸠和芹菜做成的。斑鸠其肉鲜嫩，与芹芽同炒，颜色鲜艳，衬以“雪底”，实在清淡味美。曹雪芹的“雪芹”二字由此而来。在历经家族由盛转衰、大悲大喜的多次变故后，曹雪芹对社会、人生有了极其深刻的感悟。他性情高傲，愤世嫉俗，虽然贫困，但耻于攀附达官贵人，过着清贫如洗的艰难日子。曹雪芹以“雪芹”自诩，表现出他越是在艰难的环境中越是顽强的性格特点，犹如雪中寒梅、雪底芹菜。他以坚忍不拔的毅力，专心致志地从事《红楼梦》的写作和修订，为世人留下不朽的巨著。正是“雪芹”的名字激励着他不畏艰难，不甘于屈服，勇敢追求自己的理想。

蔡锷，原名蔡艮寅，曾经响应辛亥革命，发动反对袁世凯重现帝制的护国战争，是“中华民国”初年杰出的军事领袖。1900年4月，蔡锷随唐才常等人从日本回国，准备发动自立军起义，起义很快便失败了，唐才常惨遭杀害，蔡艮寅再次逃到日本。起义的失败，使他深刻认识到军事的重要，他决定弃文习武。古诗有云“莲花穿剑锷，秋月掩刀环”，锷者，宝刀也。蔡艮寅遂改名蔡锷，取其锋芒锐利之意，表现了他坚定不移、临危不惧的精神和为国为民战斗到底的英雄气概。

著名作家钱钟书，据说他从小就钟情于读书，抓周时抓到的是一本书。他的父亲因此为他起名为“钟书”。成年后，他尽享在书的海洋里遨游的乐趣，曾用笔名中书君，从儿时的阅读启蒙中，钱钟书逐渐确立了“满室书香、博学强记”的阅读习惯。“读书破万卷，下笔如有神”，从某种意义上证实，读书是钱钟书攀上学术高峰的重要阶梯。他的长篇小说《围城》享誉中外就不足为奇了。

当一个人赞美他人的行为和业绩时，经常会使用“英名”“美名”等表示钦佩的字眼，可见，名字对每一个人来说有着不同寻常的价值。一个人要展鸿鹄之志，要主宰自己的命运，有一个暗含幸福、成功、好运的名字相伴自然有助于实现自己人生的美好愿望！

第2章

至关重要的宝宝起名原则

给宝宝起名要先注意“国家规定”

根据《中华人民共和国民法通则》和《户口登记条例》，孩子出生后要办理相关的出生证明和户口登记。根据这些规定，从1996年1月1日起，凡在我国境内出生的人口，统一使用依法制发的、按照栏目要求填写并加盖出生医学证明专用章的出生医学证明。新生儿父母或监护人凭出生医学证明和相关的计划生育证明，到新生儿常住户口登记机关申报出生登记。1998年7月22日以后，根据随父随母自愿的原则，新生儿可以在其父亲或母亲常住户口所在地的户口登记机关申报常住户口。其申报登记常住户口的性质，都依据其随父或随母的户口性质而确定。另外，对于那些登记了户口而又要求改名的孩子，有关方面也有相应的规定。具体说来，这些规定大致包括以下几类：

1. 办理新生儿户口登记的一般规定

（1）婴儿出生一个月以内，婴儿父母或监护人凭计划生育服务部门签发的生育服务证、婴儿出生医院签发的出生医学证明，持居民户口簿到新生儿常住地户口登记机关申报出生登记。

（2）超计划生育出生的婴儿，由当地计划生育部门对其父母按有关规定进行处罚后，可在其母常住户口所在地申报户口。

（3）非婚生婴儿，可以在其母常住户口所在地申报户口。

（4）父母户口不在婴儿出生地的，可回到常住户口所在地申报户口，或按相关规定进行申报。

2. 办理新生儿户口登记的特殊规定

（1）民政部门抚养的弃婴、孤儿，由该单位向户口登记机关申报出生登记。

（2）婴儿出生后，在申报出生登记前死亡的，应当同时申报出生、死亡两项登记。如果生下来即已死亡，不申报出生、死亡登记。

3. 关于更改姓名的规定

根据我国《户口登记条例》第18条和公安部三局关于执行户口登记条例的初步意见第9条的规定，公民申请更改姓名按如下规定办理：

（1）凡因户口登记部门工作失误造成公民姓名差错的，由造成差错的派出所出具证明，经现户口登记地派出所所长批准后，给予更正。

（2）未满18周岁的公民，要求变更姓名的，由本人或监护人写出书面申请，在校学生由学校出具证明，经派出所所长批准后，给予变更。被收养或被认领的人，年龄较大的需征得本人同意。

（3）满18周岁的公民申请更改姓名，需填写居民变更身份申请表，经本人所在单位人事部门审核签署意见后，持户口簿等到各县、市公安局户证处审批办理。无单位的公民申请更改姓名的，由父母一方所在单位签署意见后审批办理。父母无工作单位的，由所在居委会签署意见后审批办理。

（4）原冠夫姓的妇女申请去掉夫姓，或称氏改为姓名的，以及僧、道、尼由法名改为俗名的，经派出所所长批准后，给予变更。

4. 相关规定

笔者从有关方面获悉，我国的公安部门正在加紧制订《姓名登记条例》，以便更好地保护每个公民的姓名权，同时也使起名变得有法可依。该条例所说的姓名登记是公民户口登记的重要内容，也是我国关于姓名的专门条例。尽管过去我国的《户口登记条例》《中华人民共和国婚姻法》《中华人民共和国民法通则》等法律法规对姓名的有关问题曾作出规定，对规范公民设定和变更姓名等行为，保护公民的合法权益起到了积极作用，但近年来随着经济社会的快速发展，人们的思想观念发生了很大变化，在姓名登记方面出现了诸如公民随意设定姓氏、取名用字不规范、频繁变更姓名、恶意变更姓名以回避法律惩罚等新情况、新问题，有必要制定专门的条例加以解决。同时，该条例的制定和颁布对确认公民身份，方便公民正确行使宪法、法律赋予的各项权利和承担相应义务，促进社会管理和公共服务，保障社会正常秩序，也会具有重要的法律意义。

《姓名登记条例》的基本思路是在立法原则上坚持尊重和保护民族风俗的原则，坚持个人权利与社会秩序相协调的原则。在内容结构上，明确规定姓名设定、姓名变更、登记程序、法律责任等基本制度。在立法形式上，建议制定姓名登记单行法规，由国务院公布施行。在这种思路下，有关部门在充分调查研究和广泛征求意见的基础上，初步完成了条例草案。该草案共包括总则、姓名设定、姓名变更、登记程序、法律责任和附则等六章四十二条。其中与起名有关的内容主要围绕起名用字问题，旨在解决用字的随意性和不规范性，减少其对个人生活和工作产生的不便，更好地保护自身权益，为姓名登记工作的规范化和信息化提供客观保障。其相关规定有：

（1）为了维护国家、社会公共利益，尊重和保护民族习惯，抵制封建文化和殖民文化的侵蚀和影响，起名不得含有下列内容：损害国家或者民族尊严；违背民族风俗；容易引起公众不良反应或者误解。

（2）姓名登记应当使用规范的汉字和少数民族文字，起名用字国家标准由国务院语言文字工作部门或国务院标准化行政主管部门制定。

（3）起名不得使用或者含有下列文字、字母、数字、符号：已简化的繁体字、已淘汰的异体字、自造字、外国文字、汉语拼音字母、阿拉伯数字、符号和其他超出规范的汉字和少数民族文字范围以外的字样。

（4）除依照规定使用少数民族文字或者书写、译写汉字的以外，姓名用字应当在2个汉字以上，6个汉字以下。

当然，由于《姓名登记条例》是与姓名登记有关的综合性法规条文，其所涉及的内容当然不只包括起名一项，还有不少其他方面的规定。其中，如对改名的规定就十分具体，规定：为了保障公民权利、义务关系的持续、稳定，维护社会秩序，公民无正当理由不得变更姓名，确实需要变更时必须首先提出申请，经户口登记机关审核批准后予于变更。其中，申请变更名字的，应该符合以下条件：同时在同一单位工作或者在同一学校学习姓名相同；与社会知名人士姓名相同；与声名狼藉人员姓名相同；与被通缉的犯罪嫌疑人姓名相同；名字粗俗、怪异；名字难认、难写；名字可能造成性别混淆或误解；公民出家或者出家人还俗，变更为法名、道名或者原姓名；其他特殊原因。不予办理姓名变更的情形：因故意犯罪或违法行为曾经被处以有期徒刑以上刑事处罚或劳动教养的；正在服刑或被执行劳动教养的；正在接受刑事案件或治安案件调查的；民事案件尚未审结或者尚未执行完结的；行政案件尚未审结或行政处罚尚未执行完结；个人信用有严重不良记录的；公民担任法定代表人时因故意行为造成单位信用有严重不良记录的；户口登记机关认定不宜变更的其他情形。此外，为了防止滥用姓名权，频繁变更名字，《姓名登记条例》还规定年满18周岁的公民申请办理名字变更登记以一次为限，其一般程序是：已满18周岁的公民和以自己的劳动收入为主要生活来源的16周岁以上不满18周岁的公民申请办理姓名变更登记，应当出具本人的居民户口簿、居民身份证、本人签字的姓名变更登记申请表、户口登记机关要求提交的其他证明材料等证件和证明材料；未满18周岁的公民申请办理姓名变更登记，应当由父母或者其他监护人代为办理，并应出具本人的居民户口簿、居民身份证、父母或其他监护人的身份证件或者证明材料、父母或其他监护人协商同意变更子女姓名的证明等；父母一方亡故另一方再婚后要求变更未成年子女姓名的，应当区别不同情形，准予当事人及其监护人凭上款要求出具的证件和证明材料办理姓名变更手续。已满18周岁的公民申请办理姓名变更登记被核准的，应当自接到批准通知后的7日内，在指定的报刊上发布姓名变更公告。自公告发布后的30日内，申请人应当持公告到户口登记机关办理姓名变更登记手续。逾期不发布公告或者发布公告后逾期未办理姓名变更登记手续的，视为自动放弃姓名变更登记权利。由于姓名变更后，户籍档案资料需作相应变更，增加了管理成本，公民办理姓名变更登记应当缴纳手续费，收费标准由国务院价格主管部门会同国务院财政部门规定。此外，为了遏制、减少不按规定办理姓名登记、骗取姓名登记和变更登记等行为，姓名登记机关对那些不按规定申请姓名登记或者姓名变更登记的有权不予受理，对于出具虚假证明材料申请办理姓名登记或者姓名变更登记的可以给予警告并处以罚款，对于骗取姓名登记或者姓名变更登记的有权撤销姓名登记或者姓名变更登记。

宝宝的名字要规范

给宝宝起名字不仅要便于书写，也应该方便他人识读，因此，起名用字要规范，只有这样，人名信息的传递才能方便、准确。那么，什么是规范汉字呢？

在中国大陆，规范汉字是指经过整理简化并由国家以字表形式正式公布的简化字和未被整理简化的传承字，如人、山、水、火等字。而“不规范汉字”则包括已被简化的繁体字、已经被废除的异体字、已经被废弃的二简字，和乱造的不规范的简体字和错别字。其中，经过整理简化的字是指经国务院或国家主管部门批准，以字表等形式正式颁布的现代规范汉字，其字表主要包括国家语言文字改革委员会发布的《简化汉字总表》（1986年）、《第一批异体字整理表》（1955年）、《现代汉语常用字表》（1988年）、《现代汉语通用字表》（1988年）等。对此，我国2001年1月1日开始正式实施的《中华人民共和国国家通用语言文字法》曾明确规定“国家通用语言文字是普通话和规范汉字”“国家推广普通话，推行规范汉字”，指出每个公民都“有学习和使用国家通用语言文字的权利”，要遵循社会用字规范。

其实，汉字使用规范化，是文字发展的规律和社会交际的需要。为了让人们起名用字符合规范，减少可能带来的不必要的麻烦，教育部、国家语言文字工作委员会（以下简称国家语委）、公安部等部门近年来一直在进行有关起名规范化方面的研究，并计划在条件成熟时推出《人名条例》和《人名用字表》，以及《少数民族姓名汉字音译转写规范》《中国人名汉语拼音拼写规范》等。其中，《人名条例》是关于起名的行政规范，《人名用字表》则是起名的用字规范。

我国汉字数量很大，但常用的只不过3500个，覆盖率达99.48%。不常用的汉字大多出现在人名和地名当中。前几年，国家有关部门对起名用字进行了抽样调查，发现还有人起名使用不规范的简化字或异体字、繁体字等。其中，使用不规范简化字的，如把“萧”写成“肖”，把“橘”写成“桔”；使用繁体字的，如“幹（干）”“華（华）”“軍（军）”；使用异体字的，如“峯（峰）”“濬（浚）”“崐（昆）”“堃（坤）”等。起名用字长期来无章可循，致使用字量无限扩大，甚至自造汉字的现象愈演愈烈。如此一来，影响了人名功能的正常发挥，使自己和别人徒增烦恼。名字具备书写和识读两个基本功能，如果人名用字不规范，自己的名字别人不认识也不会读，那么这样的人名形同虚设。此外，由于起名用字不规范，会给户籍管理、医疗、人事、银行、保险、交通等行业的工作带来很多不便，不仅耽误他人的宝贵时间，而且影响工作效率。尤其是现在很多手续的办理都需要计算机终端进行处理，起名用字不规范会带来很多不必要的麻烦。因此，在广泛调研基础上，根据人名用字规律制订《人名用字表》，确定合适的人名用字数量，实现人名用字规范化，是很有必要的，这需要公安、民政、信息处理等部门的大力配合，同时也需要得到全社会的理解和支持。

构思新颖会为宝宝的名字增辉

谈到取名的构思和新颖，许多小说中人物的名字一定会让我们记忆犹新、难以忘却。比如，《天龙八部》中的段誉、钟灵、司空玄、王语嫣；《绝代双骄》中的花无缺、小鱼儿、铁心兰；《还珠格格》中的夏紫薇、小燕子、尔康……谁能说这些名字不够新、不够酷呢？

名字是人与人之间相互区别的符号，应该以突出个性为鲜明特征。否则，人名也就失去了它的基本作用。起名时构思新颖别致也是一个重要原则。

据统计，我国古今使用的姓氏大约有2万个，可用于起名的汉字也不过数千个。而我国现今的人口已经突破13亿大关。人口众多而可用于起名的汉字有限，姓与名既要巧妙结合、新颖别致，又要避免与他人重名，的确不是一件容易的事，这需要多费些心思。

父母都是望子成龙、望女成凤，希望孩子健康平安，所以名字中多用龙、凤、康、美、英、勇等字。有些父母更是喜欢追求时尚，而不顾及名字应具有典型性这一特征。于是，很多名字带有强烈的时代特征。比如，新中国成立时，家长给孩子起名“解放”“建国”的就特别多，1990年召开亚运会期间起名“盼盼”（亚运会吉祥物大熊猫的名字）、“亚运”的人占了相当一部分，而2008年奥运会时五个福娃的名字贝贝、晶晶、欢欢、迎迎、妮妮又得到许多父母的青睐，成为孩子起名的常用词。如此取名虽也花了不少心思，但只是跟风，缺乏创意，以致所起的名字毫无特色。

那么，如何能起一个新颖别致又寓意美好的名字呢？其实，做到这点并不难。比如，我们可以从身边熟悉的汉字或习惯用语中去发掘，或进行反向思考。如我国一向忌讳用含有贬义和不吉利的字作名字，但事实上，如果变通一下所起出的名字也别具一格。在我国历史上就有霍去病、辛弃疾、李苦禅、张恨水等名字，虽然“病”“疾”“苦”“恨”等字都表示了人们比较忌讳的事情，但经过巧妙处理，不仅一扫这些字所带来的晦气，反而使这些名字熠熠生辉，收到了较好的艺术效果。而且，一般父母给孩子取名都会挑些吉利的字眼，但如果孩子的姓氏表示否定，比如姓“吴”，与“无”谐音，就是没有的意思，这种情况着实也让家长头疼。但其实只要变通一下，仍然能为孩子起出好名字。比如，叫吴迪，天下无敌，所向披靡；叫吴过，没有过错，孩子一生自然顺顺利利。此外，在一些习惯用语或成语中也有不少可以用作人名的素材，如果把这些素材巧妙地加以利用，起出的名字将会独具匠心、赏心悦目。比如，石成金、常香玉、梅兰芳、江南春、白如雪、冷如冰、关山月、易水寒、凌云志、莫非仙、秦汉唐等名字，无不意味深长、妙趣天成。

总之，取新颖典雅的名字，素材处处可见，关键就看你怎样去发掘了。

简明易懂能给宝宝的名字加分

宝宝的名字要简明易懂，好学、好记、好认、好读的名字将会给宝宝加分。当宝宝咿咿呀呀学语时，听到最多的就是自己的名字。接着孩子开始认字了，首先要认识的往往也是自己的名字。好学好认的名字自然能激发孩子学习的兴趣，让他对学习信心倍增。相反，如果名字笔画复杂，难学难认，就会给孩子的学习带来困难，使他失去学习的兴趣和信心，并有可能“厌恶”自己的名字。这样对孩子未来的发展肯定是没有好处的。殊不知，这正是给他起名字的人给他造成的麻烦。同样，当孩子长大步入社会时，他的名字就像一块“敲门砖”，要经常在社会上使用。一个写起来简单、读起来方便的名字也许会为他的发展带来很多好的机会。相反，书写麻烦而又难读、难认的名字则可能使他与好机会“擦肩而过”。名字是一个符号，一个笔画简单易记的名字有助于这一符号的使用。

在起名字时，有些人为了显示自己渊博的学识，往往用一些笔画较多且不容易让人认识的字做名字。如近代南方有位较有名气的文人，自名爨鱻麤（cuàn xiān cū），号凿凿龛，名号六个字共有176画，可谓我国历代人名笔画之最。其实除“爨”字为笔画复杂的罕见姓氏外，“鱻麤”是早已被废弃的“鲜粗”二字的异体字，纯属是玩文字游戏，故弄玄虚。而国学大师章太炎，在学界、政界、思想界的地位已为世人所公认，他有个怪癖，为了显示自己的学问高深，他煞费苦心，找到三个古老难认的字给自己的三个女儿取名。不料，三个千金长大成人后，个个出落得才识不凡、聪明异常，但到了婚配年龄却仍没人登门求亲。这是何原因呢？后来，章老先生才知道，原来三位千金的名字太过独特，想来求亲的人怕说错了名字在国学大师面前丢脸，只好作罢。章太炎知道后，有一天召集亲朋好友，大摆宴席，“无意”中说明三个女儿名字的念法及意义，这以后上门的媒人才络绎不绝，三个女儿最终也找到了如意郎君。

我国著名京剧表演艺术家关肃霜，原名关鹔鹴。鹔鹴，是古代传说中的西方神鸟。这个名字是由师傅取的，希望她能像鹔鹴鸟一样出人头地，有所作为。1952年，周恩来总理接见她时说，“鹔鹴”二字太生僻，笔画多，写起来麻烦，识字不多的人更难以认记。关肃霜听从建议，将名字中的两只“鸟儿”放掉，改名为关肃霜。

由此可见，人名作为人际间交往中必不可少的符号，应该是让人一看就明白，一写就会的。一个好的名字应当简明易懂，因此在起名时要尽量避免使用笔画较多、常人不太认识的字，这样才会给自己赢得更多机会，也免去了别人的尴尬。

字形赏心悦目很重要

汉字是我们中国人的杰作，它不仅涵义深远而且字形优美，是审美与实用的结合体。对此，鲁迅曾说：“我国文字有三美，意美以感心，音美以感耳，形美以感目。”又说，我国的汉字是“东方的明珠瑰宝。它不是诗，却有诗的韵味；它不是画，却有画的美感；它不是舞，却有舞的节奏；它不是歌，却有歌的旋律”。的确，汉字确实是形、音、义三者完美的结合体。因此在起名时要考虑汉字的这三大特征。那么，如何在起名时实现这三者的完美结合呢？毕竟“爱美之心，人皆有之”，一个看上去让人赏心悦目的名字会给人一种好的视觉感，为此，我们先从字形说起。

我们现在所使用的汉字从字形上来看是方块字，它也是世界上一种独特的方块字，数量繁多，结构复杂。仅就其结构来看，分为独体字和合体字两种基本字体。独体字是不能再继续分割的文字，如“人”“天”等，其数量占全部汉字的10%左右，其余都是合体字。合体字还可以进一步分为左右结构、上下结构、全包围结构、半包围结构、品字形结构等多种类型。在起名选字时，字形也是组成名字的基本元素之一，如果能注意所选用的几个汉字之间的搭配，则会使所取的名字饱含美感。

为了让名字写出来好看，在字形上就要注意所选用字的结构和搭配。尽量不用笔画太多的字，还要注意字体的长短、肥瘦、强弱、虚实，尤其是几个字搭配在一起时要尽量避免部首、偏旁的雷同，使其富于变化，动感十足。

由于我国的汉字在笔画上有繁有简，少则两三画，多则几十画，起名时一定要考虑到汉字的这种客观规律，注意所选用的几个字之间笔画要相对均等。同时，还要注意所用各种形体的字要有所变化，姓氏与名字的搭配要平稳。只有这样，所起出的名字看上去才会整体和谐，从而获得视觉上的美感。

此外，在起名用字的搭配中，还要注意名字用字与姓氏之间的搭配关系。姓氏用字的结构也区分为独体字、左右结构、上下结构、全包围结构、半包围结构、品字形结构等几种类型。比如，独体字有王、方、马等姓氏，左右结构有刘、杨、林等姓氏，上下结构有李、吴、金等姓氏，全包围结构有国、园等姓氏，品字形结构有聂、晶等姓氏等。另外，姓氏也同样有笔画繁简、长短、肥瘦、虚实、强弱之分，起名时也要考虑到。

具体说来，起名的人姓氏笔画较少，应尽量选取一些笔画较少的字来搭配。比如姓丁的人可以起名丁玉川、丁日昌，姓于的人起名于仲文、于成龙等。至于姓氏笔画较多的人，则更应注意姓氏与名字笔画之间的搭配，如果名字的笔画较少，会使人感到头重脚轻。如姓魏的人起名魏仁、魏乐，远不如起名魏斌、魏源效果好。为了减少因姓氏笔画不同而为起名造成的麻烦，人们逐渐发现，起双字名可以减少视觉上的偏差。因为如果这样，无论最后一个字笔画是多么复杂，但只要在它与姓氏之间加上一个笔画较为少的字，一切问题都可迎刃而解。如起名龚飞、王德、蒋龙等，这些名字虽然含义不错，但从字形的搭配上来看总是显得美中不足。但如果把它们分别改为双字名，变成龚一飞、王玉德、蒋子龙，这样在视觉上的反差就不会显得那么突出了，同时也使名字显得更美观、协调。

名字的读音要铿锵有力

一个人起了名字，首先是被用作称呼的。因此，在用名字进行沟通交流时，音节响亮、清脆悦耳等特点无疑是非常重要的。我国被用作人名的汉字，在读音上有声、韵、调三个基本要素。由于汉字数量庞大，因而有明显的同音字现象，同时还有多音字的情况，即一字多音。在起名时往往是两个或三个字的组合，而一个字有一个字的声调和音韵，几个字组合起来，就会有不同的音韵效果。有的人名字好听，有的人名字不好听，其根本原因就在于音韵搭配是否合理。起名时考虑汉字的音韵，遵守起名用字的读音原则，这样的名字让人叫起来就会顺口、清晰，让人听着也必然和谐、响亮。

谈到汉字的音韵搭配，其实是一门大学问。人们都爱读唐诗宋词，觉得那是一种美的享受，实际上，就是因为在作诗填词时注意了音韵和节律，从而使诗词富有美感。同样，起名也要学会运用字与字之间的音韵搭配，使名字叫起来铿锵有力，读起来朗朗上口，听起来抑扬顿挫。这样，名字在人与人之间的交往过程中便会起到意想不到的效果。试想有这么两个人，一个的名字读起来声韵哑仄，而另一个人的名字读起来声韵响亮，如果对于这两个人都算是初识，那么，那个读来哑仄、听来模糊的名字可能会使人联想到这是一个消沉、颓唐之人，相反，那个读来响亮、听来清晰的名字会使人联想到他必定是个目光炯炯有神，行为举止自信有力的人。多年来，有不少人常说毛泽东主席的名字起得好，其原因就在于他的名字是音韵搭配的典范。这一名字最后一个字落在“东”上，声韵开阔有力，阴平声调又使韵律平稳悠长，极富穿透力，不得不使人联想到他的言行举止、音容笑貌极具伟人的性格和风采。

起名时要注意符合汉字的读音原则，首先要考虑声调的搭配，尽量在名字中使用不同声调的字，使名字读起来抑扬顿挫，产生悦耳动听的效果。一个人的名字字音是否响亮、悦耳，声调起了很重要的作用。当把起名所用的几个字组合在一起时，如果声调缺乏变化，起出来的名字叫起来就不响亮、不好听。

在起名时注意用字声调的同时，还应考虑声母与韵母的搭配。声母是指汉字音节开头的辅音，而韵母是指一个汉字除声母外的音节。如果名字的声母、韵母搭配不当，读起来就会拗口。早在我国汉代，有个谋士叫郦食其（lì yì jī），又有位将军名金日磾（jīn mì dī），两个人的名字读起来都很拗口。又如颜一烟这个名字，名中的“颜”与“烟”读音相同，只是声调不同，而且这两个字之间又以“一”字隔开，三个字声母相同，韵母略有不同，读起来含含糊糊，十分不顺。

在读音上应注意的另一个原则是，要尽量避免名字和姓氏的声母、韵母都相同。因为姓氏声调不同，起名时要考虑这一因素，注意名字和姓氏不同声调的组合，使之搭配具有错落有致的艺术效果。此外，在起名时，在读音上还要避免名字的读音与不雅的词同音。比如，从字面上看，倪始、韩渊、史诗、杜子达等名字字义都很文雅，但如果读起来就容易与“你死”“喊冤”“死尸”“肚子大”等同音，从而引起误解。

再者，如果想让一个名字响亮动听，那就应在最末一个字上下工夫。从汉字学的角度看，韵母分为鼻音韵母和非鼻音韵母两种类型，而鼻音韵母根据韵腹（主要元音）和韵尾的不同，又分为前鼻音韵母、后鼻音韵母两类，不同类型的韵母都有一些读着比较响亮的字。两类字相比之下，后鼻音韵母的字读起来更响亮一些。另外，在非鼻音韵母中，韵腹开口度大的响亮程度较高，同时还受到声调的影响。一般来说，上声字因为是曲折调，所以响亮程度与非上声字相比要差一些。由于韵母的读音有这样的区别，那么要想起一个响亮好听的名字就应在起名字的时候多关注最末一个字的读音，尽量选取后鼻音韵母中的非上声字。当然，无论名字的读音简单还是复杂，叫起来好听、响亮才是最终的目的。

寓意典雅才能为宝宝起好名

所谓人名的寓意性，是指人名本身所包含的意义以及在作为人名时所被赋予的功能。比如，在我国封建社会，人们十分重视尊祖敬宗，希望子孙荣昌，因此在起名时多取些诸如绍先、敬祖、广宗、延嗣等名字。其中用“绍先”“敬祖”有缅怀祖先功业，继承先辈遗志的意思；而“广宗”“廷嗣”则有希望子孙发扬光大自己的事业，使宗族昌盛之意。可见，起名时要考虑人名的寓意性，这是由汉字本身的特点所决定的。因为汉字有比字母更高的信息密度，它的表意性很强，不仅每一个字会具有多种不同的含义和很强的组词能力，而且大多数的字可以独立成词，表达一定的意义。

起名字要含义明朗、通俗易懂。如我国古今的一些名人，其名字大多简单明快、寓意深刻。如李白、杜甫、岳飞、文天祥、孙中山、毛泽东等。再如我国第一位驻外女大使丁雪松，其名字就很典雅。以“雪松”来寄希望于她有不屈不挠的意志，其效果要比“坚强”等名字显得雅致得多。

一个好名字会使人增加愉悦感和加深好印象。有这样一个故事：据说，在美国，曾有人做过一个试验，即把30位年轻姑娘的照片拿去让男大学生们作评语。然后，在照片上标上名字，再拿去让这些大学生重新作评语。结果，那些名字动听的姑娘的评语好上加好，原来评价不错的姑娘因名字不好而评价也有所降低。

起名时多考虑用字的寓意，以便起出让人赏心悦目的名字，相信这是许多父母一直都在努力做的事情。当然也不可否认，现实生活中有人起名过于随意，使得所起的名字寓意不佳，从而丧失它寄予希望的作用。这种情况大多出现在单字名中，因为单字名与双字名相比本身就缺乏丰富性，重名的几率又很高，实难看到其个性色彩。名字千篇一律容易使其本身变成一个简单的符号，毫无特色可言。

其实，起名时注重名字的含义，这是古今中外的普遍做法，只是当许多国外的名字被翻译成中文时，大多按照读音来翻译，因此也就无法体现名字原有的含义。

美固葑同佛宵肓浲妾·拈毓诹绳奄曼月(十)丨肓浲妾·阽荻汇妾皂笑名，其中“阿莱汉姆”的意思是“愿你平安”；而美国作家马叮·吏渥皂同孕兵吩么昭“舸巢叶孀”鏮阽核延佛宵荡凭皂同孕吩么昭“硫汉”。这些例子都说明了在起名字时要仔细研究名字的寓意。

事实上，那些文雅而又意义深远的名字总会产生一种神奇的力量吸引着人们，让人过目不忘。比如，“刘畅”这个名字，其音与“流畅”谐音，所表达的含义又清新明快，让人感觉如沐春风、畅快淋漓；而“唐前燕”这个名字，取自“旧时王谢堂前燕”的诗句，姓氏与名字很好地结合，又以谐音表达出相近的意义，让人意犹未尽；还有像“华而实”这个名字，改自“华而不实”的成语，却表示出相反的意义，让人啧啧称道；而“李如白”这个名字，借大诗人李白的名字表示“如李白”之意。这些名字既寓意典雅又容易让人记住，父母在给宝宝起名时可作参考。

宝宝的姓名搭配要和谐

姓是由汉字构成的，中国的姓氏文化源远流长，每一种姓都包含着独特而又丰富的文化内涵，生生不息，孕育出优秀的中华儿女。人名也是由汉字构成的，尽管它可以单独使用，但通常情况下是与家族的姓放在一起使用，组成“姓名”这一固定形式。姓氏与名字之间搭配得巧妙协调，不仅使名字的结构层次新奇，这样的名字其内涵也会趋于丰富，意义深远。因此，我们在为孩子起名字时，要考虑的不仅仅是名字，还应关注它与姓氏的关联，这也是给宝宝起名时应遵循的一个重要原则。

我们都知道，“姓”是血统关系的表现，旧时的人所谓“传宗接代”和“延续香火”指的就是要使本家族的姓氏传递下去。同家族的人一般都是同姓。其实，大多数“姓”都具有其他含义，有的则与其他字谐音，从而可能引发联想意义。比如，“赵”“钱”“孙”“李”这四个姓氏，“钱”“孙”“李”，都是有其具体含义的。而“赵”也有其谐音相同的字，即“照”。给宝宝起名的时候，一定要把姓氏的音、义都搞清楚，起出的名字才有可能使名与姓搭配和谐。比如，“天宇”这个名字，单独来看，读音、词义都很不错，“天宇”指天空、天际，气势宏大。但这样的名字如果与姓氏“殷”搭配起来，其谐音成为“阴天（下）雨”，意思就不好了。还有一个例子，比如，“梅”作姓，“乐”作名，单独看起来都很不错，“宝剑锋从磨砺出，梅花香自苦寒来”，中国历代文人志士爱梅、颂梅者极多，梅以高洁、坚强、的品格激励人立志奋发；而“乐”是幸福的标志，欢乐吉祥。但是这两个字搭配在一起则让人联想到“没了”，姓名表示了否定的意思，给人“竹篮打水一场空”的感觉。

现在，我国的人口已经突破13亿，随着人口数量的不断增加，各姓氏人口的悬殊将会变得越来越明显，尤其像张、王、李、赵等大姓人口过于集中，重名的现象将会越来越严重。据统计，我国目前使用的姓氏有4000多个，其中将近90%的人只使用100多个姓氏。在北京，全市1000多万人中超过1/3的人只使用王、李、张、刘4个姓氏。中国人口众多，重复的姓名又有愈演愈烈之势，给宝宝取名字的时候一定要和姓氏做好搭配，否则就会闹出笑话。

举几个例子大家引以为戒吧。比如，胡丽晶、沈敬兵、姚京、肖仁、吴嫣梅、段家财等名字，容易让人联想到不好的意思，父母在给宝宝取名字的时候一定要多看、多读，适当联想，避免费劲脑筋却起出让人哭笑不得的名字。其实，“姓名”是先有“姓”再有“名”，一种比较好地处理姓名搭配问题的方法是可以“借姓成名”。比如，刘德华，“刘”谐音“留”，“德华”则表示誉满中华。比如，杨澜，“扬”作动词有“扬起”的意思，“澜”指波浪，大波为澜。比如，张艺谋，“张”表示“张开”，“艺谋”表示做艺术要先谋划。再比如，成龙，中国人当然要成龙。

第3章

不容忽视的宝宝起名禁忌

别太热衷于“单名”

在我国，由于重名现象严重，姓名安全问题已经引起社会的广泛关注，有研究者甚至发出了“中国人同名已成灾”的惊呼。至于同名的原因，当然是多方面的，如我国姓氏使用过于集中，将近90%的人在使用100个大姓，而能够被用作起名的字也十分有限，同名现象不可避免。此外，从起名的角度看，盲目跟风，一味起单名也是造成重名现象的“罪魁祸首”。因此，为了减少同名及其带来的种种社会问题，给宝宝起名字最好不要太热衷于起单名。

单名也称为单字名，与单姓合称两字名。与单名相对应的是双名，即名字是两个字，与单姓合称三字名。回顾我国的起名历史，便可知道我国起单名的习惯由来已久，并曾是我国汉唐时期起名的最大特点。当时许多著名的历史人物，如汉高祖刘邦、魏武帝曹操、隋文帝杨坚、大诗人李白等都是单名。三国时期的名人诸葛亮、晋武帝司马炎等人的名字虽是3个字，但因为他们是复姓，论名字仍然是一个字，属于单名。为什么当时的人这么热衷于起单名？究其原因，一方面是那时的人起名崇尚古朴，起单名要比起双名简单容易；另一方面是因为两汉之际推行双名改单名的制度。当然，因为我国那时人口不多，尽管也有不少人因起单名而同名，但总体上为数不多，因而并没有造成如今“同名成灾”的社会现象。

由于起单名而重名给人带来的不便，其事例几乎俯拾即是。

有一次，一个叫王伟的教练带队到外地打篮球，没想到对方球队的教练与自己同名。结果比赛现场笑料百出，裁判在叫暂停、换人时，都晕了头，弄不清是哪个队的王伟在喊暂停，哪支球队的王伟在叫换人。解说员也分不清楚谁是谁的教练。还有，在北京曾有一位年过六旬的杨老太太准备去银行将自己辛辛苦苦所存的2万元定期存款取出，不料，到了银行才发现存款已被外地一法院划走，杨老太太感到莫名其妙。后经仔细查询她才得知，原来法院把自己当成了另外一位同名同姓的人。因此人涉及一起偿还贷款的案子，法院审理时此人又未到庭，因此在被缺席判决还款的情况下，杨老太太的存款被“执行”还款了。因为当时银行存款尚未实行实名制，银行备存资料仅需要填写存款人的姓名，而不需要填写存款人的身份证号码、地址等其他信息，对于同名同姓同居住地的人，存款数额又相同，银行也是完全按照法律规定，在法院手续齐备的情况下，协助法院工作，并不存在过失。

由此可见，起单名不仅会带来大量重名的直接后果，而且从名字本身来看，其表现力远远不如双名。此外，单名从审美角度看其选择余地也不如双名，在字形搭配、字音谐调、字义锤炼等方面单名也都显得较为局限。当然，完全禁止起单名也不可取。由于容易重名的单名几乎都是大姓，小姓即使重名也没有多大的影响。那么对于那些大姓而言，与其让他人在名前加“大”“小”“胖”“瘦”“男”“女”等字进行区分，何不在起名时就加一个字起一个双字名呢？

别让宝宝的名字盲目跟风

名字要伴随人的一生，因此给宝宝起一个好名字的确让许多父母比较挠头，“起名难”是许多过来人共同有过的感慨。其实，不仅是一般人，即使是对于大家所公认的大学问家、北京大学首任校长严复，在当年也曾为如何起名所困扰。取名，看似容易，做起来难。这两三个字的简单组合里面却包含了多方面的技巧和要求。严复说：“一名之立，旬月踯躅”，可见取名之难。许多年轻的父母在怀孩子时就开始搜肠刮肚，绞尽脑汁，为孩子起一个好名字，可直到孩子出生后还没想好究竟如何给孩子取名。于是，有些父母就随手从流行词语或常用字中选出两个作为孩子的名字，如此随意取名，盲目跟风，从而使得宝宝的名字起得粗俗不堪。

其实，起名之所以要避免俗气，其中一个很重要的原因就在于名字俗气让人感觉内涵不足，会自然联想到整个人没有什么学问。比如，起名张三、李四，彭友、高兴、钟国人、申奥、谢天地、黄金贵等，这样的名字过于简单，直白，缺少文化色彩。一个人的名字与为他起名字的人的知识水平有关，如果一个人学识广博，不仅对汉字有研究，对方言、外文也都有涉猎，这样的人起出来的名字一定会很出彩。

当然，对于有些各方面都不错的名字有时也被认为俗气，是因为叫同样名字的人太多了。很好的名字却沦为“菜市场名”，除了在共同的文化背景之下相同的审美标准和价值取向外，有时还存在某些人为因素。比如，在台湾，据分析主要是因为采用了日本人熊琦氏发明的笔画起名法，这种起名法认为人的名字的笔画决定着这个人的命运，有些字的笔画是吉，有些字的笔画则是凶。为了趋吉避凶，起名时就要选用那些笔画吉利的字。其实这种说法只是一种文字游戏，根本经不起推敲。但由于大家都相信其说法，起名所用的字被笔画的吉凶所限制，都去找算命师帮助起名，而算命师起名的方式又都一样，从而才使得同名同姓的人越来越多。“菜市场名”充斥社会，这也许是使用这些名字的人所始料未及的。而我们现在既然已经发现其弊端，完全有能力去避免。

关于被认为俗气的名字，不仅我国有，世界上不少国家也很常见。如日本，目前最流行的“菜市场名”男女各有不同，女孩名字大多叫“阳菜”，而男孩名字则大多含“翔”字，如“大翔”“翔太”等。“志勋”或“智勋”被认为是韩国人最俗气的名字，一些偶像人物的名字就是这样起的。至于在欧美各国，同样有各自的“菜市场名”，比如，Andy、John、Emily、Mary等。由此可见，想让自己宝宝的名字新颖别致、不落俗套，父母在起名时一定要多动些脑筋，不要盲目跟风。

宝宝的名字太过标新立异也不好

起名时盲目跟风不可取，相反，太过标新立异也不可取。父母在给宝宝起名字的时候千万不要为了怕重名而从一个极端走向另一个极端，从而犯了故意标新立异的起名禁忌。近几十年来，越来越多的人追求名字的个性化，名字起得五花八门，让人大跌眼镜。

北京市一位市民找到公安机关，非要把自己的名字改成@，说这样的名字能够体现时代特色，让人一听就忘不了。还有这样的名字，比如，易朗光、马陆雅子。其中，易朗光是易家人的后代，名字让人看了就会联想到“易拉罐”；而马陆雅子的父亲姓马、母亲姓陆，其名字很难不让人联想到“马路牙子”。

这样的名字简直越起越怪，有人甚至担心，照此发展下去，重名的问题固然可以解决，但名字的文化品位将会越来越低。

其实，过去起名时是有许多禁忌的，并非什么名字都可以起。其中有些规矩是社会约定俗成的，有些则是因为字义的限制而形成取名的“禁区”。比如，某些表示秽物和不洁的字、表示疾病和不祥的字、表示辈分的称谓字、人体部位和器官名、某些令人生厌的动物名、文艺作品典型人物的名字等一般都不入名。由于有这样的起名禁忌，因此，如果所起的名字与此相悖，难免就有些标新立异，不易被人所接受。

有这样一个例子，说的是北京有位姓万的先生接近中年才得子，心中狂喜，便想为孩子起名“万岁”，从而引发了一场家庭大辩论。赞成起名“万岁”的人表示，孩子是“新新人类”，名字只是一个符号，这样起名也没有什么不好。而反对如此起名的人则认为，这样给孩子起名太不严肃，显得气焰太过嚣张。名字将伴随孩子的一生，如此起名难免给他带来心理上的障碍，一辈子都别想得到提升。最后，孩子的父亲冷静下来，觉得如果起了这个名字，孩子可能是全世界最孤独的人，毕竟谁也不愿意心甘情愿地称呼他“万岁”。

最后，直到上户口时，孩子的父母都认为叫“万岁”太过沉重，于是将“万岁”改为“万少一”：一万少一个就不再犯众怒，何况还剩下九千九百九十九，也足够了。事后，父母在和亲朋聊天时也有人惋惜，觉得在汉语中，毕竟“万”和“岁”是天生的绝配。

所以，起名字不能一味地要彰显个性，也要考虑传统禁忌。

早在2005年，广州市一对双胞胎分别起名“钟共”“钟央”，谐音“中共中央”，这名字成功申报了户口。事情传出以后，一度引起社会讨论，有人认为两个名字叫得响亮，即使与“中共中央”这个特定名词同音也没什么。有人则认为这样起名不妥，比如，如果两个孩子调皮，老师就会喊“钟共、钟央不要再调皮了”；在肯定孩子成绩时，老师会说“今天钟共、钟央值得表扬”等。当老师说以上的话时，很难不让人作别的联想。还有一位当地的官员说，虽然公民有权决定起什么样的名字，但如果名字与党政机关或名人重名或谐音，户籍部门有义务劝导民众更改。人的名字与“中共中央”谐音，还是会显得不严肃，对孩子今后的生活也会造成不良影响。

如此看来，太过张扬的名字会给孩子以后的生活带来不必要的麻烦和争议，应尽量避免。

远离生僻难认的字

所谓生僻字，是指文字使用率极低的字。生僻字都是随着时代发展被流通领域淘汰的字，合在一起数量巨大，但其使用率还不到十万分之一。这些字绝大多数人都不认识，难读、难认、难记、难写是这类名字共同的特点。

起名时追求新、奇、特，从而使用生僻字，这样的事例不仅过去有，而且现在也很常见。对于学生名字中的生僻字，老师们有时要在上课前对着名单查字典，以避免到时候叫错名字。有些老师在点名时通常是故意不点那个学生的名字，最后才问“哪位同学的名字没被点到？”让学生自己“报上名来”，从而避免尴尬。有家长担心，老师上课点名发言时，名字拗口难念、不易认的小孩要“吃亏”。遇上有的心胸狭窄的老师，可能会因此而刁难学生，而学生还不知道自己做错了什么。这样无意中让孩子输在了起跑线上，家长难辞其咎。

名字中使用生僻字，电脑无法显示，人们无法识别，就会带来许多麻烦。在我国近年的第二代身份证办理过程中，全国有几十万人遇到了这样的情况，其原因就是因为他们的名字中有生僻字。为了不影响身份证更换工作，公安部不得不组织人力，对这些生僻字进行编码、造字，并制作专门软件，安装到各地制证中心所用的计算机上，使那些原来由于生僻字问题没有领到身份证的人可以领到第二代身份证。还有的人在办理出国护照时，遇到了同样的情况。因为，按照国际惯例，所有的护照都应该是机器打印的。如果电脑字库中没有这些字，在办理手续时就会很费事。

这样的例子在生活中很常见，可以看看如下事例。

有一位李先生因为姓名中含有生僻字，每次坐飞机都遇麻烦，后来他在朋友的怂恿下办了张假证乘机，被机场安检查出，最终酿成大错。

还有一位母亲为了让孩子顺利高考，不得不在报名前给孩子改名字，并重新办理身份证。原来，孩子的名字里有个生僻字，高考网上报名系统词库没有这个字，孩子无法报名。由于高考报名截止时间临近，家长想到的唯一方法只能是给孩子改名，并由公安机关出具相关证明或是办理临时身份证，先给孩子报上名再说。

在上海有一位老先生，因为名字中有生僻字，多年来，公安、社保、医保、银行，不知跑了多少部门和单位，问题始终无法解决，给自己的生活带来许多不便。由于银行的系统升级，老先生名字中的生僻字无法打出来，使他的退休津贴都过了一个月还没有打到账上。在医院，化验、取药、缴费、办理报销手续，都因为名字的问题常常需要多费口舌，使得老先生身心俱疲。

当生活中遇到麻烦时，再想着把名字中的生僻字去掉，又是一件麻烦的事情。因此，父母在给宝宝起名字时要远离那些生僻难认的字，让孩子今后的生活简单而顺心。

洋味十足可能会让宝宝不伦不类

名字作为一种符号在其特定的文化背景下，不同的国家和不同的民族有着不同的起名习惯。如果不考虑这些特点，中国人起一个外国人的名字，或者外国人起一个中国人的名字，从习惯上说，有些不妥。

中国人在中国居住、生活，应该起一个符合中国文化传统的名字，这是每个中国人的责任和义务。据一位欧洲汉学家对世界人名所作的研究发现，中国人名的字义要比西方国家的人名丰富得多，字音优美，形式简单，字形也较美观，并且能够灵活多变。还有人在比较我国人名与西方人名之后认为，我国人名更加具有专指性，体现了礼仪之邦的特征。比如，在名字中一般要避开祖先的名号，讲究辈分，让人更容易区分各自的身份。而西方国家的人名正好相反，比如，法国人的姓名通常为三段，即本名加母姓再加父姓，让人分不出谁是爷爷谁是儿子。但是，目前有不少人“赶时髦”，一味追求洋化，为孩子取些诸如乔治、珍妮、约翰、汤姆、玛丽等洋味十足的名字，不但不符合我国的起名习惯，而且失去了我国名字含义深刻雅致的特色，实在是有些不伦不类。

当名字作为人的符号代表在社会上使用时，一个既叫得响亮而又让人容易记忆的名字会让这个人在初次见面时给对方留下深刻印象。倘若起一个非常洋化的名字，由于不符合中国人的起名习惯，也就难以让人记住，名字的社会功能就会大大降低。特别是洋化的名字大多是由音译而来的汉字组合，其字与字之间缺乏必然的联系，这样的名字就显得索然无味。如果说中国人取一个外国人的名字，除了徒增人们记忆上的负担之外，还会被人从心理上轻视，因此不值得提倡。试想，假如在你的社交中遇到了叫亨利、乔治、玛丽等名字的同胞，所产生的感觉一定是不舒服的。不考虑文化背景，一味地起一些洋名去“追时髦”，殊不知也许在若干年后，这样洋化的名字可能会带来不必要的麻烦，这样的例子在现实生活中时有发生。

如上海一家媒体报道，2003年3月20日，一对邓氏夫妻生了个儿子。由于当天正是伊拉克战争开战的第一天，儿子抱回家后又赶上“靛具”闸徕历宰鲊太妆俨亵尬绘学孀赶乾丨“萧辽妾·邑·靛具”皂同孕鲊还自认为这样有纪念意义。在为儿子办“满月酒”时，他们在酒店门口的贺匾

上写上了这个名字。结果前来贺喜的人无不满脸狐疑。最后，孩子的父亲见下不了台，不得不解释说这只是乳名，图个热闹，不会一直叫到大。

为了赶时髦，有些人热衷于起四个字的名字，所起的名字有胡陶佳子、阎冬飞雪、园丁四郎等。其实，这样的名字几乎让人找不到什么文化内涵。起名“胡陶佳子”无非是模仿西方名剧《胡桃夹子》，而“阎冬飞雪”也无非是用了“严冬飞雪”的谐音。对于“园丁四郎”这个名字，看着就让人联想到是日本人的名字。其实是因为孩子的父母分别姓李和丁，都是老师，孩子是孙子辈的第四个男孩子，于是起名叫“园丁四郎”。

男孩、女孩起名有差异

在我们的日常生活中有这么一句话，叫做“男女有别”。意思是说，由于男女在生理结构和心理状态上有差别，所以对于很多事情的做法或社会所提出的要求都不一样。具体到起名也是如此，由于男女在社会上扮演的角色不同，一般而言，为男孩子起名要反映阳刚之气，而女孩子的名字则要体现阴柔之美。如果做不到这些，便是犯了起名不辨性别的禁忌。

起名字一定要注意性别差异，否则就会闹出很多笑话：一位女作家的名字男性十足，她的字又写得遒劲有力，有一次，应一个编辑部的邀请到外地参加文学笔会，编辑部直到接站时才发现原来她是个女性。当这位女作家打开为她事先安排好的房间时，竟发现自己和一位男性作家安排住在一起，不得不找来主办方调换房间。还有一个小伙子叫杨红，父母为他起这个名字本想是希望他能够成为一个振兴家业的走红之人。没想到他长大以后，这个名字却常常为他带来麻烦。有人为他介绍对象，女方条件很不错，可一听他的名字叫“杨红”，心里就犯起了嘀咕：“一个大小伙子怎么取个女孩名字？太别扭了。说不定他是一个婆婆妈妈的人。跟这样的人搞对象，还不让人羞死？”于是，姑娘坚决回绝了这次相亲，跟他连面也不愿见。只因为起名不辨性别而错过了大好姻缘，实在得不偿失。

女孩子起男名或男孩子起女名，近年来有越来越普遍的趋势，以致让人根本无法从人名中判断这个人的性别。从二十世纪六七十年代以来，有不少女孩子的名字围绕一个“男”字做文章。对此，有人打趣说：女孩子名带“男”字，是女性要超过男性的标志。殊不见早些年，女性刚想出来与男性一争高低的时候，名字便小心地叫着“亚男”“弱男”，给男性留有一些余地，自己好立足；等女性有了一席之地后，又起名“亦男”“犹男”，公然向男性发起挑战，要与男性一比高低；当女性与男性一样“平等”的时候，又起名“胜男”“冠男”，试图高过男性，把男性踩在脚下。

上述所说的当然只是一则笑话，但也从一个侧面说明了女孩子起名用“男”字的情况确实不少。

还有一位学校的老师曾讲起过他的亲身经历，他的班上有一个叫“王静”的学生，本以为是个女孩，没想到却是一个男生，让他大为惊奇。有一位记者的朋友生了个女孩起名“念军”，意思是怀念自己在军校度过的岁月，殊不知这个名字也很男性化。更有趣的是，据媒体报道，某市有位叫张伟的公司经理，是位女性，她从上学开始就不断有人把她当成男孩。上中学时有几名男生在外面打架，民警跑到学校来找“张伟”，结果把她叫去了，民警一看是个女生，才发现找错了人。

总之，在起名时应考虑男女的性别特征，在历代的起名用字中，男性的起名重视刚劲、响亮，女性起名则充满柔婉、甜美。这些习惯作为历史的积淀，反映了人们对于审美观的追求。在起名时，最好多考虑男孩和女孩性别角色的不同，符合我国的起名习惯，不要让名字在以后的生活中闹出笑话。

别让稚气“连累”了宝宝的名字

孩子一来到这个世上便集万千宠爱于一身，尤其现在的小孩多是独生子女，父母的疼爱，长辈的溺爱，亲朋的关爱，让孩子好像掉到了蜜罐一般的甜蜜。在父母面前，孩子永远都长不大。那小手、小腿、小鼻子、小脸儿、小身子，以及孩子的举手投足、哭笑睡闹、吃喝拉撒，无不引起父母强烈的爱意和责任感。父母为他（她）起一个充满亲昵的名字，无可厚非，古今中外都是如此。像我国古代，三国时期的曹操、唐玄宗李隆基等人虽贵为一国之尊，小时候仍被人以“阿瞒”“阿鸦”相称。像文学家司马相如和陶渊明尽管才高八斗，孩童时期也都使用过“犬子”“溪狗”等难登大雅之堂的名字。这些名字，尽管是父母对孩子爱的自然流露，但当孩子长大以后，原来稚气可爱的孩童变成了充满朝气的成年人，再继续使用亲昵幼稚的名字，会给人很不成熟的感觉。特别是有些年轻的父母不为孩子的长远考虑，为其取一些诸如“小勇”“小宝”“圆圆”“媚媚”之类较适合孩子儿童时期使用的名字，等孩子长大后，这些名字就显得有些不妥了。由此可见，起名时多考虑一些成长环境因素，尽量不使用那些过分亲昵和略显幼稚的字眼，这将使孩子受益终生。

当然，世界上各个民族在小孩出生时大多都有取乳名的习俗，有的民族还专门举办特殊的仪式。比如，居住在山区的瑶家人，对家属中所有的新生儿，无论男孩还是女孩，在降临人世三天时，都要举办“添人口”的仪式。这一天，其父母或是婆婆奶奶等年长妇女摘来柑树等几种植物的叶子，洗净后放入水中煮沸，再加入冷水降温，然后给小孩净身，以避邪趋利。净身之后，主人家要宰一只大公鸡，并请一个师人（即汉神、巫婆）来念经做法，以请祖上家仙降临，让诸仙知道，从这一天起，家里又添了一名新成员。

乳名又称小名、奶名，是父母给孩子起的昵称，朗朗上口，叫着亲切，一般在孩子年幼时或在家里使用，并不正式。据记载，我国秦汉时期就有了“小名”的类称。至于国人为什么喜欢给孩子取“小名”，在民俗学上的解释是：一是借用身边周围的花鸟鱼虫等随口叫成，好记好叫。如陶渊明小名“溪狗”，王安石小名“獾郎”，郭沫若小名“文豹”等；二是缘自排行而命名或出于迷信特意取用的。比如，阿猫、阿狗、狗剩、铁蛋等，既亲昵怜爱，又有卑贱、容易“养活”的意思；三是讨个吉利的好彩头。如家宝、来福等，直接表达了起名者的美好祝愿。孩子在上学和走向社会以后改用大名，曾是传统社会里常用的做法。随着我国的人口和户籍管理制度越来越规范，孩子必须在出生后有正式的大名，以便填写出生证和报户口使用。再加上不少孩子在2岁前后就被送到幼儿园，开始走向社会，也要使用正式的名字，从而也压缩了小名的使用空间和时间。因此，为孩子起一个适合使用一辈子的恰当名字，是现在所有年轻父母们特别关心的。

一字多音会让宝宝名字很混乱

汉字中存在着一字多音的现象，这些多音字至少有两个以上的读音。什么时候读什么音，有时要根据不同的语言环境而定。名字由于比较简约，组词的对象往往省略，这就更增加了判断的难度。再加上连续读名单时往往没有反复思考的时间，所以，用多音字起名很容易造成读名时的语音错误，从而带来不便。因此，尽量不要用多音字起名也是在给宝宝起名时应该注意避免的。

由于一字多音而让人无所适从的人名，在我国古代就有。如三国时蜀国后主刘禅的“禅”字，有shàn和chán两种读音。又如宋朝末年有位大史学家胡三省，名字中的“省”字有shěng和xǐng两种读音，了解内情的人知道他的名字出自《论语·学而》“吾日三省吾身”，会准确地把它读作xǐng，但把它读作shěng者至今也不乏其人。

关于一字多音的人名例子，在如今也很常见。比如，有一个姓邢的人，名字叫行行，姓名合在一起是“邢行行”。由于“行”有两种读音，很多人见了她的名字后都很犯憷，因为不知道究竟该怎么读。每次，她都要出面解释，说自己名字的读音是“邢行（háng）行（háng）”，“行业”的“行”，不是“行走”的“行”。总是为名字的读法进行解释，她自己也感到很麻烦，埋怨父母给自己起的名字不好。

在起名时常用到的多音字，还有一个最让人头疼的是“乐”字。清朝末期，有个才高八斗的秀才，取了个怪名叫“乐乐乐”。很多人都认识这三个字，但是念对的是凤毛麟角。通过乐乐乐的三级考试，引出好多笑话，让大家忍俊不禁。参加乡试时，考官大声呼其名：“lè lè lè”，他沉默不语，一脸不高兴。到了会试的时候，考官喊道：“yuè lè lè”，他自言自语，眉头微舒。秀才成了举人，当殿试主考一板一眼地叫道：“yuè yào lè”，只见乐乐乐，满面笑容，对着考官不停地点头，好像觅得了知音。原来乐当姓时，念yuè；当辈分时，念yào；当名时，念lè。世人不禁感叹：真是人外有人，天外有天，一个“乐”字，到了殿试的主考那里才念得正确。一个“乐”字有三种读音，“乐乐乐”名字的组合可以有八种读法。也就是说，这样的名字最极端要念了八次才能被准确地读出。用多音字起名字不仅给自己也会给他人带来许多麻烦。

由上述可见，为了减少不必要的麻烦，最好“防患于未然”，在起名字的时候就避开多音字，尤其是不要用两个多音字组词取名。如果非要用到多音字起名字，也要懂得加以变通。比如，名字叫乐章，人们通过“章”字便知姓氏读“yuè”。这样的名字容易让人联想到优美的音乐和美好的事物，给人带来愉悦的感受。

警惕宝宝名字的读音不雅

我们为孩子起名字，主要是为了满足他在社会交往中的需要。名字在很多时候是要被人“读”的。一个读音响亮、富有韵律的名字无疑会增加他在社会交往中的分量，缩短人与人之间的距离。比如，“吴迪”“彭友”这两个名字，让人看到后很容易联想到“无敌”“朋友”这两个日常用语，从而让人莫名地增添了一份敬佩感和亲切感。像这种情况，如果在起名时能够利用字词之间在读音上相同或相近的特点互相假借，则会起出高雅别致的名字，但如果用字用词不当，则会让人产生不好的联想，从而影响社会交往的质量。而后者，就是我们所说的读音不雅。这些都是在起名时应该多加注意的。

有些人的名字从表面上看非常高雅，不存在任何问题，但由于其与另外一些不雅的词句读音相同或相似，便很容易引起误会。比如，女孩子起名珍吟、议莹，男孩子起名建人、建民等，看上去都很不错，但它们却与“真淫”“意淫”“贱人”“贱民”等谐音，用读音标准来衡量就成了不雅的名字。又如汝峰、蔡道、宫岸菊、陶华韵、李宗同、张树吉、包敏华、应道元等名字，从字面上看也都没有问题，但一读出来便会让人产生误会。因为，汝峰与“乳峰”谐音，蔡道与“菜刀”谐音，宫岸菊与“公安局”谐音，陶华韵与“桃花运”谐音，李宗同与“李总统”谐音，张树吉与“张书记”谐音，包敏华与“爆米花”谐音，应道元与“阴道炎”谐音。这样的名字读出来都显得有些不够严肃、不够庄重，容易授人以笑柄，造成心理负担，让人追悔莫及。

在我们的日常生活中，其实也会发生与名字读音相关的事情。据一家媒体报道，一个姓裴的女大学生在长春找工作，先后十几次都被人家拒之门外，到最后她问负责招聘的人为何会这样，招聘的人说："你的各方面都很出色，老板很满意，但他认为你姓'裴'，与'赔钱'的'赔'同音。做生意的人都希望发财而不是赔钱，所以你没被录用。"女孩听了，觉得很无辜，但也没办法，只好作罢。

有时这些名字放在特定的环境里，其谐音带来的后果却出人意料。比如，在学校，如果音乐老师叫管风琴，健美教师叫陈亚玲，锅炉热处理专业教师叫吴嫣梅，这样的名字听起来都会让人与他们的工作联系在一起，显得妙趣横生。但如果学校医务室的校医叫段珍，学生也许就不敢去那里打针了，因为她的名字与"断针"谐音。某医学院一同学名叫"费彦"，谐音"肺炎"，开学点名时同学们都笑翻了，后来这位同学改名为费红忠，又与"肺红肿"谐音，结果原来没笑翻的同学这回都笑翻了。

总之，在起名时要留意它的读音，并且要留心名与字的搭配，这样才可以避免尴尬和误会。

谨记给宝宝起名应遵循的避讳

避讳是我国旧社会特有的现象，大约起源于周，成于秦，盛于唐宋，至清代更趋严密，民国成立后废除。那时，人们对皇帝或尊长是不能直呼或直书其名的，否则就有因犯讳而坐牢甚至丢脑袋的危险。所应避讳的内容根据传统的划分，一般包括为皇帝、圣贤、尊长、父母、坏人等几种。

在我国古代的避讳中，最为重要的一种是为皇帝避讳，也就是所谓的国讳。如在秦朝时，秦始皇名政，正月就被改为端月。他的父亲名子楚，地名“楚”也被改为“荆”。唐太宗的名字叫李世民，因此凡遇到“民”字就都改成“人”。宋太祖赵匡胤的弟弟本名叫赵匡义，为了给他避讳只好改名赵光义。

此外，过去还有为贤者讳或为官者讳，即为圣贤和尊长避讳，在长官面前也要避开其名字。比如，民国以前的古书将孔子的名字“丘”写作“邱”，其原因就是在为他避讳。至于为官避讳，比如“只许州官放火，不许百姓点灯”便是为官避讳的典例。据说明代有位州官叫田登，忌讳别人说自己的名字，便下令凡是遇到“登”字及“登”字的同音字都要避开，闹出了不少笑话。在他到任后的第一个元宵节，按传统百姓要点灯笼过3天的节。由于“灯”与“登”同音，百姓不敢说，衙门办事的人不敢写，只好用“火”代替“灯”字。结果，衙门里出的布告出现了“本州依例放火三日”等句子，其实，意思是可以按惯例放灯3天。布告一出，百姓们议论纷纷，都说“只许州官放火，不许百姓点灯”，因此传颂至今。

家讳，是家族内部遵守的为父母或祖宗的避讳，它其实是国讳的一种延伸，又称私讳。如在我国古代，袁德师因为父亲名高，便不吃糕这种食物；徐积父因为父亲名石，从来不用石器，不踩石子；北宋吕希纯因为父亲名公著，便不断著作郎；刘温搜因为父亲名岳，便终身不听音乐，不到嵩月、华山等五岳游玩；韦冀的父亲名乐，由于乐是个多音字，即可读作音乐的乐，又可读作快乐的乐，因此韦冀一生中不仅不听音乐，不游高山大岳，不饮酒作乐，甚至不参加可以使之“快乐”的活动，真是有些不可理喻。

为坏人避讳，主要是耻于提及坏人的名字，而是以别的名字代替。这样的避讳，也就是所谓的恶讳。最典型的例子是，清代有个姓秦的人做了杭州知府，作诗一首，其中两句是“自君之后无名桧，愧我而今尚姓秦”。感慨自从秦桧以后，人们都不再用桧字取名，自己却仍然为姓秦而感到惭愧。

避讳常见的方法是用意义相同或相近的别字来代替要避讳的字。这样一来，中国历史上就出现了不少把人名、地名或事物名称改头换面的奇怪现象，为后人平添了许多麻烦。

由此可见，避讳是我国的一种传统风俗，在给宝宝起名时适当为自己的亲朋好友进行避讳也是一种礼节。

第4章

民间常用的宝宝起名方法

宝宝起名可以“随心而定”

“随心而定，随意而为”，宝宝起名其实并不需要大费周章，最主要是听着好记，还要叫着顺口。孩子是父母爱情的结晶，大多数寄托了父母的愿望和祝福。有的希望孩子一生顺利、富贵吉祥，名字就有叫“富贵”的，也有叫“吉祥”的；有的希望孩子贤惠聪颖、身体健康，名字就有叫“健聪”的，也有叫“颖慧”的。孩子的名字随着父母的“心”而定，或希望孩子成为国家栋梁、服务百姓，或希望孩子事业有成、奋发图强，或希望孩子生活幸福、万事顺意。因此，孩子的名字会有建国、振邦、耀华、为民、守信、思谦、孝礼、天佑、永吉、常福等。可见，给孩子起名字可以随意，而方法又不拘一格，不同的名字体现出父母对孩子各种不同而又美好的愿望。

起名有随意性，虽然是信手拈来的名字，却又清新可人、意境深远，现实生活中有不少这样的实例，可以作为父母起名的参考。一位姓张的年轻人给孩子起名“梦蕾”，寓意“梦中之花蕾”，该名又与其姓很好的结合，曰为“张开梦中含苞待放的花蕾”，期望孩子能够勇敢面对人生。有位博士名叫张伟，他说他的父母刚开始为他起名，是希望日后他能够成为伟人，因为“伟”字有伟大、伟人之意，以“伟”命名的人自然会非常优秀，他果真没有让自己的父母失望。还有一对夫妇为自己的儿子起名“昱辰”。“昱”表示光明，“辰”是属相“龙”的意思，两个字合在一起象征孩子的未来将是一片光明。

寄父母的抱负于孩子的名字，古今中外，比比皆是，而很多情况下是有随意的成分。有位女大学生希望自己的女儿长大后纯洁善良，于是给孩子起名“秋雪”，这是受了诗圣杜甫《绝句》的启发。其中“窗含西岭千秋雪，门泊东吴万里船”诗句中提到的“千秋雪”指的是积聚了很久的雪花，用于人名则表示像雪一样洁白无瑕。孙中山先生曾亲自为自己两个孙子起名孙治平、孙志强。其中，孙治平生于1913年，当时正值“中华民国”初建时期，孙中山先生希望国治民安，就为他起名“治平”。孙志强生于1915年，当时袁世凯酝酿复辟帝制，孙中山先生认为只有革命队伍强大了，国家才能够强盛，这需要国民有很强的意志和信心，因此为自己的孙子起名“志强”。两人的名字无不体现孙中山先生寄予他们的厚望。又如，周恩来总理小名“大鸾”，而“鸾”的意思是指像凤凰一样的神鸟，周总理的父母望子成龙，希望他长大后可以像神鸟般展翅飞翔，鹏程万里。

值得强调的是，“随心而定”起名字，并不是什么名字都适合信手拈来，尤其是借用名人的名字，因为尽管父母会希望自己的孩子像名人一样成功，但每个孩子的成长轨迹是不同的，反而容易引起不必要的误会。曾有记者在新疆伊犁地区做过调查，那里1至8岁的幼儿中很多人起明星的名字，比如，郑少秋、翁美玲、林心如等港台明星或电视剧中熟知的人物名字。该报还形象地描述了贺氏父子的一段对话，他儿子在幼儿园里受了别的小朋友欺负，回家后跟爸爸诉苦说，“我们班郑少秋打我，因为我喜欢班里的林心如”。那个时代郑少秋、林心如主演的电视剧热播，家长便用港台明星的名字为自己的孩子命名，一个幼儿园里都是港台“小”明星，有些让人哭笑不得。

总之，只要掌握了起名原则，同时避开起名禁忌，孩子的名字就可以“随心而定”了。

从婴儿的特征上找灵感

孩子呱呱坠地，一个小生命神奇地降生。而他的爸爸、妈妈、爷爷、奶奶、外公、外婆皆因他的降生而纷纷“升级”，无不欢喜雀跃。与此同时，责任与义务随之而来，之前也许因为妈妈的怀孕、分娩使得家人手忙脚乱，为孩子取名的任务只停留在收集有意义的词语阶段，而现在，起名字、上户口，这些现实的问题使得让宝宝有一个适合的“称谓”变得尤为重要。宝宝已经来到这个世上，我们要给他起一个怎么样响亮的名字呢？有些年轻而又没有经验的父母可能会感觉手足无措，这该如何去给这么活泼可爱的小生命起名呢？其实，在孩子出生前，父母可能会因为仅依靠想象和期望变得毫无头绪，无法给自己的孩子起名，那么在孩子出生以后，他已经实实在在地来到这个世上，起名的灵感则很容易被调动起来。观察孩子的特征来为他起名就是一种好的方法。

“身体发肤，受之父母。”世界上没有长相、体态完全一样的两个人，即使是双胞胎，他们也会有这样那样不同的特征，而这些特征孩子的父母是最清楚不过了。通过观察孩子的特征为他们命名，不仅简单，而且好记。在我国古代，民间一直就流传着利用婴儿特征起名的习俗。

在商周时期，周武王有个幼子叫唐叔虞，他刚生下来的时候，手中的纹理有点像是“虞”字，后来便被起名为“虞”。春秋时期，鲁国有位名“友”的公子，因刚生下时手心的纹理极像“友”字，便被起名为“友”。春秋时期，有个人生下来肩膀上长有一块黑色胎记，后被起名为“黑肩”。在卫国，也有一位公子天生是黑色的脊背，遂被命名为“黑背”；而在楚国，有一位公子生来是黑腿，便以“黑肱（肱即大腿之意）”为名。更有甚者，春秋五霸之一的晋文公，他的儿子晋成公出生时因屁股上长了颗黑痣，就干脆被命名为“黑臀”。

古人起名不求高雅、不嫌粗俗，在他们眼中，婴儿的姓名只是一种符号，完全可以用其出生时的特征命名。比如，我国著名的思想家孔子，名丘，就是因为他“生而首上圩顶”。据《史记·孔子世家》记载，孔子刚生下来的时候，头形是尖尖的，像个小山包。而他的母亲又曾在尼丘山上祈求上苍赐予她一个男孩，于是便为他起名“丘”。

用孩子出生时的特征起名，不仅过去有，现在也不少见。如在浙江南部一带，曾流传着一种根据孩子重量起名的风俗。如果孩子刚生下来是6斤重，便起名“六斤”，8斤重便起名“八斤”，是7斤3两、9斤2两，便起名“七三”“九二”。又如在北方的一些农村，如果孩子生来健壮，就起名“结实”；生来萎靡不振，就起名“拴住”（意思是拴住孩子，让他好成活）；生来皱纹较多，便起名“多”（皱纹多）。当然，在城市也有这种起名习惯。如果孩子生来会笑，便起名“笑”或“晓”（笑的谐音）；生来较胖，便起名“胖胖”或“嘟嘟”。这些根据婴儿特征所起的名字听起来亲切可人，一般是作为孩子乳名，只在家里或亲朋圈内使用。

以其出生时间为依据

为宝宝起个好名字其实并不难，比如，从孩子出生时的时间上考虑，就有许多取之不尽的素材。孩子出生的时间细分起来，包括年、月、日、时、季节等。

我国传统社会是利用干支纪年的方法，所谓干支，就是天干、地支的简称。天干即甲、乙、丙、丁、戊、己、庚、辛、壬、癸，共有10个；地支即子、丑、寅、卯、辰、巳、午、未、申、酉、戌、亥，共有12个。把这些天干和地支按次序一一相配，可构成60个组合，成为甲子、乙丑、丙寅等形式，周而复始，分别用来记录年份次序，这种纪年法每60年重复一次，每次都是从“甲子”年开始，所以又称“六十甲子”。如2007年是丁亥年，2008年是戊子年，2009年是己丑年等。在我国传统社会里，“六十甲子”是表示时间的最基本单位，不仅纪年时使用，而且也在纪月、日、时使用。

另外，我国还习惯把十二个地支分别与十二生肖联系起来，即子鼠、丑牛、寅虎、卯兔、辰龙、巳蛇、午马、未羊、申猴、酉鸡、戌狗、亥猪，因此，在每一轮六十甲子中，十二地支和对应组合的十二生肖都各出现五次。这样，就可以利用孩子出生年份的干支或干支中的一部分为孩子起名。如在2007～2008年，为孩子起的名字就可以是戊子，或选取戊、子两个字中的一个，与其他字搭配在一起起名。至于利用十二个地支所对应的十二生肖起名，如给生肖龙年出生的人起名多带“龙”或“辰”字，如玉龙、美辰等。此外，还有人起名李辛、张乙、孙寅虎等，也都是采用了出生年份起名的方法。

在我国，利用干支纪月的习惯出现很早。习惯上，我国对月份还有一些别的称呼，各按时令特点和花果草木名称命名的习惯。

我国的干支纪日法出现很早，当孩子出生后，父母可利用当天的干支来起名。另外，我国古代还根据月亮的圆缺情况对“日”有不同的别称，比如，农历每月第一天称为初一、朔日，第十五天称为望日，第十六天称为既望，每月的最后一天（二十九或三十）称为晦日，这些别称同样可以用来起名。

利用孩子出生时的干支纪时法起名，其方法与干支纪年、月、日法相同。由于干支纪年、月、日、时合起来是8个字，过去也叫“八字”，而根据“八字”起名也是比较常用的方法之一。此外，我国过去还有多种纪时方法，如把一天分为5个时辰，把不同的时辰分别称为晨明、朏明、旦明、蚤（早）食、宴（晚）食、隅中、正中、少还、铺时、大还、高舂、下舂、县（悬）东、黄昏、定昏；或者把一天分为10个时辰，其中白天的5个时辰是朝、禺、中、晡、夕，夜里的5个时辰是甲、乙、丙、丁、戊（后用五更来表示）；或者把一天分为12时，并以12个地支命名，即子时、丑时、寅时等，一直到亥时，子时相当于23点至1点，以后每两个小时为一个时辰，亥时相当于21点至23点等。如果知道了孩子出生的准确时间，便可以利用当时时间的别称为孩子起名。

把诞生地点纳入考虑范围中

我国幅员辽阔，以孩子的降生之地来起名。这样的名字既新颖别致而又充满纪念意义。

在古代，我国有一种用出生地称呼别人的习惯，这种称呼几乎成了一种名字。相传黄帝居住在轩辕之丘，也称轩辕氏，唐代诗人张九龄生于韶州曲江（今广东韶关），历史上又被称为张曲江；北宋政治家王安石家于临川（今属江西），人称王临川。这些称呼都与他们的出生地有关。

利用孩子的出生地点起名，在今天的人名中所占比例也相当高。如郭沫若的名字来自于他家乡附近的两条河流沫水和若水，刘太行的名字因为他出生在太行山，陈鲁豫的名字来源于父母祖籍山东和河南的简称，黄河和潘长江的名字来源于我国的黄河和长江这两条河流的名字，景岗山的名字显然是受了革命圣地井冈山的影响。

由于孩子的出生地名称可以是很多，选取的范围也相当广泛，家庭、医院、社区、乡、县、省、市、国家等的名字都可以考虑，甚至出生地的建筑物、家乡附近的名胜古迹等的名称都可以入名。

有一对夫妻家在湘江之滨的衡山脚下，他们为自己的孩子起名“祝融”。其实，这一名字是从衡山的主峰祝融峰而来的，衡山是我国五岳中的南岳，又称南山，当为人祝寿时常说的“寿比南山”所指的就是这座山。据说该山有72峰，其主峰祝融峰的名称还来自于一个古老的传说。相传祝融是上古炎帝的后裔，官为火正，职司南方，以火施化，死后为火神。这对夫妻以“祝融”为他们的孩子命名，除了有纪念孩子出生地点的想法，又表达了父母希望孩子勇敢善良的愿望，同时又有祈福孩子长寿之意，可谓一举三得。

其实，以孩子的诞生地点起名是一种选择余地很大的起名方式。比如，有些人的名字可能是国家的名称，有些则是省市区名、工作单位名、山川湖海名等，种类繁多，不一而足。比如，李中华、周华生、方华夏等都是用国家名称或别称起名；比如，李朝鲜、钱南洋、孙美加、刘亚洲等都是用其他国家或地区的名称命名；用省区名称或别称所起的名字主要是用其简称，如豫生、鲁生、赣生、鄂生、晋生、贵生、湘生等；当然，也有人起名用省区的全称，或者用全称的一部分，比如，刘长春、王吉林、谢福建等，从名字一眼便可以看出出生地。由于我国市县的数量非常多，用来取名不易重复，而且有些名称本身就是很好的名字，纪念意义更强，因此，用这些名称或别称起名的人很多。根据我国现有的行政区划，目前各省区可用于起名的市县名称如北京的昌平、延庆；天津的宁河、武清；福建的福清、平和、永安；香港的九龙、元朗；澳门的望德、风顺；台湾的云林、宜兰、新竹等。这些地名含义较好，风格典雅，直接拿来就是很好的名字。至于市县名称的别称，其数量同样很多，如常见人名中的京生、津生、沪生、渝生等都是用了出生城市的别称。此外，还有人喜欢用山川风光的名称或别称为孩子起名，认为山川湖海钟灵毓秀，是大自然的造化，用它们的名字起名除有纪念意义外，还能给人以美的享受。比如起名嵩山的孩子一般生在河南，起名天山的孩子生在新疆，起名峨眉的孩子生在四川等。这些名字都可供孩子取名选用，即使不愿照搬这些名字，也可以从中受到启发，改成意境美好而更有纪念意义的名字。

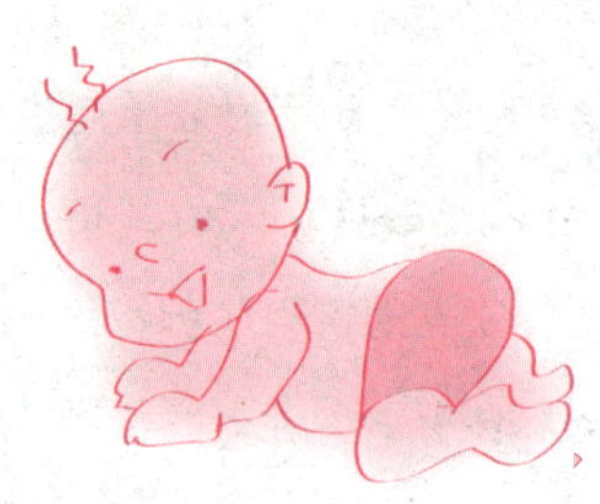

借鉴已经发生的事情

孩子出生时发生的事情很多，比如当时的节日、时代特点，孩子出生当天的天文现象、母亲生孩子时的状态等，这些都可以成为取名的灵感。

比如孩子出生时正逢过节，便可利用节日的名称起名。这些节日不仅可以是我国的传统佳节，还可以是现在有纪念性的节日，甚至还可以是外国的节日。单从我国的节日看，传统性的节日有春节、元宵节、清明节、端午节、乞巧节、中秋节、重阳节等，而现在纪念性的节日则有元旦、植树节、妇女节、劳动节、青年节、儿童节、建党节、建军节、教师节、国庆节等。此外，在西方还有情人节、愚人节、护士节、母亲节、父亲节、万圣节、感恩节、圣诞节、复活节等。如起名“国庆”“建国”则是借鉴了国庆节的名称，起名“党生”则是借鉴了建党节的名称，五一国际劳动节又可谐音为“武义”，六一儿童节又可谐音为“陆夷”，同样可以作名字用。

另外，由于重大事件发生在某一天或某一个时期，具有纪念意义。因此，也有人用这些事件的名称或稍加变通起名。比如“抗美”“四清”“跃进”“文革”“亚运”“奥运”，以及“卫国”“卫东”“盼盼”“京京”等，大都是因为在起这些名字时发生了“抗美援朝”“四清运动”“大跃进运动”“文化大革命”“1990年北京亚运会”“2008年北京奥运会”等重大事件。这些当年最热门的名字有很强的纪念意义，那个时代不少人都会选用，也就使得这些名字的使用率很高，从而造成重名的现象。

还有一点值得我们注意，就是我国的文化传承和风俗习惯具有较大的稳定性。时代不同、人们的思想行为和意识形态也会不同，从而使所起的名字带有鲜明的时代烙印，这种影响其实也是由来已久的。从夏商的“十干起名法”，到周代的“五则六避”，此后，汉魏尚骈体，六朝崇佛道，唐代爱经典，宋代好族谱，明清多俗字，新中国成立后重国运、讲政治，如今尚名利、喜另类等，无不折射出时代特点。因此，父母在给宝宝起名字的时候应学会变通，使名字内含深远，而又新颖别致。

以孩子出生时的天文现象为名，其中有代表性的名字有黎明、曙光、晓霞、金星、明月、星光等。另外，春秋时郑庄公的名字叫寤生，是因为他的母亲生他时难产。还有位作家黎烈文，原名黎六曾，名字的来源是他出生那天他的曾祖父刚好过60岁生日，便起名“六曾”。还有叫齐欣、齐荣的姐妹俩，据说姐姐是在早晨出生的，而我国形容早晨的汉字中有一个“昕”字，于是便为她起名齐昕。等妹妹出生后，妈妈想让姐妹俩的名字联系在一起，正好受到成语“欣欣向荣”的启发，于是把姐姐的名字改为齐欣，又为妹妹起名齐荣，终于让这对小姐妹的名字珠联璧合。

借鉴已经发生的事情给宝宝起名字，素材随处可得，各位父母一定要做生活中的有心人，给宝宝起一个既有纪念意义、又妙趣横生的美名。

从世界万物上受到启迪

在我们这个世界，各种物质都有其固定的名称。特别是在我们中国，由于汉字的表现力极强，加上我国历来有将物比人的习惯，因此，以物名为人名的例子不在少数。

人们对于美好事物的追求，当然也蕴藏在自己的孩子身上。因此，会用世界上许多美好的事物来命名，最多的要数花草了。许多父母都深深希望自己的孩子可以像鲜花般美丽，拥有高尚的情操，人生能够像自己的名字那样绚烂多姿。在古代，由于“花”与“华”相通，许多人的名字中都会有“华”字，这其中有些不乏“花”的意思。细数我国历史，更是有许多以植物为名的名人，从南朝到明代，有文学家韩兰英、女诗人宋若莘、诗人花蕊、蒲芝等，当代的白薇、聂华苓、陈香梅、谢芳、向梅等，都是用花草作为名字，取它们高尚、优雅、纯洁的意义。假如姓氏合适，还可以把姓氏与花名联系起来，直接作为名字，这样读起来更加朗朗上口，如万山红、杜娟、秋海棠、鹤望兰等名字。有些花草名具有一定的象征意义，有些花草名称被用来代表月份，有些则被当做市花和镇花。因此，像赵若兰、孙樱、朱红金、李云锦等，既可以作为男孩的名字也可以作为女孩的名字，可见，选用植物方面的字起名还是较为普遍的现象。

有人还由花草联想到它鲜艳的色彩和芳香的气味，从而用表示色彩、气味的字起名。许多表示色彩的字，如红、橙、黄、绿、青、蓝、紫、白、黑、乌、朱、粉、翠、金、黛、银等；而表示气味的字，如芬、芳、香等，都常是起名者比较偏爱的字。古今有不少著名的人物包括经典著作中的人物都经常使用上述这些字起名，有代表性的名字如李白、杨朱、梁红玉、赵青、于蓝、叶紫、吴丹、田蓝、燕青、红娘、陈芳、萧红、丁香等。用色彩作为人名，不仅能带给人一种感观上的愉悦，有的色彩还已经被赋予了特殊的象征意义。在我国，黄色是皇家喜欢采用的颜色，代表着身份的尊贵，黑色则代表着贫穷，这些都是人们约定俗成的审美习惯。现在，人们用红色来表示热烈和喜庆，反映出庄重和警示；用黄色来代表阳光、资源、黄金，象征着财富和华贵；用绿色代表勃勃的生机，增添了许多生气，被认为是美好吉祥的象征；表示宁静的蓝色，使人产生明快而清新的感觉；白色代表素雅、洁净，多象征着和平、纯洁和公正。正是由于这些字蕴含着美好的象征意义，人们用这些字给孩子起名，就对孩子赋予了更多的期望。

此外，人们还喜欢用植物，比如松、柳、杨以及用代表吉祥的飞禽走兽，如凤凰，燕子，龙等起名。比较有代表性的有如松、青松、白杨、柳斌、春柳、朱鹭、林凤祥、赵飞燕、秦白鸥、冯梦龙等。其实，世界万物中的其他一些与人类密切相关的物品，如珠玉珍宝、衣饰用品、屋宇居室、亭台楼榭、自然景观等的名称都可以用作人名。如杨玉环、贾宝玉、赛珍珠、姚紫娟、田珉、尚钱、韩宇亭、李承栋、安东楼、李晓风、张露荷、高雪峰等，在起名时都是可以参考的。世界万物种类繁多，的确是我们起名的宝贵源泉。

让日常用语为起名服务

起名是一件需要通过语言文字来完成的事情，可供选择的素材比比皆是，而有些就在我们身边。比如常用的人称代词，如你、我、他；比如各种形容词，如高、矮、胖、瘦、美、丑、善、恶等；比如表示身份的名词，如官、民、工、商、师、生等；还有一些没有实际意义的语气助词，如之、乎、者、也、的、地、得等。这些日常用语与我们的生活密切相关，用来起名字也是非常不错的选择。

就拿表示称谓的人称代词来说，分为第一人称、第二人称和第三人称三类，其中第一人称的常用字有我、吾、予、已等，第二人称有汝、尔等，第三人称有他、它、她、伊等。选这些字作为人名，从语义上让人感到亲切，起出的名字往往光彩照人，惹人喜爱。以“我”字起名，当代就有一个著名书画家费新我，还可以起名为宋我成、严我斯、张我德等，都是比较不错的名字。此外，用于表示“我”的意思的字还有已、予、吾等，古时官吏对皇帝自称“臣”其实也是用来表示“我”。这些字用来起名有殷克已、吕胜已、孙起予、钱圣予、于省吾、毛健吾、田德臣、史良臣等，都可以作为起名时的参考。至于第二人称和第三人称的字，汝、伊等也有人用来起名，如李汝珍、曹汝霖、冯汝言、王成汝、水伊人、刘伊美等，都是比较有代表性的名字。

在我们的日常用语中，有一类是关于人的形容词，如用孔、景、大

（太）、伟、初、元、威、永等来评价别人，用道、德、仁、义、孝、恭、敬等来形容人的品德，用奉、承、继、成等来形容人的行为，等等，用这些形容词起名也是寄美好的愿望于人名，希望“人如其名”。相关的名字有周孔和、刘景升、温太真、李伟南、杨本初、田连元、杨威方、崔永元、郦道元、朱德、马俊仁、刘义隆、蒋孝勇、史文恭、郭守敬等。

在过去，我国习惯把人分为士、农、工、商，或者分成三六九等，而现在有干部、工人、农民、学生、老师等不同的词语用来表示人的身份。其中“士”是指文化人，用这个字起名字的有陆士龙、高士柏等。与“士”相近的字还有子、彦、倩等，都是对士人的美称。尤其是“子”字，是指有学问的男子，特别是有大学问的人，如孔子、孟子、老子、列子等所指都是特定的人物，而郭子仪、杨子荣、杜子渊等则是有代表性的名字。同样，所谓“美士为彦”，“彦”也是对士人的美称，比如孔彦方、黄文彦等。至于“倩”字，除了作为士人的美称还有美丽的意思，后多用作女性起名的用字，常见的名字有高玉倩、李倩云等。

在我们的日常用语中，有一类词比较特殊，如之、乎、者、也、的、地、得等，它们本身虽无实际意义，但却可以起到调节作用，用来起名使名字富于变化，读起来抑扬顿挫，更具表现力。比如东晋大书法家王羲之及其子孙后代都十分热衷“之”字，接连几代人的名字都带这个字。至于用其他助词所起的名字，有王也平、吴文可、周以言、姜如农、王若飞、李斯、刘承哉、李默然，等等。

在我们的生活中其实还有不少与我们密切相关的名称可以用来起名，比如李鼎铭、李仁堂、郭义峰、张松溪、李秋池、胡文虎、沈雁冰、李剑农、董加耕、李云鹤、谢雨田等，生活用语的确是可以被我们深入挖掘的宝库。

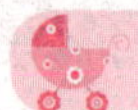

从诗文典故中汲取营养

我国历史悠久，文化源远流长，历代先贤在为我们留下丰富物质财富的同时也为我们留下了宝贵的精神财富。这些精神财富中，难以数计的文化典籍、诗词文献、成语典故等充分展示着古人的聪明才智，同时也是我们在起名时可以利用的宝贵素材。用诗文典故起名不仅能够体现我国民族传统文化精神，名字也显得新颖脱俗，意味深长，富有表现力。

唐朝著名诗人孟浩然的名字，出自《孟子》“我善养吾浩然之气”。浩然之气，就是刚正之气，是大义大德造就的一身正气。作家张恨水的名字出自李后主《乌夜啼》“胭脂泪，相留醉，几时重，自是人生长恨水长东”，感慨光阴如流水，激励自己要严于律己、珍惜时间。政治家王若飞原名王运生，少年的他最崇拜的就是马革裹尸、为国家民族效命沙场的英雄斗士们，所以，他取北朝民歌《木兰辞》“万里赴戎机，关山度若飞”诗句中“度若飞”之字，改名度，字若飞，表达自己不畏艰难、奋勇直前的豪气和救国救民的急切心情。诗人朱自清的名字出自《楚辞》中的“宁廉洁正直以自清乎”，表明要做一个廉洁正直自律、清白自尊的人。文学家谢冰心、沈冰壶的名字都出自唐代诗人王昌龄的《芙蓉楼送辛渐》“洛阳亲友如相问，一片冰心在玉壶”，其中“冰心”指光洁透明，比喻人的清廉正直，“冰壶”指高洁透明如玉壶，比喻人内外皎洁，品德高尚。

这些名字体现了取名人的价值取向，含意深远，都不失为好名字。

此外，我国还有不少固定用语，稍加修改也可以入名。这其中，由于成语言简意赅、含蓄隽永，利用它们起名会收到典雅深沉、意趣盎然的艺术效果。比如当代作家马识途、周而复，名字分别由成语“老马识途”“周而复始”简化而成，读起来让人感觉意趣盎然。此外，如成语“金石为开”“方兴未艾”“任重道远”“推陈出新”“金碧辉煌”等还可演变为人名金石开、方未艾或方艾、任道远或任远，以及陈出新或陈新，金碧辉、金辉或碧辉等。这样的成语直接简化为人名，可谓别出心裁。

一些习惯用语也是可以用来作名字的。如著名歌手成方圆的名字就取自俗语“无规矩不成方圆”，通过名字表示要取得一定成就之意。其名字让人感觉新颖别致。无论过去还是现在，都有人用日常的习惯用语起名，比如徐向前、黄忠诚、曾光明、魏传统、赖春风、花阳春、王英才、陈胜利、吴光辉、向红梅等，这些名字多得几乎不胜枚举。仔细留意起来，都能收到奇妙效果。

诗文典故字简而义繁，在起名时受到许多父母的青睐。不过，在利用它们起名的时候，一定要突出一个“巧”字，还要注意截取成语的文字时要恰当，让人一目了然，避免引起歧义或误解，否则所起的名字不但不会有出色的效果，反而会给别人留下笑柄。

巧妙地利用汉字谐音来起名

利用雅致的谐音起名，使之互相假借，使人很自然地联想到谐音字词所表示的意义。比如，如果我们为孩子起名为高健、程刚、潘峰、武岳、江不凡等，很容易便让人联想到高见、成钢、攀峰、五岳、将不凡等同音词语，名字中希望他们能够拥有远见，百炼成钢，勇攀高峰，达到可比三山五岳、不同凡响的意境，巧妙地利用了汉字的谐音，含而不露，这些都是利用谐音起名字的成功典型。

其实，利用谐音起名在我国由来已久。早在宋朝时，就有一个叫文彦博

的著名政治家，他的名字用“彦博”谐音“渊博”，表示学问很大、学识渊博，后来他果然成为学富五车的人。特别是著名文学家曹雪芹，他在《红楼梦》一书里，把利用谐音起名这一才能发挥得淋漓尽致。如元春、迎春、探春、惜春，四个人的名字中将第一个连起来就是“原应叹息”，反映了曹雪芹的生活态度。而他塑造的英莲是位命运坎坷的姑娘，是十分“应怜”的，便使用谐音为她起名。宝玉的朋友秦钟是位多情公子，其名字也是“情种”的谐音。还有“逢冤”而死的冯渊、专门在贾府“沾光”的清客詹光、“善骗人”的单聘仁、“不顾羞”的卜固修等。

利用谐音为孩子起名，在现实生活中也是相当普遍的。过去，民间有先起小名再起大名的习惯。有人也采用把小名谐音的办法起大名。如著名作家贾平凹的名字，就是从小名“平娃”演变而来的。再如有人乳名小丫，但学名却是“晓娅”。这种把不太文雅的小名用同音字一换，就成了一个美丽、深刻的名字，同样显得巧妙新颖。

在通常情况下，每个人起名都想让名字的谐音雅致，但是在文学作品、影视舞台上却未必如此。我们可以通过贬义谐音的名字借以表现自己价值标准的倾向性，通过名字对其进行讽刺、抨击。比如经典歌剧《白毛女》中，就有两个叫黄世仁和穆仁智的坏人，其名字表面上看含义都很不错，但其分别谐音“枉是人”与“没人治”，我们从中不难看出剧作者为他们起名时所带的感情色彩。

利用谐音起名，最好根据姓氏“以姓生名”，这样可以使谐音的作用更加突出。如姓盛的人可以起名“利”，姓名相合与“胜利”谐音。姓苏的人可以起名“籍”，姓名相合与“书籍”谐音。姓魏的人可以起名“笑”或“晓”，姓名相合与“微笑”谐音，等等。

总之，利用谐音所起出的名字大多会让人产生联想，扩大名字的语意范围，增强了姓名的趣味性和含蓄性，使名字的内容变得更加丰富。当然，这种起名方法要求起名者对语音和语义有一定的认识和理解，因此，在起名时一定要周密思考，掌握规律，从而起出意义隽永的好名字。

第5章

五格剖象宝宝起名法

五格剖象法的运用法则

五格主事吉凶断要的真谛

瞧瞧天、地、人三才的关系

如何从姓名推算性格

五格剖象数理详解

五格剖象法的运用法则

中华文化博大精深，从古代社会起，我们的先人就将命理与人的姓名联系起来，一些出色的命理学家巧妙地利用阴阳五行相生相克的关系，把人的姓名分成相对应的五格，即天格、地格、人格、外格、总格，并从中推演人一生的命运。乍看之下，这仿佛与现代科学相悖，但其实这种方法是根据《易经》中的“象”“数”理论衍生而出的。因此，五格剖象既是一种尊重自然、尊重易经的起名方法，又是以人们命理为最终落脚点的简易、实用起名法。爸爸妈妈在为宝宝起名的时候也可以充分借鉴这种方法，以求宝宝一生健康快乐。

历来，我们的先人都认为姓名的好坏不仅在于表面的字义，而是要看姓名的数理，即姓名的笔画数。所以接下来，我们就这部分知识一一进行详解。

在五格剖象法的理论中，天格代表了父母的命运，地格代表了自己38岁以前的命运，即人们的前运，人格是自己一生的主运，外格是副运，总格则是38岁以后的命运，又称后运。从天格、地格、人格、外格、总格代表的运势中，我们可以推论出一个人的如下命运：

1. 人格与外格的数理关系可以帮助我们推断出人一生的性格、命运以及其他总的情况。

2. 地格可推算人在年轻时期的经历、命运，及其与子女、下属、同事和朋友的关系。

3. 从天、人、地三格的数理关系可推断人的一生是否健康、生活是否顺利。

4. 总格数理告诉我们人过中年后的命运与经历。

5. 天格与人格共同构成了一个人的成功运，由此可看出人事业成功率的高低。

6. 人格与地格之间的数理关系是人一生的基础运，由此可推断人的基础是否稳妥。

明白了五格剖象与人命理的关系之后，再让我们一起来看看这“五格”是如何推算出来的，需要注意的是，五格推算法的计算是要用名字的繁体字笔画计算的。

天格推算法：单字张（王、李、赵等）笔画数加1即为天格数理；复字姓（夏侯、上官、欧阳等）取两字之和。如：宋姓的天格数理为7+1=8。在五格剖象法中，天格为父母的运，一般来说对个人的命运影响不大。

人格推算法：单姓单名，将姓与名的笔画数相加；单姓双名，将姓与名的第一字笔画数相加；复姓单名，将姓第二个字与名笔画数相加；复姓双名，将姓第二字与名的第一字相加。如：刘备6+8=14，白居易5+8=13。在五格剖象法中，人格又被看做是“主运”，也是整个姓名的关键，人一生的命运，均由人格来推断。

地格推算法：单名字笔画数加1，复名字将名字的笔画数相加。如：周瑜13+1=14，王亮天9+4=13。在五格剖象法中，地格又被看做是人的“前运”，主要影响了人38岁以前的命运。

外格推算法：将姓名各字的笔画数全部相加以后，减去人格数理的笔画数，再加上添加数，即为外格数理。添加数是单姓加1，单名加1，单姓双名加1，双姓单名加1，单姓单名加2，双姓双名不加。如：王浜14−14+2=2，司徒安20−16+1=5，李立功17−12+1=6，诸葛文斌43−16=27。在五格剖象法中，外格代表了一个人的副运，个人与外界是否相和谐，均由此格看出。

总格推算法：将姓与名全部笔画相加（不含添加数），即为总格数理。如：李白7+5=12。在五格剖象法中，总格数理被看做是人中年至晚年的命运，又称“后运”。

由于五格剖象法是根据姓名各字的笔画建立起来的数理关系，因此，姓名各字的笔画数的计算十分重要，如果疏漏记错，五格推算就不会准确。以下几点是用五格剖象计算时需要注意的几个方面：

1. 要使用本名，也就是以户口本上登记的名字为准。如果笔名、艺名的应用范围比本名广，可以列入考虑范围。

2. 偏旁部首要按本字来计算。如：①凡以三点水作偏旁的字，三点水均按四画算。因为“水”字为四画。如“池”字计7画。②“扌”为手字，算4画。如挑、拨等。③“月”字旁本是肉字，算6画。如服、肪、脉等。④“艹”系草字，算9画。如英、苹、蓉等。⑤“辶”字旁系走字，算7画。如达、迈、迅、过等。⑥左“阝”旁系阜字，算8画。如阳、阴、陈、陆等。⑦右“阝”旁系邑字，算7画。如即、邓、邝等。⑧“王”为玉字，算五画。如琬、珀、玫，瑰等。⑨“礻”，以示字计，为5画。⑩“衤”，以衣字计，为6画。⑪“犭”为犬字，算4画。如狄、猛、独等。⑫“忄”，竖心旁，以心字计，为4画。

3. 名字中有“一、二、三、四、五、六、七、八、九、十”的字要分别计1、2、3、4、5、6、7、8、9、10画。

五格主事吉凶断要的真谛

说了半天，究竟什么样的五格主吉，什么样的五格主凶呢？

1. 天格、人格、地格三才的数理五行，喜相生，恶相克，大吉祥诱导之数（代表健全、幸福）为：

1、3、5、9、11、13、15、16、21、23、24、25、29、31、32、33、35、37、39、41、45、47、48、52、57、65、67、68、82。

2. 次吉祥诱导之数（多少有些障碍，但能获得吉运）：

6、7、17、18、27、30、38、51、55、61、75。

3. 凶险多灾诱导之数（代表逆境、病难、浮沉、多灾等）：

2、4、9、10、12、14、19、20、26、27、28、34、36、42、43、44、46、49、50、53、54、56、58、59、60、62、64、66、69、70、72、73、74、76、78、79、80。

4. 妇女孤、独、寡运诱导之数（难觅夫，家庭不睦，夫妻两虎相斗）：

21、23、26、28、29、33、39。

5. 妇女德行优良运诱导之数（品性温良，助夫，爱子）：

3、5、6、11、13、15、16、24、31、32、35。

6. 败家运诱导之数（病弱，家族绫薄）：

2、4、9、10、12、14、19、20、22、26、36。

7. 孤独运诱导之数（即妻克夫或夫克妻之意）：

4、10、12、22、28、34。

8. 财运诱导之数（多钱财、富贵）：

4、10、12、14、15、16、20、22、23、24、28、32、33、34、41。

9. 有首领运诱导之数（智仁勇德全备，能领导众人之意）：

3、13、16、21、23、31、33、41。

10. 短命运诱导之数（若天、地、人三格数理中无二格吉数者，难逃此命）：

4、9、10、14、19、20、28、34、44。

11. 遭难诱导之数（易陷品行不端，为人无德行）：

9、10、14、19、20、22、28、30、34、40、44、50、53、54、56、59、60、70、80。

12. 品性外柔内刚诱导之数：

12、14、22、32。

瞧瞧天、地、人三才的关系

看完了五行，我们再来看看玄妙的三才。所谓三才，即天才、人才、地才，它们分别是天格、人格、地格数字的个位数。天、地、人三才数理共计10个数，如果个位数是0，则按10计算。以数理来划分五行，五行之间的关系是：木、火、土、金、水，其相临相生，相隔相克。这样，根据数理与五行之间的内在联系，推算出来的配置关系即为三才配置。通过观察三才配置的凶吉，可以判断一个人的综合运势，预测一个人的事业成功率以及身体状况。

三才是指天格、人格、地格的五行搭配。三才搭配以相生为好，相克为差。如“管健涵”，天格15，人格24，地格21，其五行配置相应为土、土、火，因火可生土，故此名较好。下面是五行与数字的对应关系及数理暗示导引：

1. 五行与数字

1、2为木，1为阳木，2为阴木；

3、4为火，3为阳火，4为阴火；

5、6为土，5为阳土，6为阴土；

7、8为金，7为阳金，8为阴金；

9、10为水，9为阳水，10为阴水。

2. 数理暗示导引

（1）好的暗示导引：

1、3、5、6、7、8、11、13、15、17、18、21、23、24、25、29、31、32、33、35、37、39、41、45、47、48、49、57、52、55、57、58、61、63、65、67、68、71、73、81。

（2）差的暗示导引（其他运势好，亦可化解）：

2、4、9、10、12、14、19、20、22、26、28、30、34、40、42、43、44、46、50、53、54、56、59、60、62、64、66、69、70、72、75、77、78、79、80。

此外，古人还进一步把属于吉数的数字按智力、情感、意志等分类，可分为如下几类：

1. 理智发达的吉数

3、13、21、23、24、25、29、31、33、35、37、39、41、45、52、63、67、68;

2. 情感浓厚的吉数

1、3、5、8、11、15、16、21、23、32、33;

3. 意志坚强的吉数

7、8、11、17、18、21、25、31、37、41、47。

除上述之外，古人还认为五格中的天、地、人三格还与人的身体健康、事业、性格、婚姻等有关，人一生的命运可以从这三格中推算出来。

如何从姓名推算性格

从姓名推算性格是五格剖象法的又一大功用，姓名表现性格的总位，就是人格部。仔细观察人格部的数理，就可知道其性格。人的性格大都对应于五行所造成的灵气。因此，人的性格因人格部数理的五行属性不同而各有其特点：属木者——主仁，其性直，其情恭；属火者——主礼，其性急而躁；属土者——主信，其性严而稳；属金者——主义，其性硬；属水者——主智，其性聪。下面是不同数理的人呈现的不同性格特征：

人格数理1

性情温和好静，富于理智，温和中带有尊贵气息，表面看来似乎非大活动家，其内部蕴含着相当大的能量，辅之以不屈的精神，必能渐至成功，为人首领。还可获得家庭的幸福，但其人含有嫉妒心，大都好财利，喜钓誉。

人格数理2

其个性隐忍不动，意志坚定，表面风平浪静，内则汹涌澎湃，有固执倾向。较好异性，猜疑心重，嫉妒心特强，故易损害健康。

人格数理3

其富活动力，视名利如生命，智谋才略具备，感情锐猛、犹如燃火，气魄大，富有成功运，盛名一时，但中途多生枝节。

人格数理4

其内具爆发性的品质，表面却极平稳，如火燃湿木一样，虽然浓烟而不能成火之象，往往会抑制心思，守口如瓶，工于心计，擅长手腕，虚荣心强，多曲折，有病弱、短命之嫌。总之家庭不幸者居多。如人格部为24数，则多温顺有智谋，易发财，可得权力名誉等。

人格数理5

其心胸宽广，容易亲近，温和沉着，对人有同情心，荣誉心强，其内心刚义，却不显现与外表。易亲近，但有容易疏冷的特点，嫉妒心稍强。

人格数理6

其表面温和柔顺，内心刚毅。外表厚重，能取得相当的成功而享受天伦之乐，富有同情心。但人生多病难，难安宁平静。悲喜交加，一面可能是杰出之士，另一面可能是庸劣之辈。不仅如此，此数理多风流好色。

人格数理7

其意志坚定，大多攻击性强，果敢迅断，但多有排外倾向。吃苦耐劳，好争辩，在自我领域有割据称霸之气魄，追逐权势，自我意识强烈。

人格数理8

其执著如同顽固，富于耐久力，有锲而不舍的精神。凡事爱打抱不平。

若善加修养、调理，必能光明磊落。此数不适合女性，有女权之嫌。

人格数理9

其活动性强、社交广泛，生性好动，有智慧，富理性。大都好追名逐利，但四处奔波易陷于放纵荒诞。贪财好权是其主要特性。

人格数理10

其迟滞不动，欠缺活力，易情绪化。虽有才智，但溺于对功名利禄的追逐。

五格剖象数理详解

1. 数理（宇宙起源）：天地宇宙开泰的太极首领数（吉）。

基业：聪明、多学、成功、富贵、名誉、幸福、财帛、进田。

家庭：竹木成林、父母有荫、家庭圆满、子女多孝。

健康："三才"善良者身体安康，可望长寿，否则不遇。

含义：万事万物的基本数。为最大吉祥运的表示，属于健康幸福、富贵名誉、伟大成功的运数，可以享福终世。因其数理过好，故是常人难以承当之数。

2. 数理（一身孤节）：属未定的分离破灭数（凶）。

基业：劫财、破灭、灾厄、破家、红艳、变迁、美貌。

家庭：亲情疏远，夫妻应相互理解，则免别离之苦。

健康：凶变、病弱、短命有之，易患皮肤病、外伤、夭折。

含义：混沌未定之象，为最大凶恶的暗示。意志不坚，无独立之气力，进退失自由，内外生波澜，困苦不安。摇动、病患、遭难，甚至残废。若伴有其他好数者可免致短命夭折。其人辛苦一生，志望难达，破灭无常。

3. 数理（吉祥）：进取如意的增进繁荣数（吉）。

基业：学术、技艺、祖业、丰盛、自立、建业、官禄。

家庭：家内施恩惠，可得贤妻，六亲和睦，需戒自私。

健康：松柏林立，健康良好，可望长寿。

含义：阴阳抱合，天地人形成，确定之象。有吉祥福禄之暗示，为成功发达之兆。智达明敏，艺精工巧，诸事如意，能成就功业，名利两全，有首领之资质，享自然之福。荣进有望，福祉无穷。

4. 数理（凶变）：身遭劫难凶变的万事休止数（凶）。

基业：美貌、香艳、破家、灾厄、劫财、损家业。

家庭：六亲缘薄，兄弟如同画饼，热心相助者少。

健康：衰弱、外伤、皮肤病、夭折、发狂病死等。

含义：万物枯衰，破败死亡之象。属破坏的凶变数、不足不全的灭亡之兆。进退不自由，乏独立能力，大多辛苦困难。病难灾厄相继，或者与其他凶运配合而致发狂病死、夭折，或者放荡、破灭、逆难，终成废人。但孝子、节妇、怪杰等，也有出此数者。

5. 数理（种竹成林）：福禄长寿的福德集门数（吉）。

基业：学者、祖业、文昌、福星、暗禄、官星、财钱。

家庭：上下敦睦，相互合作，可望圆满，子女多荫。

健康：身体健康，福如东海，寿比南山。

含义：阴阳交感，和合完璧之象，暗藏大成功运。雄威畅达，身体健康，家门兴隆，富贵荣华，福寿双全，无所不至。他乡成家，复兴家业。即使不如此，也会博得功名荣誉，福祉祯祥。

6. 数理（安稳）：安稳余庆吉人天相数（吉）。

基业：豪杰、官禄、财钱、将星、学者。

健康：可望健康，逢凶化吉，遇一次险，可得长寿。

家庭：家庭圆满和睦，安宁自在。

含义：天德地祥俱全，天地人和。财禄丰盈，富裕安稳，家势盛大，万宝朝宗之运。然而，满极必损，盈极则亏。若其他要素配合不周者，恐或如流水而下，成为所谓乐极生悲之象。此数理为天赋之美，安稳吉庆一生。

7. 数理（精悍）：刚毅果断勇往直前的进取数（吉）。

基业：独立、官禄、进取、技术、刚硬。

家庭：缺乏同化力，内外不合，善涵养修身者可得家庭圆满。

健康：日月光明，心身健全，可望长寿。

含义：独立、单行、权威之象，过刚而缺乏同化力之义。天赋的精力充沛，具有调节事物发展的才能。能够勇往直前，排除万难，成功显达。若能涵养雅量，刚柔处事，扩大气度，自然幸福上进。如果玩权弄术，易酿成内外不和，于己不利，宜戒之。女性有此数者，难免流于男性特征，切要注意温和养德，才会吉利而无过失。

8. 数理（坚刚）：意志刚健的勤勉发展数（吉）。

基业：艺能、美术、学者、官禄、天官、师表、畜产。

家庭：兴家成为达贤者，家境先难后裕。

健康：高山立松，完健自在，可望长寿。

含义：意志如磐石，富于进取的气概。排除万难达到目的。名实两得，忍耐克己，遂成大功。若其他运配合不善者，可能有遭难的厄患。戒慎过刚，可免遭难。

9. 数理（破舟进海）：吉尽凶始，穷乏困苦数（凶）。

基业：官禄、图印、太极、怪杰、富翁、突破。

家庭：亲情不睦，说长道短者多，力持贤明尚平安。

健康：女性风流或与丈夫离别，体弱，男女皆晚婚，行事多积德，可免短命。

含义：浮沉不定之象。利去功空，陷落穷迫、逆运、短命、怪诞、悲痛。或者幼小离亲而困苦，或者病弱、不遇、遭难、废疾、贫困、灾难、孤独，甚而刑罚，有不测之凶厄。主运有此数者则为大凶。即或一身得免灾害，也难免丧失配偶或有缺子之叹。实为人生最大厄运。但有例外的怪杰、学者、伟人、富豪出此数者。

10．数理（零暗）：万事终局，充满损耗数（凶）。

基业：天福、文昌、散财、官禄、破危、夭寿。

家庭：家内冷眼旁观者多，伤妻害子破重圆，百忍尚可得和平。

健康：杀伤、刑罚、病弱、灾危、女易风流、心性变态。

含义：日没黄昏，四顾茫茫，神哭鬼号之象。其凶厄甚于九数，为事物吉终之运。有如黑暗的境地，空虚无物。主运有此数者，多是非短命。行事乏气力，常陷于不如意，障碍重重终失败，遂致破家亡产，贫困逆难迭至。无眷属之缘，自幼失亲，病弱遭难，或惹官非等。非常之运，一生多病不安，常遇不测之灾祸。“三才”配置不善者，大都中年前后编入黄泉之籍。然万人中亦有一二例外者可绝处逢生。

11．数理（旱苗逢雨）：挽回家运的春成育数（吉）。

基业：财星、天佑、暗禄、文昌、技艺、田宅。

家庭：养蜂结蜜，事事和顺，处处温和。

健康：河川永在，可望健康长寿。

含义：旱天降雨之象、阴阳复新，享天赋之幸福。万事顺利发展，稳健着实。有得富贵繁荣，再兴家业的暗示。为能挽回家运平静和顺的最大吉数。

12．数理（掘井无泉）：意志薄弱的家庭寂寞数（凶）。

基业：凶星、破厄、劫煞、时禄。

家庭：亲情如秋水，骨肉似寒炭，施恩招怨恨，宜提高气节。

健康：枯木待春，小心患神经衰弱、胃癌之疾，外伤、皮肤病。“三才”善良者可安全。

含义：无力伸张之象。妄顾自身薄弱无力，企图做力不从心的事，反致失败。遇事易生不足之心。家庭缘薄，孤苦无依，一生寂寞。陷于孤独、遭难、逆境、病弱、不如意等困境中，或因其他运的配合不善而导致意外的失败，甚至有不能完寿的悲运。

13. 数理（春日牡丹）：博学多才，智略超群的成功数（吉）。

基业：天官、文昌、技艺、进财、学士、田产、财库。

家庭：祖宗余荫，子孙孝顺，可望团圆。

健康：身心健康，可望长寿，先天五行不合者不遇。

含义：天地溢现瑞气，享天赐之福，处处充满吉兆。富学艺才能，有智谋奇略。忍柔当事，任何难事皆巧于措置而奏大功，为得享富贵荣华的好诱导。得贵人相助，受惠丰厚，易得信用，建功立业，富贵双全，一生享福。

14. 数理（破兆）：沦落天涯，失意烦闷数（凶）。

基业：暗禄、美貌、艺术、流浪、红艳、劫财。

家庭：骨肉疏远，离祖迁居，自家兄弟全无份，外出交友却有缘。

健康：皮肤病、感冒、风邪，先天五行相合者则健康。此数之男女均属好貌。

含义：浮沉不定，多破兆。家属缘薄，六亲无靠，骨肉分离，丧亲亡子。孤独、不如意、烦闷、危难、遭厄、灾祸迭至。为人慷慨，施恩招怨，劳而无功，辛苦凄惨。若其他运数配合不宜者，有伤夭寿。然此数之人颖悟非凡，若“三才”配置善良者也会有极少数的怪杰、伟人成就大业。

15. 数理（福寿）：福寿双全的立身兴家数（吉）。

基业：天官、贵人、福星、官禄、祖基、进田、畜产。

家庭：清净家风，圆满之象，子孙昌盛。

健康：海底明珠，安稳余庆，健康自在。最大好运，福寿圆满之象。

含义：顺和、温良、雅量。集上下之信，令人敬慕，多受福泽，德高望重，自成家业，富贵荣华。为吉祥有德、繁荣兴家的大吉数。

16. 数理（厚重）：贵人相助兴家兴业的大吉数（吉）。

基业：天官、贵命、豪杰、进田、学士、豪侠、基产。

家庭：春日花开，可望家庭圆满，男子有贤妻，女子不宜早婚。

健康：花草逢春，易溺于色情，戒慎者可望健康长寿。

含义：逢凶化吉象。位尊望重，建立基业。雅量厚重，足智多谋，善于协调，所谋如意。家门繁荣，福禄寿俱全。为大事大业可成，富贵发达的好暗示。属温和之首领运数。

17. 数理（刚强）：突破万难的刚柔兼备数（半吉）。

基业：天宫、将星、威武、艺术、文昌。

家庭：可望圆满，女性能涵养女德则贤惠。

健康：身心健康，可望长寿。

含义：权威刚强，意志坚定，勇往直前，具有突破万难的气力。成就大功大业，但因秉性过刚，自我心强而恐与人不和，反招是非厄患，遂致失败，慎戒则为大吉。女性有此数者易流于男性，宜涵养女德，性格温和，福禄自然随之。先天条件弱的妇女反用此数为妥。

18. 数理（铁镜重磨）：有志竟成的内外有运数（半吉）。

基业：将星、文昌、太极、畜产、财帛、技艺。

家庭：有祖宗庇荫之福，心慈口硬，宜守和平，可望圆满。

健康：身心健康如万年之蛇，可望长寿。

含义：铁石心、发达运俱全，有权力智谋。颖悟非凡，志望一立必破万难达到目的，成就功业，博得名利。唯自信心过强而又乏包容之心，恐招是非诱发非难。宜养柔德，且慎勿骄。

19. 数理（多难）：遮云蔽月的辛苦重来数（凶）。

基业：官禄、进田、红艳、财帛、智谋、凶危、破财。

家庭：兄弟成吴越，需思手足情。

健康：病弱、废疾、刑罚、杀伤、短命，先天五行属金水者可望安康。

含义：遮云蔽月之象，有才智多谋略。虽有成就大业，博得名利的实力，但因其过刚而频生意外的灾患，内外不和，一败涂地，困难苦惨不绝。若主运有此数，又乏其他吉数以助，多陷病弱、废疾、孤寡甚至夭折、妻子死别、刑罚、杀伤等灾。为万事挫折非命至极，故也叫短命数。若先天有金水者，可成巨富、怪杰、伟人。

20. 数理（屋下藏金）：非业破运的空虚数（凶）。

基业：官星、部将、美术、智能、红艳、凶危。

家庭：亲情不立，兄弟相隐，离祖败家，凡事善忍则家中和平。

健康：泥身进海，难以为继。“三才”配置不善者命运多难，病弱。金木者安全。

含义：物将坏之象。破败衰亡之数，具有短命非业的诱导。危机四伏，灾难迭至，凶祸频临，一生不得安宁，不如意，万事难成，陷于逆境。或导致病弱、短命、非业、破灭，或幼时别亲，而陷困苦，或叹子女不幸，或男女失偶。

21. 数理（明月中天）：明月光照，体质刚健的独立权威数（吉）。

基业：天官、太极、文昌、哲学、艺术、财库、福禄、首领、君臣、富翁。

家庭：六亲和睦，有子嗣之惠，女性反为不吉，用则破夫运。

健康：秋月芙蓉，壮年健壮，长寿。

含义：光风雾月之象，万物形成自立之势。独立权威，能为首领之运。为人尊仰，享受富贵荣华。路径属迈进发展，中途难免相当苦心，步步而进，宛如登梯。立业兴家，大博名利，寿禄丰厚，乃贵重的吉数。女性得此数者，易招灾害，故不宜之。按《易经》观点，女性属阴应助男性，是为先天的补数，如具备首领之运，即妻子凌驾丈夫之上的命格。阴阳生出暗斗，自然不得安宁，故夫妻难免时常反目，或喜极生悲，且妇德不备，家庭不圆满，妻克夫。所谓两虎相斗，必无双全者，慎之戒之。

22. 数理（秋草逢霜）：薄弱乏力，百事不如意数（凶）。

基业：天乙、君臣、将星、劫煞、破财。

家庭：六亲无力，自立成家。

健康：常有暗疾，难医或短命。

含义：秋草逢霜之象，脆弱无力。骨肉离散，孤独生涯，百事不如意，徒劳无功，懦弱病弱，挫折困难，孤寂乏力，逆境不平，为此数者人生的写照。但也有伟人、豪杰出此数者，不过其人生多波折。

23．数理（壮丽）：旭日东升发育旺盛数（吉）。

基业：首领、君臣、文昌、暗禄、财库、进宅、学士。

家庭：男性可望家庭圆满，女性则香闺零落，人格有此数多克夫。

健康：男性可望健康，女性则有孤独之苦。

含义：伟大昌隆之运，威势冲天之象，赫赫首领之数。微贱出身，砥志奋斗，克服万难，成就大志大业，功名荣达，终至首领。有如凯旋之将，猛虎添翼之势。权力旺盛，胜事恐过度而为憾，然而感情锐利，壮丽可爱，实属贵重的运数。此数不适宜女性，其理由同于21数，凡主运有此数者，难免转成香闺零落。

24．数理（掘藏得金）：家门余庆的金钱丰盈数（吉）。

基业：天官、福星、文昌、企业、财库、君臣、工商、富翁。

家庭：不依祖业而立身，家庭圆满，兄弟和睦，但应保持清正无私。

健康：松柏常青，可望长寿。

含义：天赋幸遇，才略智谋出众。勤俭建业，克服困难，白手起家。财源广进，兴家积蓄，到老愈丰，为子孙继承余庆的福运之数。

25．数理（英俊）：英俊刚毅资性聪敏数（半吉）。

基业：君臣、首领、福星、文昌、企业、时禄、技艺、财库、进田。

家庭：平和而谦虚者，家庭圆满，子孙昌盛。

健康：健康自在，五行配合得当可望长寿。

含义：资性英敏，有独特的才能。慎重行事，自能成就大业而获成功。因其性情言语偏激，脾气古怪，与人交往欠谦虚，意气用事，傲慢无礼，恐弄吉反凶。慎戒之则吉。

26．数理（变怪）：变怪奇异的豪侠数（凶）。

基业：豪杰、君臣、官禄、侠义、红艳、财库、凶危。

家庭：亲情无义，妻子无助，若子女温顺可得圆满。

健康：大多破家病弱，先天带金者可望平安，男子有双妻之虑。

含义：属波澜重叠，数奇变怪的英雄运格。秉性颖悟，富有义气侠情。然而变故常多，风波不息，大功不成，破产亡家，好运难遂。若因为他格的配合不宜，或陷放逆、淫乱、短命之中，或丧配偶枕边寒，或丧子女膝下伶仃。英雄不成英雄，为多不得顺境的运数。不少怪杰、烈士、伟人则有出此数者。

27. 数理（增长）：欲望无休止的非难运数（凶）。

基业：天官、将军、师长、学士、文昌、凶厄、破财、废疾。

家庭：六亲不得力，兄弟疏远。

健康：肺病、刑罚、心脏病、短命，先天五行为水土者，可望安全。

含义：欲望无止境，自信心过强，不容他人言语，多受诽谤攻击，而易致失败。始以其智谋，努力奋斗博得名利。待过中年，势渐趋下，内外酿出不合，难以发达到老。假使自身温顺富有，也不免内部背后是非不息。大多为半途中折之象，或因其他运数的关系而陷于刑罚、孤独、死于逆难等。

28. 数理（阔水浮萍）：家亲缘薄，离群独处无定数（凶）。

基业：天官、将星、官星、学士、红艳。

家庭：亲戚多忌怨，兄弟少联络，子女别离。

健康：病灾、伤害、废疾、发狂。“三才”善良者无大害。

含义：虽有豪杰气概，也难免他人的非难诽谤。危难袭来而致伤害，空虚灭亡，祸乱别离。或丧失配偶，相克子孙。也有自幼别亲者，争论不和、逆难、刑罚等灾祸相接。一生辛苦不绝，堪称遭难运。女性有此数者多陷孤寡或难成家。

29. 数理（不平）：智谋兼备，欲望难足数（半吉）。

基业：天官、太极、君臣、天厨、将星、财帛、文昌、深谋、富翁。

家庭：乏祖力，地格为火时，又乏子息或不和。

健康：先天五行为金木而“三才”善良者可望安康，为土火者有病弱之虑。

含义：智谋优秀，奏功受福之数。财力活力俱全，成就大业之兆。但是不足不平的念头不绝，任意从事，欲望无止境，多易弄巧成拙，招非致祸。女性若有此数者都流于男性，或者酿出荒唐猜疑之灾，切要慎戒之。

30. 数理（非运）：绝境逢生的运途分歧数（半吉）。

基业：官星、将相、文昌、豪放、红艳、血支、灾厄。

家庭：亲情疏淡，夫妻不相和，难同白头。

健康：刑罚、外伤、废疾，先天五行为金木者可安然。

含义：浮沉不定，凶吉难分，两者并行。因其他运的配合，或者成大功，或者遭失败。故乘吉运者，成功自至。数理不良者，不知不觉之间陷于失败。其遭遇不可测，突然别开生面者有之。诱发的投机心就像开矿探险一样，大成大败，都有些侥幸。另外，也有孤独、丧失妻子、短命者。

31. 数理（春日花开）：智勇德志，心想事成享清福数（吉）。

基业：太极、君臣、将星、学士、文星、田宅、祖业。

家庭：子女多荫，可望幸福，地格被克者则不遇。

健康：身心健康，可望长寿。

含义：如龙升天，智仁勇俱全。意志坚强，百折不挠，脚步踏实，可成大志，为能成就大业的运格。可统率众人，博得名誉，荣华富贵，福泽绵长。属温良平静、威力强大的首领运数。

32. 数理（宝马金鞍）：权贵显达的意外惠泽数（吉）。

基业：天德、月德、君臣、将星、文官、学士、文昌、进宅、祖业。

家庭：家门隆昌，可望圆满，子孙旺盛，男有双妻之格。

健康：可望安康，“三才”不善者有病患。

含义：侥幸多望之格，常得长上之庇护。若能得长辈提携，其成功将势如破竹。且此数理者品性温良，大有爱护他人之德。家门隆昌繁荣，为至上的吉数，最适合女性用。

33. 数理（升天）：家门隆昌的才德开展数（吉）。

基业：天官、臣将、部长、文昌、学士、田宅、富翁。

家庭：可望圆满，幸福，女性用则孤寡。

健康：可望健康，“三才”不善者略有患。

含义：鸾凤相会，昭日升天之象，形成确定之意。多功威智谋，刚毅果断有如旭日东升，旺盛隆昌至极，属名闻天下的吉祥运。若过刚恐招是非而误事。因其过于贵重，常人恐不堪受。但是，物极必反，尊荣的反面为黑暗，故勿轻用之。女性断不可用，用则孤寡。

34. 数理（破家）：破家亡身的财命危险数（凶）。

基业：臣将、君臣、文昌、学士、破财、凶厄、破灭。

家庭：家亲缘薄，流离，忍耐可保平安。

健康：短命、杀伤、刑罚、脑出血、麻痹、发狂，先天五行“三才”善良者也可得安康。

含义：属破坏的大凶兆。乱离的祸象颇强，凶煞一到，便接踵而至，万事难以成功，内外破乱大凶。衰败悲痛无限。加因其他数的配置关系，有病弱短命、丧失配偶、子女离别、刑罚、杀伤、或致发狂。灾祸至极，实为破家亡身的最大凶数。

35. 数理（高楼望月）：温和平静的优雅发展数（吉）。

基业：将相、学士、文昌、艺术、财库、田宅、工商、温柔。

家庭：上流家庭，可望圆满。

健康：安稳余庆，健康自在，若被天格克者，病苦亦有之。

含义：温良和顺之象。有智达的能力，在文艺技术方面定能发展，取得成功。若怀大志成就大业者，需用最大气力，以补不足之威势。因其缺少胆略气魄，故此数实为保守平安的吉数。此数最适合女性，男性用则倾向消极。

36. 数理（波澜重叠）：风浪不息的侠义薄运数（凶）。

基业：将星、学士、文昌、文相、破厄、凶煞、崩山、劫财。

家庭：六亲不得力，夫妻离合，子息宜迟，多做善事以积德。

健康：短命、病重、外伤、废疾，“三才”善良者可望安康。

含义：波澜重叠，浮沉万状的英雄运，侠气义情敦厚舍己为人之格。一生难得平安，辛苦困难甚多。袖手不动则不致大害，愈活动即愈生波澜，大变动则大衰，甚或酿成失败沦落。与其他运配合不善者，或病弱、短命、孤寡、

厄难等无所不至。

37. 数理（猛虎出林）：权威显达、吉人天相数（吉）。

基业：将星、官禄、文昌、艺术、权威、祖业。

家庭：和睦圆满，女性略有刚强，宜守女德，则无大过。

健康：可望健康长寿。先天五行为火或人格被克者，易患肺病，少数为心脏病。

含义：独立、单行、权威、忠实、奏功无比之象。和畅通达，热诚忠烈，得众信，破万难而成大业。慈祥有德，善发挥才智，享受天赐之福，一生富荣之极。但因其权威独断独行，难免有孤独之憾，故宜涵养雅量，留神平和。

38. 数理（磨铁成针）：磨铁成针，刻意经营数（半吉）。

基业：将星、学士、臣将、神童、技艺、凶煞、伤害。

家庭：亲眷冷淡，兄弟无助，宜平和可望圆满。

健康：灾祸、外伤、肺病，“三才”善良者尚平安。

含义：非无大志，实乏统率的威望，缺乏首领的才干。属于有志而乏其力，不得众信。薄弱平凡之象。自然易陷于不幸失意难以成功。但向文学、技艺方面发展，则有较强的上进能力，可望成功。此数为艺术成功数。

39. 数理（富贵）：富贵荣华的变化无穷数（半吉）。

基业：臣将、文昌、艺术、智能、财库、进田。

家庭：安宁自在，可望圆满，后代昌盛，“三才”被克者则不圆满。

健康：可望安康，“三才”不善者有病弱。

含义：为祸乱一过，反成幸福的贵重之数。权威福寿，财帛丰富，德泽四方，财富盈身，富贵至极。所谓物极必反，暗藏悲惨凶象，故切勿轻用之。女性若有此数者必陷孤寡。

40. 数理（退安）：谨慎保安的豪迈进数（凶）。

基业：将星、豪杰、文昌、学士、胆量、凶灾、厄祸、劫财。

家庭：亲情疏远，兄弟分离。

健康：凶病、胃病、外伤、残废、刑罚，“三才”善良者可弥补。

含义：富智谋和胆略，但有不逊之心，易受诽谤攻击，处于浮沉吉凶的歧路上。好冒险投机，知进不知退，虽得一时成功，最终难免失败。他运配合不宜者，恐有酿刑伤犯罪，病弱短命。退之可保平安。

41. 数理（有德）：德高望重的事事如意数（吉）。

基业：将星、太极、名人、学者、学士、官禄、财库、福星。

家庭：家庭圆满，二子孙旺盛，地格被克者不遇。

健康：可望健康长寿，“三才”不善者不遇。

含义：纯阳独秀的吉数。胆量才谋俱全，礼仪有德，健全和顺，能成就大志大业，实为博得名利富贵的最大好运数。

42. 数理（寒蝉在柳）：数十艺不成的穷困已极数（凶）。

基业：君臣、部将、官星、文昌、劫煞、灾厄、凶变。

家庭：亲情无义，朋友无缘，妻子反目，“三才”善良者则无妨。

健康：病弱、孤独，先天五行为火水且“三才”善良者可望安康。

含义：博识多能，有技艺，精通世情，无奈十艺九不成。意志薄弱，缺乏自我奋发之念，大事不成，为寂寞悲苦之象，散漫失意之状。发奋进取或可成功，不然必败孤苦。此数中也有孤独病弱者。

43. 数理（散财）：邪途散财，外祥内苦数（凶）。

基业：将相、文星、艺术、学者、凶星、灾厄、伤残。

家庭：妻弱无助，子多不芬，心心不相印，“三才”善良者则无防。

健康：病弱、外伤、短命，“三才”善良者可平安。

含义：散财破产运，有如夜雨花落，薄弱散漫之象。虽有才智，但意志薄弱，诸事不能遂。外观幸福，内多困苦。表面俨然成事，里面不堪设想。如果女性有此数理且加上其他格的关系，易陷荒淫而不能善终。

44. 数理（烦闷）：须眉难展的力量有限数（凶）。

基业：文昌、学士、财库、破财、灾厄、凶厄。

家庭：骨肉相疏，兄弟不和，能忍则平和。

健康：发狂、刑罚、病灾、烦闷、遭难、短命，先天五行为土木者可望安康。

含义：秋木落叶，破家亡身的最恶数。暗藏惨淡之运，破坏乱离之意，万事不能如意。逆境、烦闷、劳苦、病患、废疾、遭难、家属生离死别，或因其他运的关系而致发狂、短命。但怪杰、伟人、烈士、孝子、大发明家等，往往也出自此数。

45. 数理（顺风）：顺风扬帆，新生泰和的万事如意数（吉）。

基业：部将、君臣、文昌、学士、艺术。

家庭：可望圆满，子孙满堂，“三才”不善者不遇。

健康：安康长寿，人格被克者不遇。

含义：顺风扬帆之象。经纬深，智谋大，德量宏厚，可遂大志大业，博得名利，富贵繁荣至极。若与其他运的凶数结合，即如浪中失舵之船，易遭灾难。

46. 数理（浪里淘金）：罗网系身的离祖败家数（凶）。

基业：臣将、将星、官星、学士、豪杰、文昌、凶厄、崩山。

家庭：亲多而乏子息，“三才”善良者可弥补。

健康：刑罚、病弱、短命、外伤、暗伤、孤独，“三才”善良者可望健康。

含义：载宝沉舟之象。心力不济，意志薄弱，倾家荡产，悲哀困苦，破坏失败。然而，也有大艰难尝尽后而又成功者，但难免于不幸的命运，故说“生在富贵也败亡”。或依其、他运的关系，致陷于孤独、刑罚、病患、短命等灾祸之中。

47. 数理（点石成金）：开花结果的权威进取数（吉）。

基业：君臣、将星、文昌、学士、艺术、高傲、食禄、财库。

家庭：家庭圆满，然时有争执，“三才”善良者可和睦相处。

健康：可望健康长寿，“三才”不善者也有病弱、短寿的可能。

含义：开花之象。祯祥吉庆之数，可享天赋的幸福。能得长上之提拔，或与他人合作而大事大成。真乃进可以攻，退可以守，永远福禄于子孙之吉运也。

48. 数理（青松立鹤）：德智兼备的出身清贵数（吉）。

基业：将相、官禄、文昌、智谋、学士、技艺、财库。

家庭：家庭圆满，子孙满堂，“三才”不善者不遇。

健康：良好，可望长寿，“三才”不善者不遇。

含义：才能谋略齐备，坚刚有德。享天之福，为功利荣达的吉数。宜为人的顾问，威望洋洋，乃师数也。

49. 数理（转变）吉凶难分的不断辛劳数（凶）。

基业：臣相、将星、文昌、智谋、学士、凶星、散财。

家庭：六亲不得力，子息宜迟。

健康：凶灾、病患、外伤、短命，“三才”善良者可补救。

含义：处吉凶之歧路。吉临则吉又生大吉，凶来则凶又变大凶，成败得失极其浩大，为易生变化之运格。其幸福与否，依赖“三才”之配合及他运的关系而定，但多陷于灾祸困苦之中。

50. 数理（小舟入海）：吉凶参半，需防倾覆数（凶）。

基业：将官、文昌、财钱、灾厄、离愁、散财。

家庭：亲眷多而无助。

健康：刑罚、杀伤、意外之灾、外伤、白痴、癫狂等，“三才”善良者则无妨。

含义：成与败之象。先得“5”字的数理庇荫而成大业，享受富贵，后由盈数“10”的暗示诱导而陷失败。晚年破家亡身，凄惨至极。若其他运又有凶数者，则是惨上加惨，杀伤、离愁、孤寡频临，甚至刑罚。

51. 数理（沉浮）：盛衰交加的竭力经营数（半吉）。

基业：文昌、学士、节度、时禄、劫煞、败退。

家庭：时有争执，宜守和平，“三才”善良者可得圆满。

健康：人格被克者，有灾厄病患，“三才”善良者安康自在。

含义：一盛一衰之象。虽有一时之幸遇，可得一时昌盛和名利。奈因自然的凶兆和缺乏实力，晚年难免挫折困苦，遂至失败。

52. 数理（达眼）先见之明，理想实现数（吉）。

基业：元帅、医师、文昌、技艺、财库、官禄、财星。

家庭：幸福，顺从行孝，子女和睦，“三才”不善良者则不遇。

健康：可望安康长寿，人格被克者不遇。

含义：哲人知机，有先见之明，一跃成功之象。势力强大，有谋略，富投机心，有回天之手段，能实现大志大业而名利双收。

53. 数理（曲卷难伸）：忧愁困苦，内心忧患数（凶）。

基业：伟人、学士、时禄、磨难、灾厄、劫煞。

家庭：亲眷薄情，乏子息。

健康：病灾、祸患、外伤、刑罚，“三才”善良者或可弥补。

含义：外观俨然吉庆祯祥，内实障害祸患甚多。若非前半生不幸而后半生幸福，便是前半生富贵而后半生落泊，为吉凶互换，盛衰参半的运数。一旦陷入凶煞，大多破家亡身，即使得吉数他运相救，也仅保稍安而已。

54. 数理（石上栽花）：多难悲运的难望成功数（凶）。

基业：文昌、技艺、凶灾、劫煞、时禄、灾厄。

家庭：父母如过客，兄弟似残星，若和睦相处，亦可无大过。

健康：病灾、遭难、伤残、短命、刑罚，“三才”善良者可望健康。

含义：自陷薄幸，为大凶煞的暗示。悲惨不绝，不和、损伤、忧闷频来，遂致倾家荡产。或陷废疾、刑罚、横死、短命。

55. 数理（善恶）外祥内苦的和顺不实数（凶）。

基业：官星、技艺、文昌、学者、灾厄。

家庭：亲眷相忌，父母老病，尽心忠孝可无大过。

健康：“三才”善良者可望安健，否则不遇。

含义：五数为最吉数，五上添五，乃是最吉相迭，吉之极而反生凶。表面颇为隆昌，而内里灾祸迭生，凡事不能安心，危难、别离、病患等无所不至，为吉凶相伴的运格。意志薄弱者，绝无立身之地。善能振雄威，矢志不渝，努力奋斗，克服万难者也可能有成功之日。

56. 数理（浪里行舟）：历尽艰辛，四周障害数（凶）。

基业：豪杰、文昌、时禄、文艺、红艳、灾厄、伤残。

家庭：不可靠亲享福，宜离祖自立。

健康：外伤、病患、残废、短命，“三才”善良者可望健康。

含义：凡事缺乏实行的勇气和进取的精神，不能达成愿望。易遭意外损失、灾厄、亡身，祸不单行。万事龃龉，精力不足，乃晚景最凶的运格。

57. 数理（日照青松）寒雪青松的最大荣运数（吉）。

基业：官禄、文昌、学士、艺能、时禄、财库、进田。

家庭：父母尊严，时有冲突，“三才”善良者可和睦圆满。

健康：健康自在，可望长寿，“三才”不善者不遇。

含义：寒莺逢春，生机之象。资性刚毅，胆识过人，事业成功，享天赋之富贵幸福。但一生必遭大难一次，然后得享吉祥繁荣，万事如意。

58. 数理（晚行遇月）：先苦后甘，宽弘扬名数（半吉）。

基业：官禄、文星、学士、技艺、灾厄、伤残。

家庭：亲情少，兄弟疏，需互相信任。

健康：伤残、刑罚、外伤，“三才”善良者可望平安长寿。

含义：浮沉多端，祸福无常。天赋福分，必经大失败、大患难、家产荡尽，然后发奋再创业，方得富贵繁荣，晚年享受余庆之福，为先苦后甘之格。

59. 数理（寒蝉悲风）：需防外患的时运不济数（凶）。

基业：官星、福星、文昌、智能、灾厄、伤残、财库、破厄。

家庭：亲情无缘，子女离乡别井。

健康：病患、刑罚、外伤，“三才”善良者可望平安。

含义：破家败产之数，意志衰退之象。乏耐心缺勇气，无成事之能力，遂致被家败产，灾患不绝，愁苦一生。

60. 数理（无谋）：争名夺利，黑暗无光数（凶）。

基业：官星、将星、文昌、智能、技艺、灾厄、伤残。

家庭：祖宗无基，亲友无情，兄弟无缘，“三才”善良者可弥补。

健康：刑罚、外伤、疾病、短命。

含义：晦冥黑暗，摇动不安的凶兆。方向不定，遭尽风波的运格。无谋无计如坠五里雾，行事不成，成功无望，失败困苦。易陷于刑罚、杀伤、疾患、短命等。

61. 数理（牡丹芙蓉）：名利双收的修炼积德数（吉）。

基业：将星、文昌、福星、技艺、财库、财帛、破厄。

家庭：自立成家，衣食丰盈。

健康：“三才”善良者可望安康长寿，否则不遇。

含义：野心旺盛，富有繁荣富贵的吉兆，可获得名利双收。无奈傲慢不逊，致酿成内外不和，家庭反目，兄弟隔于墙，行事恐难如愿。表面装饰堂皇，里面空虚。如果能修德慎行，且守和顺，自可防患于未然。享天赋的幸福，一生受尽祯祥。

62. 数理（衰败）：基础虚弱的艰难困苦数（凶）。

基业：国印、文昌、虚度、将星、技巧、灾厄。

家庭：亲情疏淡，骨肉分离。

健康：伤残、外伤、刑罚、短命、灾厄，“三才”善良者可安全。

含义：持宝腐损，虽有祖先遗产，难免破败。内外不和，缺乏信用，志望难达，渐人衰败之境。意外灾害频来，属身弱家废，步步凶残之数。

63. 数理（舟归平海）：富贵荣华的身心安泰数（吉）。

基业：官禄、将星、文昌、艺能、财库、田宅、工商。

家庭：子女多孝，顺从敬爱，圆满之象。

健康：身心健康、可望长寿。

含义：万物承惠雨露而发育壮大之状。事事随心所欲，逢凶化吉，得天赐之福。属不费心神，万事如意，荣显可传子孙的最大吉数。

64. 数理（非命）：骨肉分离，孤独悲愁数（凶）。

基业：将星、学士、技艺、灾厄、破财、劫煞。

家庭：六亲多忧，妻子见破。

健康：水厄、刑罚、病患、外伤，“三才”善良者可望平安。

含义：此数为破坏、灭亡、离散、沉滞的凶兆。东奔西忙，一生劳碌，无所成就。意外灾害重重，或骨肉离散，或病患非命临身，人生难得安宁。

65. 数理（巨流归海）：富贵长寿的光明正大数（吉）。

基业：臣君、将星、官禄、文昌、技艺、财库、田宅、时禄。

家庭：祖业有根基，子孙昌盛，“三才”不善者不遇。

健康：安康自在，多施恩德则能延年益寿。

含义：为凡事无不成功之数，富贵长寿之贵运。天长地久，事事成就，家运隆昌。福寿绵长，一生平安。

66. 数理（岩头步马）：内外不和的多祸失福数（凶）。

基业：将星、豪杰、灾厄、崩山、破财、破败。

家庭：刑罚、外伤、亡身、伤残、短命。

含义：进退失自由，内外不和，艰难不堪，祸害灾厄交至，大有身家破灭的凶相。

67. 数理（通达）：财路亨通的志气坚强数（吉）。

基业：君臣、将星、文昌、学士、刚性、艺能、财库、进田。

家庭：父母多荫，子女多孝，圆满幸福，“三才”不善者时有争执，宜守平和。

健康：安康，可望长寿。先天五行为火且“三才”不善者有肺病或呼吸器官疾病。

含义：草木逢春成育发达之义。受长辈上级的援助，万事无障碍而达目的。乘天助的幸运，实现志愿，家道繁昌，是富贵东来的好运数。

68. 数理（顺风扬帆）：兴家立业的宽容好运数（吉）。

基业：将相、学士、文昌、财帛、荣誉、暗禄、进田、节度。

家庭：幸福，“三才”不善者不遇。

健康：良好，“三才”不善者有肺病或心脏病。

含义：智虑周密，志向坚定，独立经营，勤勉力行，发展奋进之象。有发明的才能，有回天之力。愿望达成，名利双收。

69. 数理（非业）：坐立不安的处世多难数（凶）。

基业：将星、财帛、学士、文昌、技能、艺术、破厄、劫财。

家庭：六亲不相投，兄弟难相处，不宜心直口快。

健康：刑罚、外伤、病灾、伤残，天生五行为金木者可望平安。

含义：穷迫、滞塞、逆境之数。缺乏坚定信念，进退维艰，倾家荡产。灾祸迭至，摇动不安，甚至陷于疾病、短命、伤残、或尝尽痛苦而死。

70. 数理（残菊逢霜）：家运衰退的晚景凄凉数（凶）。

基业：官星、学士、文库、巧艺、财库、破厄、劫禄。

家庭：父母难当，兄弟无助，妻、子宜迟。

健康：病患、废疾、外伤、刑罚，先天五行为金木者可望平安。

含义：险恶灭亡之象。命运多劫，一生惨淡，忧愁不绝，空虚寂寞。难免有杀伤、废疾、刑罚、短命、离散等灾厄。不然便是世上无用之人。

71. 数理（石上金花）：毫无实质的耗神耐劳数（半吉）。

基业：技艺、文昌、学士、破厄、劫禄。

家庭：时遇争执，宜守平和。

健康：外伤，些许疾病，“三才”善良者可安康。

含义：本有生成的吉兆，自应享受富贵幸福。无奈内心劳苦甚多，缺乏实行贯彻的精神，进取的勇气不足，遂致失败。

72. 数理（劳苦）：先甜后苦的万难艰辛数（凶）。

基业：技能、官禄、出乡、工商、学基、财帛、田宅、破厄。

家庭：亲眷疏淡，妻、子宜迟。

健康：“三才”善良者可望健康，否则不遇。

含义：阴云蔽月之象，快乐贫穷兼有之数。思想不遂，烦闷苦恼，一时幸遇发达，但荣华不久。其前半生幸福，后半生悲惨。外观虽吉，内里生凶，甚有晚年家破人亡者。平素戒贪心，可免陷入困苦。

73. 数理（无勇）：志高力微的努力奋斗数（半吉）。

基业：技艺、文昌、艺术、时禄、厄星、红艳。

家庭：六亲无缘，夫妻旗鼓相当，难为儿女。

健康：良好，需防肝病和眼疾。

含义：盛衰交加之象。无实行贯彻之勇，徒有高志而无成事之能，常有成事不足败事有余之憾。然而做事小心，努力奋斗，可步步踏上光明。积少成多，晚年必丰，子孙可享余庆。加之天生福气，大都终世平安。

74. 数理（残花经霜）：沉沦逆境的秋叶落寞数（凶）。

基业：技巧、文昌、时禄、破厄、红艳、劫禄。

健康：时遇伤残、病患、刑罚、短命，先天五行为土者安康自在。

含义：无智无能，仅取得衣食，且徒食山崩，真是世上无用之辈。易生意外灾厄，辛苦繁忙，妻离子散，沉沦逆境，寂寞孤苦。晚年不幸，哀叹命运。

75. 数理（退守）：守者可安，发迹甚迟数（半吉）。

基业：将星、学士、时禄、破厄、灾动、文昌。

家庭：可望圆满。

健康：安康，“三才”不善者有病患。

含义：生来虽是有德，无凶之吉相，奈因做事情怠，缺乏勇气，策划无术，纵自幸遇，发展有限，享福不久。若要成大事，便招致失败，进取必陷于失意灾厄，退守可保吉祥。

76. 数理（离散）：倾覆离散，虽劳无功数（凶）。

基业：豪杰、文昌、将星、劫禄、破财。

家庭：六亲无缘，夫妇分离，乏子息。

健康：病弱、短命、亡身。

含义：外观幸遇，内里不然。内外不和，骨肉分离，逆境凶煞无限，倾家荡产亡身悲运数。且多病弱，困苦不安，为短命离愁之凶数。

77. 数理（半吉）：家庭和悦的半吉半凶数（半吉）。

基业：将星、财帛、劫禄、破厄。

家庭：六亲不得力，子息宜迟。

健康：需防肺病，先天五行为土者平安。

含义：多获上级援护，宜与众人相亲，协力合作事业可得成功，幸福享至中年。但因人多事难，未免被小人作弄，终究失败，陷入苦境，悲叹命运。如果有悲运于前半生者，后半生却反得吉祥。

78. 数理（晚苦）：晚景凄凉的功德光荣数（半吉）。

基业：将星、学士、技艺、破厄、劫财、突破。

家庭：亲缘少、兄弟疏，宜多联络。

健康：呼吸病、负伤、遭难。先天五行为水土者，可望健康。

含义：祸福虽是参半，凶相较多一些。天生智能齐备，中年以前成功发达。及至中年后，渐自衰退，陷于困苦，为大悲惨的暗示。

79. 数理（云头望月）：挽回无力的身疲力尽数（凶）。

基业：将星、学士、技艺、时禄、灾厄、破厄、文昌、破财。

家庭：亲眷疏，兄弟不和，凡事谨慎则宁安。

健康：外伤、病患，先天五行为金木者可望平安。

含义：穷迫不解的窘境。自尊心强，精神不安，缺乏计谋实行的能力。乏气节失信用，受攻击遭非难，为世人所弃，成个废人，一生困苦。

80. 数理（遁吉）：凶星入度的清本缩小数（凶）。

基业：将星、技艺、学者、时禄、破财、灾厄。

家庭：家中口舌多，不可多言。

健康：病患多、刑伤、夭折，“三才”善良者可望平安。

含义：一生困难辛苦不绝。病患、刑伤、夭折者多。但早入度引遁的生活者，可以安心立命，化凶转吉。

81. 数理（万物回春）：还原复始的积极盛大数（吉）。

基业：天福、天官、赐禄、财库、将星、技艺、文昌。

家庭：子女俱佳，兄弟圆满，家庭和睦。

健康：身心健康，可望长寿。“三才”不善者可能病患。

含义：为最极之数，还本归元，其数理与基数相同。万宝朝宗，吉祥重叠。体力旺盛，庆幸万多，富贵名誉，繁荣长寿，实属富贵尊荣的大诱导数。

此外，81还有还本归元之意，数理相等基数1。82数仍同2数，83数又与3数相同。故81以上者，减其盈数80，将其所剩的数推理便可。譬如160数，扣去80，剩下80就按80数判断即可。

第6章

生肖玄机宝宝起名法

鼠宝宝的起名学问

牛宝宝的起名学问

虎宝宝的起名学问

兔宝宝的起名学问

龙宝宝的起名学问

蛇宝宝的起名学问

马宝宝的起名学问

羊宝宝的起名学问

猴宝宝的起名学问

鸡宝宝的起名学问

狗宝宝的起名学问

猪宝宝的起名学问

鼠宝宝的起名学问

按照十二属相的排列位置，鼠排在了第一位，而所属的时辰为午夜11时至凌晨1时。

很多人都认为，与属鼠的人能相处得很和谐，他们工作努力，生活节俭。但对于帮助他人，除非是他非常喜欢的人，否则，他们是绝不会慷慨解囊的。所以，假如你从他们那里得到一件贵重的礼物，那么，他们对你的评价一定非常高。然而，尽管会精打细算，并会以此来炫耀自己，但他们从不需要崇拜自己的偶像。

通常，属鼠的人可能表现得沉默寡言，但实际并非如此，他们内心从来都不像自己所表现的那么安静。其实，他们很容易激动，但能控制自己。这一点就是他们会深受大家的欢迎并有很多朋友的原因。

属鼠人的性格通常是开朗、快乐和善交际的。也许你会碰到一个爱批评人、爱发牢骚和吹毛求疵的属鼠人。但总的来说，他们生性好结伙、集会。按照习惯，你总能在他亲密朋友的圈里或者同伙里找到他们。他们喜欢参与一切事务，而且表现得十分友好。

属鼠的人非常珍惜他与亲朋好友的关系。有时，你会发现他经常与其他人的生活联系在一起，这是因为他们一旦对某人产生了好感，就很难再摆脱强烈的感情依恋。

属鼠的人记忆力好，善于提问题，并且独具慧眼。他们几乎了解周围的每一个人、每一件事。所以，属鼠的人能成为优秀作家并不令人吃惊。就像他们的属相一样，他们会随机应变，有克服困难的能力，并能临危不惧。

由于他们的冷静和机警，他们具有敏锐的直觉、远见和做生意的头脑。他们总是在忙着制订自己的计划。请不必为他们的安全担忧，在做一笔交易之前，他们早已想好退路，如果万一发生不测，他们会迅速而及时地退出来。自卫的本能在他们的心中是第一位的。他们通常采用风险最小的方案。如果你想尽快地摆脱麻烦，请遵循属鼠人的方针。因为在他们身上好像有一部潜藏着的报警器和防御装置，这种装置很少失灵。

虽然属鼠的人天生就具备预示危险的能力，并会因此而适可而止。但由于他们从不放过讨价还价和做“好交易”的机会，也常常难于做出正确的判断，结果使自己掉进圈套。

在十二属相中，属鼠的人是个真正的伤感主义者，他们不仅深深依恋着自己的孩子，也依附于他们的长辈。鼠年出生孩子的父母肯定能很好地得到孩子们的关心和体贴。鼠年出生的孩子对他们的父母非常信任，并能迎合他们的需要，宽容他们的错误。

其实，属鼠的母亲既会溺爱孩子和过分关心丈夫，还会是一个很好的家庭主妇。她会对丈夫事业的发展有所帮助，替他当家。她会把孩子拉去练琴、跳芭蕾、拉小提琴。她能够承担繁重的社会工作。除此，这个属相的丈夫会帮助家里做一些家务，并很乐意与家人一起度过节日和周末。

除了这些，我们还应该了解一些属鼠人的起名方法。那么，属鼠人的起名所适用的字都有哪些呢？参照对属鼠人的性格特点的评论，再结合鼠这种动物的习性，在起名时不妨考虑寻找有以下偏旁或部首的字：

1. 鼠为杂食动物，喜欢吃五谷杂粮。名字宜选用有“米”“粱”“豆”“麦”“禾”“草”等部首的字。如：粱、麦、程、稔、谷、稷、稼、娄、粟、精、华、芬、芳、艺、苏、芸、茉、苗、荃、若、菁、茵、葵、蓉、蕙等。

2. 老鼠喜欢打洞，作为藏身之所。名字宜用有“口”“乙”的字，有“厶”的字也可用。如：台、君、合、呈、和、品、如、商、超、单、喜、乔、严、园、宏、宇、家、宙、容、富、实、哲、嘉等。

3. 老鼠为第一生肖，排名最前可以称王。名字中宜选用有“王”“令”“君”的字。如：玲、琴、冠、琳、珍、琪、玺、珲等。

4. 鼠喜欢披彩衣华丽其身。可用有“乡”“巾”“系”“衣”“采”等偏旁的字起名。如：彦、彤、彬、彩、帆、希、帅、师、红、纯、素、细、绅、结、絮、紫、经、纲、绮、绩、绿、继、缘。

5. 鼠的生肖属子，申子辰三合。用“申”“辰”的字形，帮助力大，可以壮大其身，贵人运强，财运更顺畅，三合力量很大。如能选用“三合”的字形，可优先考虑，尤其在名字的第二个字。如：坤、玖、袁、农、振、丽、媛、震、麒等。

6. 亥子丑为“三会”，老鼠与猪、牛为“三会”。“三会”的力量也有贵人运，对自己也有帮助。字形如有“亥”或“丑”“牛”的也可选用。如：家、象、豫、毅、聚、生、妞、特、产、牟、豪、隆等。

7. 老鼠喜欢在夜间活动。字形喜带有“夕”的字。如：铭、名、外、夜、黄、梦等。

在给属鼠的宝宝起名字的时候，尽量不使用有以下偏旁部首的字：

1. 鼠为子。子午对冲，午为马，凡是有“午”或“马”的字形应避免使用，否则犯了对冲。如：许、马、胜、骏等。

2. 避免使用带有“火”“之”字形的字。因为子为水，忌水火相处。如：烈、炎、炳、炫、炯、照、然、焕、煌、焉等。

3. 避免使用带有“日”的字形。因为老鼠不喜见光，白天活动危险多，有“日”之偏旁的字则处境危险，易遭到伤害。如：旦、明、旭、昆、旺、昌、昭、春、映、显、晨、景、智、晴、晓、晖、晶等。

4. 避免使用带有“虫”“弓”“邑”的字，因为虫的形状如蛇，鼠惧蛇、蛇会吞鼠，会遭受到伤害。如：巴、孔、张、艳、逸、迎、迪、逢、连、造、进、达、道、运、沅、迈、那、郎、邱、郁、邦、诜等。

5. 避免使用带有“人”字形的字。老鼠怕人，过街的老鼠人人喊打，老鼠就会提心吊胆。如：介、休、任、仲、作、佐、佑、余、佩、佳、俊、侠、信、修、值、健、俪、律、徐、得、从、杰、传、侨、伟等。

6. 避免使用带有“羊”字的字形。因为子未“相害”，“羊鼠相逢，一旦休”，伤害力也很大。如：羊、善、美、群、羡、翔、妹等。

牛宝宝的起名学问

按照十二属相的排列位置，牛排在了第二位，而所属的时辰为凌晨1时至凌晨3时。

很多人认为，牛属相象征着通过艰苦努力才能获得成功。这一年出生的人靠得住、安静、有条理，是一个耐心的、不知疲倦的工作者。他们虽然墨守成规，但还是公正的，能够听取意见的。但要改变他们的观点是很困难的，因为他们很固执，有时还会有自己的偏见。

属牛的人稳重并靠得住，他们会得到权威人士和领导者的信任。他们那不屈不挠的性格和逻辑思维很强的头脑被朴素而整洁的外表所掩饰；聪明、灵巧被沉默寡言和矜持所掩盖。他们基本上属于内向型的人，但他们具有强有力的本性，这能使他们在机会来临之时变成一个威严、雄辩的演说家。在混乱时刻，他们会凭借那临危不惧、不怕恐吓的品质和天生的自信心，让一切恢复正常秩序。

牛年出生的人大多是有条不紊的。他们坚持固执的模式，尊重传统观念，总是精确地按照人们所期望的去做，致使人们都可以预料到他们的行动。有些人会不公正地批评他们缺乏想象力，但一丝不苟的属牛人懂得只有按部就班地做事情，才能永远立于不败之地。讲信用，一言既出，驷马难追。世俗的偏见对他们来说是无所谓的，他们会全身心地完成自己所做的工作，并厌恶半途而废。

如果你有幸与一位属牛的女士结婚，那么你会找到一个贤惠、勤劳的姑娘。她会像母亲一样给你熨平衣服，每天都不忘把早餐桌上的报纸折叠得整整齐齐。她整洁、守时，你婚后的生活不会有不干净的衬衫，你不会穿带洞的袜子，也不会吃烧焦的饭菜。她将是一个理想的妻子，她肯做的事情要比应做得多。

属牛的人不喜欢欠债，他们付给你的欠款会精确到小数点后的最后一位，他们对你也有同样的要求。如果他们欠你什么东西，又没有明确表示感激，他们将永远不会原谅自己。从他们那里得不到过多空洞的感谢话，他们对美丽的词句和过分的奉承感到不舒服，认为有损他们的尊严。他们能说到做到，这就是属牛人的性格。

属牛的人有一种神奇的耐力，一旦他们发起脾气来，将会有可怕的事情发生。这时，他们会失去理智，会像一头公牛一样攻击挡路的每一个人。我们唯一可以解决的办法是躲开他们，让他们慢慢地冷静下来。总之，除非确实感到无法忍受，否则他们是不会大动干戈的。

属牛的人是家庭和公司不可多得的人才。他们不会感到什么危险，因为他们的一生将会受到关怀。理智告诉他们，一个价值很高的人是不用自己保护自己的。

除此，属牛的人不愿意走捷径。他们宁静，并且有很强的尊严，通常不愿凭借不公正的手段达到目的。他们自力更生，不喜欢别人帮忙，以致你不得不恳求他们接受你的服务。属牛人喜欢自成体系，他们小心而又诚意地坚持把事情做到底。他们那种坚毅的性格基因会传给他们的子孙后代，尽管他们不是同一个属相。

当然，也有很多人认为，属牛的人就应该有点牛脾气，这样才与牛的性格相似。然而，这有点过于牵强，我们不必对此说法太认真。

除此，我们还应该了解一些属牛人的起名方法。那么，属牛的人的名字所适用的字都有哪些呢？一般情况下，属牛人所选用字的偏旁部首如下：

1. 带有“草”字部首的字。因牛以草为主食，名字有草，代表粮食丰富、内心世界充实，一生不愁吃穿。如：花、芝、苗、茹、萍、菁、莲、艺、芸、芹、苍、苏、芳、若、英、芙、莉等。

2. 带有“弓”的部首，其形象似蛇；还有“酉”“鸟”“羽”的部首，因为“巳酉丑”为“三合”，即牛与蛇、鸡相称“三合”，互相帮助。如：己、导、配、西、兆、凰、秋、鸣、泽、巷、迈、凤、飞、建、鸾、鹤、雀、鸥、莺、鸽、巴、毛、翔、鸿、鹃等。

3. 带有“宀”部的字，表示牛在屋檐下休息。如：家、守、安、宝、定、宾、宏、宜、宛、廉、庭、沈、婉等。但“宇”字有“牢”之义，慎用之。

4. 带有“田”的字，牛在田野吃草或耕田，都适得其所，享受美食或勤劳耕田，尽其本分，任劳任怨。如：甲、申、由、甸、男、界、留、富、疆、苗、蕾、畴等。

5. 带有“车”字的形字，有牛拉车，有升格为马之义。牛拉车虽辛苦、劳累，但牛还是认命，不负所托，完成任务，受到主人的肯定，有能力、有担当的牛，有表现的机会。如：连、轻、莲、轩、轮、轼、辉、轲等。

6. 带有“禾”“叔”“菽”“米”“豆”“麦”的字根，以上均为素食者喜好之主粮，名字有以上诸偏旁，表示粮食丰盛，不愁吃穿，这辈子不穷了。如：禾、豆、秀、秉、科、秦、程、种、稻、谷、酥、颖、积、麦、米、粱、粲、稼、稷等。

在属牛的人起名时不适合用有以下偏旁和部首的字，如：刀、月、火、田、石、山、血、系、力、几、马、车等。

详细的内容如下：

1. 避免使用带“心”的部首，因为“心”字代表心脏，主拳食也。牛不食荤，如果属牛者名字中有“心”旁者，便易有精神失落感，有肉却食不得。如：心、怀、志、忠、怡、恒、恩、意、惠、慧等。

2. 避免使用带“羊”的部首，因为牛与羊为“对冲”，即丑与未对冲。如：美、善、群、祥等，容易有生离死别的迹象，会引发不如意的事情。

3. 避免使用带有“日”“山”的部首。因为牛在太阳下耕作，变成“喘

牛”；牛走山路也很辛苦，牛上山头步履维艰，古时候天子祭天时牲牛必在太阳下。如：昱、旭、明、易、旺、春、昶、晶、智、晖、晓、峰、岳、峻、冈、崇、嵘等。

4. 避免使用带有“乡”“巾”“衣”“采”“示”“系”的部首，这些部首有披彩衣之嫌。牛如果披上彩衣，不是变成祭品，就是成为火牛阵，一生为别人无怨无悔地付出，直到老死。如：希、礼、彩、彦、彬、裕、祖、禄、福、祜、褚、祥、裴、裘等。

5. 避免使用带“马”的部首，因为“青牛遇白马，不战而逃”，如“牛头不对马嘴”“风马牛不相及”，牛与马“相刑”，即“丑午相害”。如：骏、骋、骥、腾、玛、冯、许、笃、骅、骆、午等。

6. 避免使用带有“王”“玉”“君”“帝”“冠”“大”“长”的部首。因为人怕出名猪怕壮，牛也忌肥大。牛太大时，易成为牺牲品。如：珍、玲、玫、理、珠、琴、琪、瑞、瑛、瑜、环、央、奂、珉、奎、璋等。

7. 避免使用带有“示”的部首，因为“示”有祭祀之意。自古以来，以牛、羊、猪祭天，身为牛牺牲自己，以生命换来荣耀，代价未免太高了。如：标、飘等。

8. 避免使用带有“尧”“舜”“禹”“雍”“熙”的偏旁。因为生肖为牛者的名字中忌讳与以前皇帝之名为名，如李世民、朱元璋等国君的名。属牛者称君为王，会使牛辛苦异常，并伤到自己的健康，使抵抗力减弱。

虎宝宝的起名学问

按照十二属相的排列位置，虎排在了第三位，而所属的时辰为凌晨3时至凌晨5时。

在东方，老虎象征着权力、热情和大胆。属虎的人不仅有活力，对生活乐观，他们对周围的人还具有感染力，会唤起人们心中各种积极层面的感情。

很多人认为，每个属虎的人都很仁慈，他们热爱婴儿、动物和一些能引起他们幻想和注意的东西。他们做事从来不三心二意，你可以相信他们会使出百分之百的力量，甚至更大的力量来做事情。

生肖属虎的人感情丰富，在年轻时，他们的生活通常是自由自在的，有些人以后也改变不了。这也许是因为他除了是乐天派的性格外，还由于不重实际、不知危险而造成的。他们对不赞同的事情表示蔑视。当属虎人沮丧的时候，他们需要充满真诚的同情。他们不需要别人对此按理推理，分辨出谁对谁错，逻辑也不会受到他们的欢迎。安慰他们时不要小气，如果事情好转他们会加倍来报答你。他们会聆听那智慧的言语，并会紧紧抓住善意劝告的每一个字，但这并不意味着他们会接受这一劝告。

无论属虎人多么潦倒，所遭受的打击有多么深，但他们是不会气馁的。哪怕只剩下一点火花，他们也要用它来重新点燃生命之火，那永不熄灭的精神能使他们复活，进而变得坚强起来。

属虎的女士是迷人的。她能自然地把社会生活和家庭生活结合起来。活泼，无敌意，像一只甜甜的小猫，她的举动经常受到人们的好评。请不要嘲笑她，她把爪子磨得尖尖的，就是以防万一。同时，属虎的女士表达能力强，自由开放。喜欢赶时髦，能花几小时试验新发型、化妆和试衣服，她常常因为自己没有漂亮衣服而感到伤心。要是有舞会，她每次都会去玩个够。她极适合与孩子在一起，会讲好听的故事、模仿小丑、做鬼脸或给人以美丽的微笑。她会放弃束缚孩子的一切规矩，使孩子永远喜欢她。说来也怪，她的孩子功课并不比别的孩子差，反而学得很好。也许，正是因为在她表现了对孩子的爱以后，无形中加强了家法。她要求孩子注意举止，如果孩子表现得好，她会很大方地给予奖励，将会有丰盛的野餐，到动物园去玩，或划船、钓鱼等。有意思的是，她一生中的两大缺点竟是鲁莽和优柔寡断，这是一对矛盾。如果能学会走中间路，将会极有成绩的。

属虎人的内心是浪漫的，他们爱玩、热情、感情丰富。与他们恋爱或结婚将会收获很多感受。他们在妒忌时会表现出过分的占有欲或爱争吵。

总之，属虎人的生活是反复无常的，时而开怀大笑，时而泪流满面，时而感到失望。如果允许他们完全按自己选择的方式生活，那么生活会给他们带来无限的乐趣，他们是最大的乐天派，时刻迎接新的挑战。

因此，针对以上对属虎人性格的分析，以及由动物老虎联想到的属虎人的天性，我们应该了解一些有关属虎人的起名方法。那么，属虎人的名字所适用的字都有哪些呢？通常，属虎人所选用字的偏旁或部首如下：

1. 适合使用带有“山”“木”“林”的偏旁。因为老虎大都栖息在森林，又称森林之王，而带有其偏旁的字能让老虎充分发挥其潜能。如：山、木、朵、林、岑、岱、峰、峻、峭、峄、岳、峦、柏、柳、柱、桃、根、梁、梭、栋、森、楠、概、荣、栩、株等。

2. 适合使用带有“王”“君”“令”“大”的偏旁，因为老虎为森林之王，喜称“大”“君”“王”，并喜发号施令，可掌大权，有权威之意。如：王、玉、珏、玲、珍、瑾、璋、璇、环、瑗、大、夫、太、天、琳、瑶、莹、佩、群等。

3. 适合使用带有“午”“马”“火”“戌”“犬”的偏旁，因为寅午戌为“三合”，能互相帮助，有贵人多助之意。如：马、冯、骏、腾、然、炎、炳、炫、烈、烽、焕、炽、杰、成、状、城、猛、威、盛等。

4. 适合使用带有“寻”“水”的偏旁，因为水能生寅、生木。如：冰、凌、水、汝、求、湄、沁、沈、净、清、深、涣、洵、温、源、汉、沽、湘、浚、潮、涌、淳等。

5. 适合使用带有“衣”“系”“巾”“采”的偏旁，这些偏旁能让老虎的衣着华丽，可增加其威风俊秀。如：表、衫、衽、裴、彤、形、彦、彬、彩、彰、彭、影、巾、布、希、席、常、采、沛、紫、帜等。

6. 适合使用带有“肉”“月”“心”的偏旁，因为老虎为肉食动物，有以上偏旁，表示粮食丰富，内心充实。如：月、有、青、朋、朗、望、胜、必、志、念、忠、怡、恬、恒、意、愉、愫、慕、慧、忆、怀等。

在属虎的人起名字时不适合用有以下偏旁或部首的字：如：日、火、田、口、几、系、刀、力、血、弓、父、足等。

1. 避免使用带有“申”“袁”（猴）的偏旁或谐音的字。因为“寅”与“申”正冲。如：申、坤、绅、伸、砷、远、侯、袁、媛等。

2. 避免使用带有蛇的偏旁，如“弓”“邑”“虫”等。因为“寅”与“巳”相刑害，“蛇遇猛虎似刀戳”。如：迁、选、还、巡、迅、造、速、进、远、邦、那、邱、邢、部、邵、郎、郑、廷、建、川、仁、虹、蜜、蝶、融、萤、尤、尼、屯等。

3. 避免使用带有“人”或“亻”的偏旁，因为老虎不喜欢被人控制，也会被人所伤。如：人、介、今、们、仲、任、伊、伯、余、佑、佩、佰、来、保、俊、信、侠、俞、倍、倪、伦、倩、伟、杰、侨、俭、依、仪、亿、傅、德、健、修等。

4. 避免使用带有“日”“光”的偏旁，因为老虎大都在树阴下或山洞内，不喜欢在太阳下。如：日、晶、旦、旭、昆、旺、星、昀、昭、春、昶、曾、晨、普、景、晴、智、暖、替、晖、勋、勖等。

5. 避免使用带有“草”“田”的偏旁，因为老虎入草原及到田间，都有“虎落平阳被犬欺”的意思。如：艾、芳、芬、芙、花、芸、芹、芝、苓、若、荃、茜、莉、荷、莎、萍、菩、菲、蓉、莱、菱、华、菁、菊、蓓、蒙、蔡、萧、蕊、苏、薛、薇、符、略、畦、番、畴、蓁、蕙等。

6. 避免使用带有小“口”、大“口”的偏旁，因为凶为老虎开口，“不伤人，便伤己”，以及老虎受困之感，不易展现其威。如：口、台、另、古、名、同、各、合、后、吉、向、吕、告、含、呈、吟、谷、如、吾、和、周、乔、喜、器、岩、回、因、固、国、园、圆、欧、团、嘉等。

7. 避免使用带有“辰”“龙”“贝”的偏旁，因为龙与虎会互斗，俗称“龙虎斗”。如：辰、龙、贝、晨、贞、财、贡、贵、贺、贾、资、宝、赋、贤、赐、项、顾、颂、赞等。

8. 避免使用带有“门”的偏旁，因为老虎被关在家里，易产生不易展其威之感。如：闪、问、闲、闰、闽、阅等。

9. 避免使用带有“皮”的偏旁，有“与虎谋皮”之嫌和老虎皮被展示的意思。如：皮、坡、皱、颇、破等。

10. 避免使用带有“示”的偏旁，因为老虎进不了宗庙、祠堂。如：宗、社、祝、祖、崇、祥、礼、禄、福、祯等。

11，避免使用带有“虎”的偏旁，因为“一山不容两虎”。如：虎、虚、虐、彪等。

12. 避免使用带有“小”的偏旁，老虎宜大，才有威风，称“小”就变成病猫。如：小、少、士、臣、尖、亚等。

兔宝宝的起名学问

按照十二属相的排列位置，兔排在了第四位，而所属的时辰为早5时至早7时。

大多数人认为，兔年出生的人是十二属相中最走运的人。正像中国神话中所讲的，它是长寿的象征，是月亮的精灵。当一个人在望月时，他看到的是月中玉兔在桂树下捣药的影子，小孩子们在院子里观月会对玉兔产生羡慕之情。

兔子是仁慈、举止文雅、和蔼及爱美的象征。兔年出生的人喜欢和平、安静和惬意的环境。他们很含蓄，爱艺术并具有很强的判断力。他们那善始善终的精神会使他们成为一个很好的学者。但他们有时也会变得喜怒无常，在这时，他们会背离自己的环境，或对人冷漠。

属兔人在商业及金融交易方面特别幸运。在成交或定约方面都很精明，他们总能提出一些适宜的建议或候选方案，以使他人能从中获利。他们在生产方面十分敏锐，加上谈判的诀窍会使他们在任何事业上都能得到迅速提升。

有时，属兔人会表现对其他人的意见无动于衷，这是因为他们会在批评中一蹶不振。他们对所爱的人温柔、亲切，而对其他的人敷衍塞责，甚至冷酷无情。尽管他们温文尔雅，但也会放纵自己。他们尽情地享受，并把自己的愿望放在第一位。他们执著地相信人与人之间相互友好是件很容易的事，并且他们总是做到文明、礼貌。他们讨厌吵架和任何形式的公然敌对。

由于他们都很文静，所以人们对他们的本质容易产生错觉。实际上，他们具有坚定不移的自信心。他们具有有条不紊的、准确追求的目标，但他们的举止总是庄重的，不喜欢兴风作浪。他们不会因迟钝或直来直去受别人的指责。属兔人那不可捉摸的特殊气质，使他们在谈判中成为难以对付的人，人们很难捉摸透他们的真实想法。

有时，属兔的人会显得慢条斯理，或者过分慎审，这是由他们小心谨慎的天性决定的。可以肯定，他们在签订任何文件前都会阅读大量的材料。他们有准确地评价人和估计形势的能力，并常以此为荣，事实也是这样。

总之，属兔的人是一个真正懂得生活的人。他们都能体谅别人的疾苦。他们不是令人扫兴的或总盯着别人行动的纪律监察员。他们知道什么时候应该忍让，也从不喜欢在公共场所拥抱任何人。他们精于保全面子的艺术，兼顾双方的面子。如果有办法不使你难堪，他们一定会去做。

毫无疑问，他们会把你的错误和进步看在眼里，如果不是严重或无可救药，他们会宽容你。由于他们具有这样的品质，人们都很喜欢他们。因此，人们也同样会以慷慨来对待他们。

除了羊以外，没有比属兔的人更富有同情心。他们很会安慰人，并能认真听你倾诉衷肠，而他们只是充当一个被动劝告者的角色。他们是一个真正的现实主义者和爱好和平的人。

由于他们很自信，所以他们会把自己估计得高于一切，他们会丢弃任何敢于扰乱他们宁静生活的人。他们的信仰以灵活多变而闻名，而且他们有一种能使双方都感到很保险的技巧，而你很少能在风险很大的地方发现一只兔子。

属兔的人很善于款待别人。他们是绝顶的东道主，而且他们是令人愉快的热情陪伴者。他们可以对每个人都说好话，但他们知道的比自己讲出来的更多。

属兔人心中的爱和憎很少发生矛盾。他们相信自己的生存能力，依靠自己的判断行事。他们是最容易找到幸福的人。

当然，以属相来推断一个人的性格，确实有点牵强，因为一个人的性格是由多种因素造成的。基于对属兔人的性格分析，以及由动物兔联想到的属兔人的天性，我们应该了解一些有关属兔人的起名方法。那么，属兔人的起名所适用的字都有哪些呢？一般来说，属兔的人所选用字的偏旁或部首有：彳、山、月、禾、木、穴、白、玉、土、豆、金、田等。具体如下：

1. 适合使用带有小“口”、大“冖”“口”的偏旁。因“狡兔三窟”，兔子喜欢在洞穴里蹿来蹿去。如：口、台、吉、谷、向、吕、告、有、含、呈、吟、吾、和、周、品、味、哈、啥、四、园、团、容、宋、定、宙、宜、尚、家、围、富、图等。

2. 适合使用带有“草”的偏旁。因为兔子为素食动物。如：芬、芳、卉、芙、茗、茶、茹、普、菊、寂、苇、蒋、蔡、葵、董、蓉等。

3. 适合使用带有“禾”“豆”“米”“麦”“粱”“稷”“稻”“叔”偏旁的字，以上字均为五谷杂粮，都是属兔者常用的偏旁。如：禾、豆、米、秀、积、苏、获、麻、么、粉、粒、粱、精、粮、麦、黍、黎等。

4. 适合使用带有“亥”“未”的偏旁，因为亥卯未为三合，兔子与猪、羊称“三合”，有帮扶的意思。如：朱、美、家、毅、善、祥、羡、豪等。

5. 适合使用带有“寅”“虎”的偏旁，因为寅卯辰为三合。如：虎、寅、豹、彪、虚、演等。但老虎对兔子有威胁感，应尽量少用。

6. 适合使用带有“示”“彡”“系”“衣”“采”“巾”的偏旁。兔子着重毛色，有以下字根，可华丽其表。如：红、约、级、形、彦、彩、彬、彭、影、雕、素、统、细、练、绛、洁、丝、绿、维、礼、祝、绮、福等。

7. 适合使用带有“木”的偏旁。因为“木”属东方，“卯”亦为木，有见到自己同类的感觉。如：李、杉、朵、束、材、村、东、松、桐、桔、梅、叶、朴、桦、树、果、植等。最好不用林、森，因为兔子闯入森林会遇到危险。

给属兔人起名字时，不适合用有以下偏旁与部首的字。如：石、刀、马、力、皮、川、四等。具体的分析如下：

1. 避免选使用带有“宇”“安”的字，因为“宇”的下半部为“于”，即“我”之意，我亦是肖兔，即“宇”字转化为“兔”字，将有“含冤、受冤枉”之义，另外，“安”字的下半部为“女”字，即为“汝”字，“汝”义为“肖兔本身”，故“安”字对肖兔而言与“冤”同义，不吉利。

2. 避免使用带有“心”偏旁的字。因为“心”代表“肉食”，而兔子是

草食动物，见到“肉”会有失落感，看得到而不能吃。如：怡、忠、念、性、思、恭、恒、息、恕、恩、悠、悦、忆、怀、情、惟、意、惠、慧等。

3. 避免使用带有“辰”“龙”“贝”的偏旁。因为“玉兔逢龙云里去”，地支卯辰“相害”。如：辰、晨、龙、农、依、宸等。

4. 避免使用带有“酉”“西”“鸡”“几”“金”“羽”的偏旁。因为以上偏旁均为代表西方“酉”，而“卯”与“酉”对冲。如：西、覃、酥、醇、醒、羽、翌、翔、翡、风、金、钏、钧、铃、录、钱、秋、锦、镜、凰、鸾等。

5. 避免使用带有“人”的偏旁。俗话说：“守株待兔。”如：人、仁、代、仙、壮、仲、任、伸、佐、作、来、佳、使、依、俊、信、侠、健、伟、伦、修、值、佩等。

6. 避免使用带有“大”“君”“冠”“帝”“王”之字，因为兔子为小动物，无福称“大”。

7. 避免使用带有“日”“阳”的偏旁。因为犯了日月交冲之破绽，兔又代表“月”兔，遇有“日”的偏旁则会日月对冲。如：日、明、春、旭、晨、时、易、旺、晋、晶、景、普、晚、晴、晖、暖、晰、乾、暑等。

龙宝宝的起名学问

按照十二属相的排列位置，龙排在了第五位，而所属的时辰为早7时至早9时。

在中国传统文化中，龙有神奇的品质，能使人们产生无限遐想。所以，人们对属龙人的性格便注入了龙化的遐想。

有很多人认为，属龙的人不仅宽宏大量，还充满了生气和力量。对他们来说，生活就是五颜六色的火焰，常常跳跃不停。由于他们骄傲、清高又非常直率。所以，在一生中能很早地树立理想。同是，他们还要求他人也具有同样高的标准。

属龙人的内心有很大的能量。他们那急躁、渴望和几乎等同宗教性的热情，就像寓言中所讲的龙口中喷出的火那样燃烧。他们有做大事情的潜力，因为他们喜欢大刀阔斧地干事情。他们的性格容易显得狂热，无论做什么事情总会表现得大张旗鼓。

通常，属龙人的脾气都不太好，但他们对长辈还是很孝顺的。无论他们的家庭有什么分歧，只要家里需要他们帮助时，他们就会把分歧丢到脑后，果断而慷慨地给家里人以帮助。有时，他们会感到那充满深情的甜言蜜语对自己是一种极大的约束。当他们愤怒的时候，特别粗暴、无礼，并完全不体谅人。

属龙人的生活是有目标的。他们不是那种游手好闲、无所事事的人。他们有一个自己为之奋斗的事业。属龙的姑娘很少过分打扮自己，完全是自然美。她们的自尊心很强，虽然有架子，但并不希望他人像圣人一样待她们，她们只要你的尊敬。同时，她们会竭尽全力做到尊敬别人。

总的来说，属龙的人是坦率的人，你可以像看书一样去了解他们。他们从不伪装自己的感情，也很少费心去尝试。

他们不能很好地做到守口如瓶，保守秘密。当他们发誓一个字也不说时，也有可能在发怒的时候把秘密脱口而出，并且一字不漏。他们的感情是真挚的，是发自内心的。当他们说爱你时，你可以肯定他们是真心的。

我们了解了属龙人的性格和属龙人的天性以后，对于宝宝的起名，就要选用合适的字。如此，才能给宝宝的一生带来好运。

1. 适合使用带有“日”“月”的字。因为龙喜得月、明珠，而日、月为其最爱，这样可以丰富属龙者的内心世界。如：日、月、有、青、旺、早、明、昆、易、星、晶、普、景、晴、畅、晖、暖、清等。

2. 适合使用带有“星”“辰”“云”的字。因为龙行于天空，而以日、月、星、辰为伍。如：星、云、辰、农、晨、霖、宸、浓、侬、振、腾、霈等。

3. 适合使用带有“亏”“水”的字。因为龙喜水、雨，取龙为雨神，江河之水为水龙王掌管，龙得水，正好能得到满足。如：水、江、冰、汪、海、注、沛、泳、淳、沈、涵、洁、济、清、潮、瀚等。

4. 适合使用带有“王”“君”“主”“帝”“大”“令”“长”的偏旁，龙在中国人心中的地位为最大，宜称“大”，喜发号施令，不宜称小。如：大、王、君、五、玲、琴、珍、珠、琳、珏、琪、瑜、瑶、环、璋、琼、璞、瑗等。

5. 适合使用带有“子”“壬”“癸”的字，因为地支申子辰为“三合”，龙为“辰”，鼠为“子”。如：子、学、孚、享、孟、李、壬、癸、承、孳等。

6. 适合使用带有“申”“袁”的字，因为申子辰为“三合”。如：甲、绅、砷、袁等。

7. 适合使用带有“马”“午”的字，因为龙与马在一起，会有“龙马精神”的干劲，积极努力开创前程。如：马、冯、驻、骏、骋、骞、腾等。

8. 适合使用带有抬头意义的部首，如“厶”。因为龙喜欢抬头，能展露其威，教化人民。倘若龙低头，便成为一条“降龙”屈服于人了。如：有、育、存、真、升、彦等。

不适合属龙人起名用的字如下：

1. 避免使用带有“犬”“戌”“豸”的字，容易犯冲，这是生肖姓名中的大忌。如：成、戌、诚、茂、狄、猛、犹、获、献、晟、威、猷等。

2. 避免使用带有“山”“丘”“艮”“寅”的字，会引发“龙虎斗”的现象。因为“山”是老虎的故乡，“艮”卦意也为“山”，如：山、岩、峰、岑、岸、岳、岛、峻、峡、岗、崔、岚、岭、艮、良、艰、虎、寅、演、崧、嵩等。

3. 避免使用带有小“口”的字，会形成“困龙”之义。如：员、古、台、可、名、品、同、合、味、哈、唐、哥、哲、束、喜、器、商、嘉等。

4. 避免使用带有“乙”“弓”“川”“几”“巳”“邑”的字，会有将龙降级为蛇的危险，由大变小，地位有降低的意思。如：允、元、尤、弘、弟、强、巷、先、选、迪、逢、通、连、造、进、运、远、迁、迈、还、廷、延、建、乡、邓、郎、郁、都、郭等。

5. 避免使用带有“宀”的字。因为龙不喜洞穴，有龙见龙、王见王的意思。如：字、宋、守、宁、宏、密、寅、富、宝、容、家等。

6. 避免使用带有“草”的字。龙不喜落入草丛，有“龙困浅滩”的意思。如：花、芬、芳、芙、艾、芝、艺、苗、苔、范、若、英、茹、蓝、茵、莉、菊、蓁、董等。

7. 避免使用带有“虫”的字。因为“虫”为蛇，大虫即指虎，有“龙虎斗”之嫌。如：虹、萤、蜀、融、蝉、蜜、蝶等。

8. 避免使用带有“田”的字。龙也不喜欢下田，有“被困”的含义。如：田、申、苗、富、单、思、迪、惠、黄等。

9. 避免使用带有“羊”的字。会处于天罗地网的处境。因为辰戌丑未有天罗地网的含义。如：羊、美、善、羚、群、养、姜、羡、羲等。

10. 避免使用带有“卯”“兔”的字。因为“玉兔见龙云里去”，地支卯辰“相害”。如：即、卯、逸、柳、仰、迎、勉、卿等。

11. 避免使用带有“心”“个”“肉”的字根，这些字根带有“肉”形的含义，而龙不食人间烟火，荤肉对它们而言，无异于雪上加霜。如：心、念、蕊、志、怡、恬、恩、恒、悦、情、怀、意、惠、慧、慕、懿等。

12. 避免使用带有“人”“少”“小”“士”“臣”“相”的字根，会使龙降格为臣、士、人等处境，地位会由尊而逐渐降为卑，气势下降。如：士、贤、临、壮、寿、志、涛、就、尚、藏等。

蛇宝宝的起名学问

按照十二属相的排列位置，蛇排在了第六位，而所属的时辰为早9时至午11时。

很多人认为，属蛇的人是十二属相中最不可思议的人物。他们天生聪颖，不仅文雅、斯文，而且还爱读书，爱听名曲，爱吃美味食品，同时还喜欢看戏剧。他们通常会受生活中美好的事物吸引，最美的女子和个性最强的男子都大多出生于蛇年。

属蛇的人一般依靠自己的判断行事，与其他人不能很好地交流，他们可能有很高的宗教造诣，是个彻底的享乐主义者。不管怎样，他们宁愿相信自己的臆想，也不愿接受别人的劝告。

有时，他们的命运像龙一样，面对人生，或凯旋结束，或以悲剧告终。这一切都是由他们的行动主宰，在他们老练的外表后面，隐藏着很重的疑心，当然，他们自己会否认这一点。至于其他属相的人，也许愿意把欠款拖到下辈子偿还，然而，对于属蛇人，似乎注定要在离开人世之前把所有的账都付清。也许他们心甘情愿这样做，因为蛇年出生的人热情而认真，在他们做的一切事情中，他们都会有意无意地试图清账。

属蛇的人不会因缺钱而烦恼。他们能很幸运地去拥有他们所需要的一切。如果缺钱，他们会很快改变这种局面。然而，属蛇人不应赌博，这样他们会变得一无所有。如果蒙受了很大的损失，他们不会再蒙受第二次，会很快醒悟过来，并迅速地得到恢复。一般来说，他们在生意上是谨慎而机警的。从本性上讲，属蛇人的疑心最大。他们会把自己的疑心隐藏在心中，把秘密也隐藏在心中。

由于谈吐斯文、举止文雅，属蛇人大多不愿意沉湎于毫无意义的谈话或小事中。他们对金钱十分慷慨，但当他们想要达到一个重要目标时，无情无义也是闻名的，他们会铲除挡路的任何人，却问心无愧。

当然，也有一些属蛇人的讲话是缓慢，或是懒洋洋的。然而，这绝对反映不出他们演绎思维或行动的速度。他们喜欢思考，喜欢盘算并能系统地、恰当地阐述自己的观点。总的来说，他们讲话很谨慎。

要想去预言一个属蛇的人会变成什么样子，或者他们会发展到什么程度都是不切实际的。因为，属蛇人就如同拥有一台计算机式的头脑，他们从未停止过策划。记住，他们是十二属相中最顽强的属相。

属蛇的女士会在不动声色中，用冷静、安详和无与伦比的美貌把人们迷住。她们有信心并且泰然自若。虽然她时常懒洋洋地到处闲逛，给人以懒惰、贪图安逸的印象，但她绝非如此，她的脑子从来都是忙碌的。

蛇是人们不太喜欢的动物，也是与人没有灵性沟通的动物，许多人在看到蛇后，就会浑身起鸡皮疙瘩。由于人们对蛇的直观感受不好，所以就把蛇看成冷血动物，冷漠，阴险，神秘，心怀叵测，从而也就把属蛇的人的性格描绘得很神秘。

在中国民间，通常视蛇为小龙，把属蛇的人说成是属小龙的，这为“阴险的蛇”正了名，龙是中华民族的象征，是汉民族崇拜的图腾。中国传统文化赋予龙以帝王之气，具有崇高的美和至高无上的尊严。所以，蛇也因此备受人们宠爱和呵护，特别是属蛇的女性。在任何一本分析性格的书中，属蛇的女性都被热情地赞誉，并为其性格披上一层迷人的面纱。

那么，在起名时，生肖属蛇的人都适合使用哪些部首字的呢？

1. 适宜使用带有“口”“宀”的部首。因为蛇喜欢在洞穴内隐匿，这样可以栖息、冬眠。除此之外，还可以在洞穴中钻来钻去，悠游自如。如：口、呈、吴、容、可、周、品、哈、喜、乔、嘉、严、宅、安、字、富、宁、宝、宽、四、回、因、国、图、园、团、圆等。

2. 适合使用带有“木”的部首。蛇喜欢上树，有升格变成龙的意味。如：木、本、杰、杉、材、杏、东、林、松、桐、格、栩、栋、枫、柏、荣、桥、树、森、橘等。

3. 适合使用带有“巾”“系”“衣”“示”“采”“乡”等披彩衣的部首。可转化为“龙”，有升格意味。如：形、彤、彦、彬、纪、约、纷、维、练、纬、县、绩、缤、缘、祝、祖、市、常、采、师、释、帆等。

4. 适合使用带有“酉”“丑”的部首。因为地支巳酉丑为“三合”。如：酉、西、金、羽、姚、凤、鸣、鹃、鹏、鹤、莺、鸾、牡、特、纽、轩、翟、翰、悲、翔等。

5. 适合使用带有“马”及“羊”字根的部首。因为地支巳午未为“三会”，有帮扶的力量。如：马、许、喜、群、祥、妹、姜、翔等。

6. 适合使用带有蛇形的“弓”“已”巴“走”“几”“虫”“邑”部首的字。如：乾、元、兆、克、延、建、进、逸、道、达、运、远、选、还、迈、邓、邹、郑、郭、郳等。

7. 适合使用带有“心”“月”的部首，因为蛇为荤食，喜欢食肉类，而“心”是心脏肉、上等肉的含义。如：心、必、志、惠、情、慈、愉、怀、育、肯、胡、脉、膏、慧等。

8. 适合使用带有“小”“少”“士”“夕”“臣”的部首。因为蛇的别称为“小龙”。如：尹、士、壮、寿、臣、多、贤、而、尚等。

9. 适合使用带有“田”的部首。因为蛇喜欢在田间活动，田字有四个洞穴，是它藏身的处所。如：田、由、申、甲、男、界、留、番、画、畸、当、福、思、迪、畴、疆等。

生肖属蛇的人，在起名时不适合用的字：

1. 不可使用带有“亥”猪的部首。因为地支巳与亥对冲，即蛇与猪冲。如：朱、象、豪、家、毅、聚、缘、豫等。

2. 不可使用带有“虎”的部首。因为“虎”与“蛇”相刑害，古人云：“蛇遇猛虎似刀戳”，盖地支巳与寅相刑也。如：山、丘、虎、虔、虚、虞、艮、邱、岗、仙、嵘、峥等。

3. 不可使用带有“日”的部首。因为蛇怕太阳，太热，容易烤焦身体。蛇大都是在洞穴，树阴下活动，极少暴晒于日光下。如：日、晶、旦、早、旭、旨、明、昊、昌、易、映、昀、春、昱、晋、晟、皓、晨、普、晴、智、晖、晓、历、暖、畅、暄、曜等。

4. 不可使用带有“水”“子”的部首。因为蛇的地支属火，遇有“水”的部首，就犯了“水火相克”的大忌。尤其在字形的左半部或下半边。如：水、汪、冲、永、求、沛、河、洽、泉、泰、洋、洞、洪、津、洲、浩、浪、海、深、清、添、游、涣、港、汤、温、源、沧、泽、济、涛、浚、溪、渊等。

5. 不可使用带有“甄”“米”等五谷杂粮的部首。因为蛇为荤食动物，喜欢食青蛙等肉类食物，所以，不宜有“豆”等部首，若犯之，在看到这类食物时，就会发脾气。如：豆、禾、秀、秋、科、秉、秦、程、稻、积、穆、稼、穗、粱、米、粉、粲、麦、黍、精、黎等。

6. 不可使用带有“草”的部首，也称“打草惊蛇”，而蛇如在草丛中活动，虽有游走的空间，但也容易被人发现，还要遭受到风霜雨打。如：兰、花、芝、芬、芳、苗、若、英、茜、荃、荷、莉、菊、蓉、莲、萧、薇、蕾、薛、蕙、蕊等。

7. 不可使用带有“人”的部首。因为蛇不喜欢碰到人，人类是蛇的敌人。因为亚当、夏娃的故事，人类将蛇看做邪恶，见到就要打。如：人、仁、仙、代、仲、任、企、伍、伯、仲、似、布、住、佐、何、余、作、佳、依、伟、备、杰、倩、佛、健、傅、倪等。

马宝宝的起名学问

按照十二属相的排列位置，马排在了第七位，而所属的时辰为午11时至午1时。

很多人认为，生于马年的人性格开朗、思维敏捷、装扮潮流、善于辞令、洞察力强；且多变的性情会导致脾气的急躁，产生暴跳如雷、怒火中烧的情况。属马人一般会轻易陷入情网，也会轻松地脱离情网。

通过研究表明，属马的人年轻时离家者居多，即使留在家中，他们的独立精神也总是促使他们从年轻时期就开始自己的事业。他们精力充沛，但急躁鲁莽。他们的最大优点是自信心强，待人和气，有代理能力和理财能力。不墨守成规的属马人通常站在潮流的前沿，好显示自己。在遇到活动或集会时，一般会挑选浅颜色、款式奇特、华丽的穿戴。

属马的人，遇事急躁，性情固执，脾气火爆。事后便会很快忘记。最根本的弱点就是他们不能清醒地认识到自己的所在，也不能在短时间内改变这种弱点。有时这还会使他们对人产生不恭，甚至演变为粗暴的态度。他们总是要求别人同他一样高速地工作，得不到满意的效果时，便会牢骚满腹，面露不快。他们总是踌躇满志，但实施效果差，特别是每当有重大事情要解决时，他们常常幼稚地满足于微小的成绩，并陶醉于其中。除此之外，他们还很健忘，做事漫不经心。

马年出生的人喜欢我行我素，爱以自我为中心，喜欢自己的亲朋在周围为他们服务。这样的人总能靠着他们出众的言辞，将人们的思路引到自己的想法上来。他们在谈起自己的想法时，经常手舞足蹈，不把肚子里的全部想法倾倒出来是不会罢休的。

属马人的性格中常常发生前后矛盾。他们情感内的极其细微的变化经常不被人注意。换句话说，他们靠着自己对事物的直觉去行事。若要他们解释自己的直觉及对事物进行的推理分析，这一点你想都别想。而每当他们遇到一项处于发展阶段的活动，就会表现出一种令人赞叹的潜在能力。他们经常一人同时从事多种活动，而且还能较好地控制局面。他们的决定一经作出，便毫不犹豫地投身其中。当人们看到他们时，要么是东奔西跑地忙于事务，要么就是拖着疲惫不堪的身体。

属马的人很难适应别人制定的时间表，而且遵守规程时缺乏耐心，这类人适合去做带有刺激性的工作。他们会想出许多有促进性的主意，并找到解决问题的方法。属马人最善于解决棘手的事情。所以，如果你身边有一位属马的人做帮手，就可以将那些纷乱如麻的事情交给他处理。当他获得处理这些事的自主权后，就会取得很大的成绩。需要注意的是，你一定要在旁边加以督促，不可使他有半点的松懈。

在同属马人谈话时一定要简单明了。否则，你会失去他们对你的注意力。无论结局如何，都要直截了当地告诉他们。这样一来，他们对你的态度反而会大加赞赏，欣赏你的直率、诚恳，以及对时间的珍惜。

属马人在烦躁的生活中仍然可以很活跃，他们会给自己的生活和事业带来一片阳光。当你的视线被吸引过去时，他们会立马消失；而当你正要放弃寻觅的念头时，他们又会重新轻盈地飘到你的面前。

马年出生的人做事迅速。当然，这就相对缺乏持久性，也不能忍受长期的困苦。然而，他们能见机行事，灵活善变。

马年出生的女士，大多富有生气，且举止轻飘。她们可能是网坛冠军，可能是汽车司机，也可能是一个唠叨的女人。当然，属马的女士有温柔型的，也有桀骜不驯型的，但她们总能赢得人们的赞赏。家庭对她们来说，只是社会活动中的一部分，她们绝不肯长期固守一地。

当我们了解了属马人的天性后，不妨来研究一下属马人起名所用的字的部首。那么，属马人的起名所用的部首和字都有哪些呢？

1. 适合使用带有“草”部首的字。因为马为素食动物，有草则肥则壮，粮食丰盛，则内心世界充实。如：芝、茵、芙、芬、花、芳、芷、苑、茵、茶、茹、荷、草、荐、荃、菁、菽、萱、叶、苇、董、倩、蒋、荟、莲、蔡。

2. 适合使用带有彩衣的部首，良马能被人披上彩衣。如：衣、巾、系、乡、纪、紫、洁、纲、彤、采、彦、雕、彩、彰、雕、希、帆、席、常、彬、彪。

3. 适合使用带有“目”的部首，表示马有大眼睛，美丽有人缘。如：目、相、直、省、县、盼、看、真、眉、睿、睦。

4. 适合使用带有“龙”的部首，代表“龙马精神”，积极、有生气、有活力、有干劲，有成功的含义。如：龙、辰、农、袭。

5. 适合使用带有杂粮的部首。如：禾、豆、麦、叔、稷、粟、粱、秀、梨、秦、稼。

6. 适合使用带有“木”的部首。因为马在林间来去自如，有树木可以遮阳。如：木、杉、林、彬、琳、杞、杭、荣、柄、柔、杰、栋、森、杨、桦、树、霖。

7. 适合使用带有“宀”的部首。表示有屋檐、洞穴可遮风避雨。如：安、守、宋、宜、定、实、宽、宝、家、容。

8. 除此，马还喜有“三合”的部首。如：“寅”“戌”“未”“巳”。如：寅、彪、建、美、骏、群。

属马人的起名不适合用的字：

1. 不适合使用带有“田”的部首，表示劣等马委曲求全、会下田耕种。如：由、单、寓、町、界、留、备、畸、画、甸。

2. 不适合使用带有“米”的部首。因为马儿吃米吃不饱，有吃没有饱，就不会有饱足之感。如：米、粒、粉、精、粟、粹、粲。

3. 不适合使用带有“山”的部首。因为马在山路跑，非常辛苦。如：山、岱、岌、岳、岷、峒、峭、峻、峡、崇、峰、昆、仑、岗、峥、岭、崎、崧、嵩、巍。

4. 不适合使用带有双人旁的字，如“彳”。因为好马不跨双鞍，若犯之，就会不忠、不贞、滥情。如：从、仁、征、往、彼、役、彷、律、徐、得、徒、复、循、彻、莜、微、薇、德、御。

5. 不适合使用带有“子”“壬”“寻”“癸”“北”的部首，容易发生“水火相冲”的现象。因为马为火，不可选用有水的字形。如：水、江、河、注、冰、永、冲、沙、沛、波、泉、洋、浩、浪、海、深、清、涣、港、游、湘、洁、潭、润、潮、澄、泽、济、涛、凌、冷、子、字、存、学、季、孟。

6. 不适合使用带有“牛”“丑”的部首。因为自古“青牛遇白马，不战而逃”。如：牛、牟、牧、特、生、星、造、隆。

7. 不适合使用带有“心”“月”的部首。因为“心”“月”代表荤食，而马为素食动物。如：心、必、态、思、志、忠、恰、慈、慕、慧、怀、育、郁、恩、恭、愉。

8. 除此，马还怕骑。所以，不宜使用形如“奇”“其”等字义的字。如：其、奇、骑、琪、祺、旗、绮、棋、琦、期、骐。

羊宝宝的起名学问

按照十二属相的排列位置，羊排在了第八位，而所属的时辰为午1时到午后3时。

在中国的历书中，羊是最富有温情的属相。通常，出生在这一年的人被称为乐善好施者。他们往往为人正直、亲切，容易被别人的不幸经历所感染。他们脾气温顺甚至有些羞怯。当他们的各方面都处于高潮时，往往是风度优雅的艺术家或有创造性的工人，而当他们处于事业及其他方面的低潮时，则是一个忧伤多感甚至悲观厌世者。

属羊的人常常因为举止优雅，对人富有同情心而被人称道。他们能轻易谅解别人的过错，理解别人的难处。他们不喜欢十分严格的约束，因而不能很严格地要求自己。对于他人，也很少加以批评。他们喜欢儿童、小动物，属于自然主义者。尽管他们温和，不善于反抗，若在压力下要求他们做事，这是行不通的。

属羊人的克己外表和其内心的主见容易表现出不安的状态。当遭到惊吓时，他们宁愿含怒不语，也不愿将自己的想法加以反复说明，更不愿表现出他们的扫兴。他们通常在沉默的僵持与愠怒中，执著地坚持自己的意见。

大多数的属羊人，都会在童年时代受到父母的宠爱，福运之星通常会向属羊人微笑。因为他们有一颗纯洁、善良的心。他们在时间上慷慨，在金钱上大方，当你落难无处安身、囊空如洗时，你要相信属羊的朋友绝不会见你处于困境而不顾的。

属羊人遇到自己感兴趣的事时，会以非强制性的手段来实现自己的愿望。他们不愿做的事，也总是以极大耐心和忍耐力借口推辞。人们不会知道他们的情绪变化，除非激怒了他们。总之，他们最善于平息风波，营造和谐气氛。然而，他们也有做不到的时候，在这种情况下，他们就会跑回家去，求“大哥哥”的帮助。

属羊人遇事转弯抹角的态度会使其他人感到讨厌和恼怒，但没有办法，这就是属羊人的脾气。

性情温柔的属羊人，一般需要强者以及能控制他们的人为伴。他们要在严格的制度下工作，才能发挥自己的才能。一般情况下，态度强硬的秘书和带有强制性性格的同事会使他们的工作效率大大提高。因此，一定要用各种方式去掉他们的依赖心理。

属羊人总将自己束缚在自我的小圈子里，他们离不开自己的家庭，也不能缺少喜爱的食物。他们不会忘记自己的生日及其他人节日，每到这些特殊的日子，他们总以炫耀的形式来庆祝，特别是对他自己的节日，更是倍加敏感。

如果你忘记向他们祝贺生日，或者他们住院时你忘记去问候，他们就会感到伤感，甚至心碎。

属羊的女孩经常会花很长时间化妆，打扮自己，她们想通过这种方式来显示自己的漂亮。她们做事缓慢，就像一个瓷娃娃。属羊的中年妇女注重个人卫生，讲究处处干净、整洁。她们把自己的孩子擦洗得干干净净，像是要送去展览的样子，她们在挑选服装以及身上的佩戴物都很讲究，她们精通衣料，设计橱窗无懈可击。

属羊的姑娘会坦诚地表示出她对所喜欢的人的感情，把他当做自己最可依赖的人。如果她不喜欢你，那么她也只能不理睬你，而不会手持木棒将你赶出来；如果她对你中意，也只是握握你的手。她讲话时，“是”也许意味着“不是”，而她所表示的“不”就是“可以”的意思。

羊年出生的人会用小聪明弥补自己的薄弱之处。他们善于利用巧妙的手段与暗示获得自己渴望得到的东西。所以，你不能低估他们，否则，就会莫名其妙地败下阵来。他们诚恳、镇定的态度，以及说话时悲天悯人的语气，对于摧毁他人心中的强大堡垒十分奏效。他们即便在法庭为自己辩护，仍以那真诚感人的态度代替了更多的语言，进而也就获得了人们的信服。

其实，羊在动物中属于弱者，是任人宰割的形象。所以，在一般人心目中，总觉得属羊的人应该性格温顺，不会有太强的个性。在民间，还有一种俗见，认为属羊的人大多命苦，挫折多，会令父或母早亡。因此，就有人在怀孕生小孩时避开羊年。据说，羊年结婚的人也要比往年少。当然，这些忌讳是没有任何科学依据的。

当我们了解属羊人的性格后，就必须注意属羊人在起名时所用的字的部首。那么，属羊人的起名所用的部首和字都包括哪些呢？

1. 羊喜食草，故有“草”偏旁者，对属羊者大有帮助。如：卉、苹、芳、芸、苑、若、茁、芝、茗、茱、茹、艺、荷、秀、莉、菊、叶、蓉、莲、倩、菁、萱、蓁。

2. 羊也喜欢食五谷杂粮。因为羊为素食动物，可选择使用带有

“米”“禾”“麦”“豆”“稷”等偏旁的字。如：谷、米、禾、粟、粲、粱、秀、秋、科、稻、稠。

3. 羊喜有“木”的部首。如：木、本、材、朵、村、杰、森、梁、梓、棋、栋、椒、枫、楣、荣、槐、楚、树、橙、榛。

4. 羊喜有“山”“门”“口”的部首，可以在洞穴里休息。如：同、回、圆、园、图、团、周、唐、亚、商、乔、单、宋、家、宽、婷、安、宏、容、富。

5. 羊喜有“足”的部首。因为羊喜欢跳跃、自得其乐。如：足、跳、路、跋、踊、跃、践、跰。

6. 羊喜有“三合”或“三会”的部首。三合的部首有“豕”与“卯”，三会的部首有“蛇”（巳）与“马”（午）。如：家、稼、豪、朋、逸、青、马、骏、南、许、柄、丙、丁、杰、速、连、达、迁、远、适、迈、邓、巡、迪、建、选、延。

7. 羊有跪乳的习惯，喜见有“几”的部首。如：元、允、兄、兆、充、先、免、儿、亮、克。

在起名时，属羊的人不适合用的字：

1. 不适合使用带有“心”“月”的部首。因为羊为素食动物，见到肉类荤食，内心不充实，会产生失落感。在看得到肉时，因为不是自己喜欢的粮食，其内心就会苦闷。如：心、念、必、志、快、忱、忸、忻、忠、悒、悟、悠、惠、想、情、能、脉、胡。

2. 不适合使用带有“子”“亥”“水”“北”的部首。因为羊是所有动物中最不喜爱喝水的，如果水喝多了，会影响其行动和健康。如：冲、永、冬、求、江、汝、汪、沈、冲、沛、河、波、泉、泰、洋、津、洪、淡、淦、凌、淮、深、凉、洁、清、添、淇、润、泽、沣、潭、潞。

3. 不适合使用带有“大”“王”“君”“长”的部首。羊为“三牲”之一，羊长大容易被用来当祭品、供品，意味牺牲、奉献，一生将会很辛苦，但如果生性就乐于服务他人，也就无妨。如：大、天、太、夫、奇、奉、奏、奎、奕、英、珏、砷、玲、玳、珉、珊、珍、珠、珩、佩、诱、琛、琦、琪、琴、琳、瑟、玮、暄：瑛、瑰、荣、璃、玛、琼、珲、瑜。

4. 在起名时要避开对冲的生肖，如“丑”“牛”及相害的生肖“鼠”“子”的部首，刑克很重。如：生、牡、隆、皓、适、妞、子、孔、孟、季、学、郭、游、燕。

5. 不适合使用带有“天罗地网”含义的字。如“辰”为天罗、“来”为地网。同理，也不适合使用带有“戍”“犬”等字。除此，“未”为羊，如果羊见到羊，必然会先争斗，其实，斗角力，也有不吉利的寓意。如：辰、农、晨、成、国、犹、独、获、猷、献。

6. 不适合使用带有彩衣的部首。如“衣”“彡”“系”。因为羊如果披上彩衣、加冠、华丽其身时，就会拿去供用。如：衫、帅、帆、希、常、帧、帜、彤、彩、影、衮、裴、褚。

7. 不适合使用带有“示”的部首。因为“示”有祭祀的含义，羊在中国为主要的三牲祭物之一。如：祝、祜、秘、神、祚、祟、祺、禄、禀、福、礼、祯、禅、禧。

8. 不适合使用的其他部首。如：刀、皿、西、金、车等。

猴宝宝的起名学问

按照十二属相的排列位置，猴排在了第九位，而所属的时辰为午后3时至下午5时。

很多人认为，在十二属相中，猴与人有着最密切的联系，它常被人赋予智慧和灵气。在中国历书中，“猴”代表发明家、即兴诗人和善于调动他人积极因素的人，还表示以自己特有的狡狯和魅力行事。属猴的人能头脑冷静地处理那些错综复杂的问题。他们还是以人为师、有进取心的人，他们掌握世间很多知识，无论他选择何种职业，将来都能获得极大的成功，特别有天赋能成为语言学家。

属猴的人有着强烈的自我优越感。他们对别人不太尊重，总是从自己的利益出发，过多考虑自己的得失，他们会是极爱虚荣的人，由此会产生很强的嫉妒心理。当别人有进步或别人有的东西他没有时，这种嫉妒心理便不可抑制地表现出来。他们的竞争意识很强，但善于隐藏自己的想法，常常在背后制定自己的行动计划。

猴年出生的人是天生的多面手，他们可以成为优秀的主持人、演员、作家、外交官、律师、运动员、教师、股票经纪人等。他们是出色的社会活动家，善于和任何人交往。

属猴的人显示出他们对自己的聪明、勇敢地自我欣赏，他们毫不掩饰自我欣赏后的欢乐和骄傲，也不对骄傲的言行加以任何掩饰，他们诚心诚意地认为别人比不上他们。

属猴人的事业观是现实的，他们常采取薄利多销的策略，达到事业上的高峰。他们在同别人的交易中斤斤计较，不像属虎人那么爽快，也不像属龙人那样硬碰硬，属猴人只是靠小赚头而不断积累。这些微小利润乍看起来不起眼，但当你计算出每一部分小利润积累的结果时，再去看属猴人不断的发展，你就一定要吃惊了。

由于属猴人的精明与干练，这就促使他们成为赢家。他们永远不满足的心理与他们的天赋成正比，他们感到不充实，什么事情都想尝试一下。由于他们能精打细算，因此不会在工作中浪费一点时间。

属猴的姑娘神采奕奕，富有自然魅力，无论她们走到哪里，就会把欢乐与兴奋带到哪里。很多人都会为她们的活力和美貌深深打动。

属猴的姑娘喜欢刺激，但不做徒劳无功的事情。她们说话讲究，从不在别人面前说些无意义的话，在各种场合中，能挑选适当的话语与他人交谈。她们善于抓住别人的性格特点，用自己的精明算计去驾驭他人。属猴的姑娘从不轻易舍财，想从她们手中挣钱，只有做得极其完满才行，因为她们爱挑剔，对事情要求严格。

属猴的女性会尽可能将自己打扮得潇洒、漂亮。值得说明的是，属猴人的皮肤容易过敏，那些属猴的姑娘使用过多的化妆品会使皮肤变得粗糙。尽管属猴的妇女自我迁就，容易满足，但她们却不迟钝，有一定的组织性。

总之，属猴的人热情、自信、责任心强。他们随时可以从事艰苦的工作，但必须得到相应的报酬。否则，就会连连抱怨，不愿做事。在与他们共事时，不可玩弄他们，不可失信于他们。

认识了属猴人的天性后，就要了解属猴人在起名时的注意事项。那么，属猴人在起名时适合他们部首的字都有哪些呢？

1. 适合使用有大“口”的部首。因为猴喜欢在洞穴内休息。如：古、吕、台、史、君、呈、哭、阁、唐、启、单、嘉、冠、宇、安、宋、完、宏、宗、官、宛、宜、宙、定、宁、宽、容、宝、宫。

2. 适合使用带有“木”的部首。因为猴子在林间玩耍时，可以随意地采食水果，并且能够来去自如。但小猴子学习爬树时容易跌倒受伤，申金克木，宜慎用之。如：杉、材、杏、本、杜、东、松、林、果、柏、桐、梁、棋、栋、杨、桦、机、樱、棠、森。

3. 适合使用带有“人”或“言”的部首。因为猴子喜欢模仿人类的动作，即“人模人样”，爱作秀、表演。所以，名字中有“亻”、“人”或“言”字形均佳。如：任、休、仲、仿、企、伊、伍、伶、布、佑、何、余、佘、作、佩、来、依、俊、俐、促、俏、信、修、值、倩、伟、健、备、杰、傅、仪、优、诒、词、试、诗、谊、语、诚、詹。

4. 适合使用带有“王”的部首。因为猴子喜欢称王，但在称王的过程中必须身经百战。毕竟猴王得来不易，却容易易主。所以，猴子称王有喜也有忧，虽然威风，但付出的代价太高。如：王、玉、珍、玲、珊、珏、球、璇、琪、环、琛、琳、琼、珑、琴。

5. 可使用带有三合“申子辰”的部首，如“子”“亨”“水”“辰”。如：孔、字、李、孙、学、孺、农、宸、侬、丽、贝、真、庆、麟、麒、稼、永、求、泽、江、汝、汪、沅、沂、沈、沐、沛、河、泉、泰、洞、津、洪、活、洗、海、涵、淮、清、汉、济、涛、坤、绅、浚、浩、渊、游、满。

6. 适合使用带有“巾”“彡”“衣”“系”“采”“示”的部首。这些部首能华丽其身，更显得人模人样，能提高其地位。如：常、沛、红、彤、彦、彬、影、纺、紫、绚、丝、绢、袁、裕、襄、释、示、祁、祝、礼、祜、祖、祥、绿、棋、崇。

在起名时属猴的人不适合用的字有：

1. 不适合使用带有“酉”“西”“金”“兑”“皿”“鸟”“月”的部首。因为这些字形都有西方“金”的含义，然而，在五行中，金与金相聚，易有刑克、争执，更甚而遭到凶灾。“酉”在五行中表示金，“鸟”为鸡类，属酉也为金，“月”亮在西方，也是属金。如：配、金、钊、钏、钰、铜、铭、锐、锋、钢、钱、铎、要、覃、鹏。

2. 不可使用“对冲”的字。例如，寅与申冲，其中，“虎”字形最不利于属猴者。如：虎、寅、彪、虔。

3. 不适合使用带有“禾”“谷”“麦”“田”“稷”“米”的部首。因为猴子喜欢作践五谷，俗话说“大猴损五谷”，义为在田间的猴子，只会践踏、玩弄五谷杂粮。如：田、由、申、甲、界、留、米、粉、秀、秉、秋、科、谷、秦、穗、稻。

4. 不适合使用带有"豕"猪的部首。因为猪的地支为六害，刑克很重。如：亥、象、家、豪、豫、豹、貌、貂、缘。

5. 还不能使用带有"刀""皮""力""牙""将""君"等的字。

鸡宝宝的起名学问

按照十二属相的排列位置，鸡排在了第十位，而所属的时辰为下午5时至傍晚7时。

鸡年出生的人，其相貌一般比较吸引人，特别是男子，英俊挺拔。他们也总是为自己的相貌而骄傲，爱显示。人们不会看到他们懒散的样子，他们总是昂首挺胸，端庄而尊贵。即便这年出生的最怕羞的人，在别人面前也仍显得精干、灵秀，显示出自己的个性气质。

堂·吉诃德式的人物是属"鸡"的代表人物，他是一个富于幻想，且行侠仗义的人。他自以为是拯救世界的"无畏"的英雄。现实点说，鸡的特征是外表看似激进，自命不凡，而内心却保守，拘泥于传统。

属鸡人的性格一般分为两类：一类人爱好闲谈，总有说不完的闲言碎语，这类人的脾气火爆；而另一类人的洞察力却很强，善于察言观色。其实这两种性格的人都很难相处。

属鸡人有着不少优良品格弥补了自身的不足。他们精明强干，组织能力强，严肃认真，待人直率，遇事果断。他们对残暴的行为敢于正面指出，严厉批评。他们的这些优点通常会附带很多缺点出现，爱与人吵架，总想显示自己的知识渊博，从不顾忌别人的感觉如何。但一旦斗败，他们也不会消沉，他们的方式是向每个人诉说自己的观点，使人们相信自己，站到自己这一边来。

属鸡的人是卓越的表演家，他们常常是活动场所的中心人物，总是那么光彩照人。他们的性格会给人极深的印象，一举一动都会让公众注意。

属鸡的人有欢快的情绪、机敏的性格举止，这样使得他们不放弃任何机会来夸耀自己的冒险经历和成就。他们有讲演才华和写作能力，他们随时都准备对任何话题大发议论。如果你想就某一论题与他们辩论，你准会以失败而告终。

属鸡人对自己的家庭很会理财，他们精打细算，力求收支平衡。他们把钱箱看得很严，对所有人办理的事情都计算得极精细，也十分珍惜他们的时间。属鸡的小孩也能担任“财产保管员”的职务，他们存放着一分分硬币，以此来扩充自己的“小银行”。

在他们这些精明的经济专家的管理下，你随意抛掉的钞票会派上合理的用场，你的收入也能积累起来，使你看到生活中的前途。有属鸡的经纪人守护着你，那些债主就不会白天黑夜地来打扰你了。

属鸡的人是一个持家的好手，又喜欢解决和处理比较困难的事务。但是，别指望他们做改革性的工作，他们能将分配给他们的事情做得很好，但是缺乏创造性。他们很难承担那些改革性的重大任务。

属鸡的人还有好争论的癖好。与人争论是他们的天性，几乎是不以他们个人的意志为转移的。所以，对于属鸡人的争论癖好，你一定要控制住自己，不要发火。否则，撞到他们一触即发的“枪膛”上，就会不可避免地引发一场“战斗”。但不论属鸡人如何表现他们的渊博学问，他们的内心世界是静寂的、清心寡欲的。

倘若属鸡的人知道人们对他们提出的建议给予了支持，他们就会在工作中提出一些新的想法，并取得成绩。

有时，属鸡人会大手大脚，但是这些钱也只花在自己身上。他们对穿戴的选择很挑剔，喜欢引人注目。有时，他们会把自己的家庭和办公室装饰得格外花哨。他们自己也爱打扮。属鸡的人还特别重头衔和奖章，他们会力争到至少有一次获得奖章，或者一项职业上的头衔。即使在战争中，他们也要争得一枚勋章。他们的钱除了花在自己的小家庭中外，还会花在追求爱情、获得同事的好感方面。

属鸡的人对事物会过分得挑剔，是一个追求尽善尽美的人。他们对理论性较强的问题很敏感，在处理任何问题时都要按确立的章程去落实，对那些不按规章办事的人感到不理解。

其实，属鸡人的优点还是很多的。他们会在自己力所能及的情况下尽力去帮助别人，只是他们的活力常常鼓动着他们展示自己。

了解了属鸡人的个性后，在起名时就要注意其事项。那么带有哪些部首的字适用于属鸡的人呢？

1. 适合使用带有“禾”“豆”“米”等部首的字。因为鸡食五谷杂粮，整天都在找食粮，见到杂粮，就会吃撑到脖子。属鸡的人，粮食充足，则内心充实饱满。如：禾、谷、秀、秦、程、稞、积、米、粱、粟。

2. 适合使用带有“山”的部首。鸡上山头，可以展其英姿，有凤凰的风采，为其提升地位。另外，鸡本来都喜欢栖息在树干上睡觉、打盹，安详自在。如：岗、岂、岳、岱、峙、岭、彬、杞、柿、柏、栗、杰、案、栽、桐、梁、栋、荣、树、棠、桦、森。但“酉”（金）会克木，所以，带“木”的偏旁宜慎用之。

3. 适合使用带有 “乡”“采”“系”的部首。“乡”的字形为鸡的羽毛，能增加其人缘；而“采”的字形，代表鸡的鸡冠漂亮，有冠冕加身的含义，代表雄赳赳、气昂昂。如：形、彤、彦、彩、彬、彭、彰、纬、维、采。

4. 适合使用带有“金鸡独立”的字形的字。代表脚的健康，单脚就可以站立。如：平、章、彰、毕、中、聿、峰。

5. 适合使用带有“小”字形的字。小鸡可爱，而大鸡容易被人宰杀。所以，使用带有小字形的鸡，能给其一生带来平安。如：士、土、吉、音。

6. 适合使用带有“宀”的部首，意味鸡在洞穴、屋檐下可以遮风避雨，有保护的作用。如：安、守、宋、宜、宛、宙、定、家、宇、审、宣。

7. 适合使用带有三合“巳酉丑”的部首。如：达、道、邱、郴、牛、轩、牡、物、牧、生、产、均、凤、鸣、羽、茜、翎、甄。

在起名时，属鸡的人不适合用的字：

1. 不适合使用与其对冲的字形。因为鸡为酉，而卯就与酉对冲。所以，凡是有“卯”的字形或字义均不可用。若用之，就会引发身体的疾病。卯的字义可推及东方之月、兔。因为卯居东方，而酉居西方，东西对冲。所以，带有“东”“月”“兔”的字形不可使用。如：卯、仰、柳、昂、勉、逸、卿、东、栋、陈、月、朋、青、清、晴、胜、有、朗、朔、本、望、朝、期。

2. 不适合使用带有“金”的字形。因为鸡为酉金，在五行中，金与金组合容易犯冲。“金”的字意还有“申”“西”“兑”“秋”“酉”等。如：金、钧、钊、铭、锋、锐、钟、钱、镇、秋。

3. 不适合使用带有“心”“月”的字形。这两个字形代表一块肉的意思，而鸡为素食动物，不食荤肉。如：志、忠、念、忸、忻、怡、思、随、恬、慈、慧、态、怀、懿、肯、肴、胡、胥、修、能。

4. 不适合使用带有“大”“王”“君”“帝”的字形。因为鸡长大后容易被选为祭祀的对象。如：君、奇、奏、奋、群、帝、玉、玫、玟、玳、珉、珊、珠、球、琦、琪、琴、莹、环、琼、瑛、瑶、璞。

5. 不适合使用带有“犬”“戌”的字形。因为“犬”与“犭”、“戌”有狗的含义。因其地支酉与戌为“六害”，古人云“金鸡遇犬泪双流”，意味着狗会追咬鸡，有鸡犬不宁的意思。如：成、状、茂、狄、狮、猛、犹、猷、独、献、盛、威。

6. 不适合使用带有太多“口”的字形，容易七嘴八舌，成为长舌妇。如：吕、品、容、蓉、喜、高、歌、器、嘉。

7. 不适合使用有脚分开的字形。因为鸡的脚分开，代表病鸡，不利于健康。如：文、元、亮、充、先、共、克、光、烘。

8. 也不适合使用带有“刀”“力”“示”“石”“人”“手”“血”“水”“子”“北”“亥”的字形。

狗宝宝的起名学问

按照十二属相的排列位置，狗排在了第十一位，而所属的时辰为傍晚7时至晚9时。

属狗的人直率、诚实，为人仗义，处事公平，且勤奋好学。属狗人的活跃是非常引人注目的，容易引起异性的好感。

属狗的人为人坦诚，不装腔作势，他们好打抱不平，愿意倾听别人向自己陈述苦恼的事，以分担他人的不快。因此，他们懂得怎样与人和睦相处。

属狗的人仁爱之心就像他们的朋友“虎”一样，他们对人们的某些言行举止不满时也愤怒，但像火花闪电一样，转瞬即逝。他们生气时，肯定是面对错误，而不是嫉妒。他们的言行与别人发生冲突后，总是抱着解决问题的态度，而绝不记恨于心。

属狗人的眼睛与心灵都很警觉，一旦决定了他们非干不可的事，也是不坚持到底誓不罢休的。属狗的人从事的事业大多都是高尚的，并能获得不少成绩。属狗的人在这些事业中勤勤恳恳，忠于职守，简直就是正义的化身。

简而言之，属狗的人不是物质主义者，也不是因循守旧的人。他们的言行既务实又精明，也很能看透人的内心。

属狗的人有“愤世嫉俗”的美名，但他们的性格也有很固执的一面。恰当地说，世界上的“狗”既要讨人欢心，还要处理好压力。小狗活泼，充满活力，而大狗在东方星相学中被认为是既苛刻又行侠的一种动物。长期坚持维护公众利益，做防护工作的“卫兵”们，肯定属于属“狗”人中的精华，即使他们的力量减弱了，眼睛昏花了，也仍然是忠诚的战士。他们的精神已经这样被铸成了，不管在什么形势下都会起来与恶势力抗争。一旦什么地方出现呼救信号，他们都会全力以赴。

当人们袭击属狗人的家庭时，他们才会真正的发怒。属狗人工作尽力，注重实践，英勇无畏，性格直爽，对每个人都能做出判断，包括他们自己。他们对那些自己不喜欢的人则会表现出一种默不作声的冷淡态度。

狗年出生的人不大注重钱财，但他们需要钱财时，总能解决钱的烦恼。所以，没有人能像他们那样有寻找钱财的能力。在大多数情况下，属狗的人都出生在良好的家庭中。若没有出生于这样的家庭，那么他们会脱离家庭，靠自我奋斗来提高自己的生活地位。

尽管属狗的人的外表看起来情绪高昂，但内心世界存在着一片悲观厌世的天地。他们会为那些不必要担心的事情而焦虑，猜想世界上某个角落可能潜伏着危机。有时，他们的预感会变成现实。所以，有很多人都需要家中有一位属狗的亲人来帮助自己判断是非。

你可以相信属狗的人会给你出个好主意。他们注重事实的态度，更有利于帮助那些吹牛的人纠正自己的缺点。他们并非喜欢表现自己，而是出于内心的善意。他们认为有必要去判定一个人的对错，给他指出来，使他能正视自己与现实。

属狗的女孩思维能力特别强。她们穿着朴素，但内心喜欢漂亮。蓬松的发式，使她们富于表情的面庞更为生动。在生气时，她们会表现出坐卧不安的样子。大部分情况下，她们会去体贴和关心他人，她们喜欢与人合作，喜欢主持公正。她们喜欢舞蹈、游泳、网球等室外活动。她们是丈夫、儿女的朋友，能听任他们充分地陈述自己的观点，对他们的行为不加阻拦。

属狗的女孩待人和蔼，愿意慢慢地加深同人们的友谊。你在与她们接触时，可以拜访她们的家，同她们一道品茶谈天，在日常交往中加深了解，在志趣相投中坦诚相待结为朋友。只有这种方法，才能取得属狗的女孩的友谊和依赖。同时，你才会成为她们的知心朋友。当你遇到困难时，只要告诉她们，就会获得她们全力以赴的帮助。

属狗的人精力充沛，他们即便遇到自己力所不能及的事情时，也会通过自己的建议去作用于决策人。属狗的人往往能清楚地看到自己处在高于别人的位置上的危险。因此，他们不大愿意出人头地。为此，他们会被人们认为是缺乏争取荣誉地位的竞争意识。他们将自己的抱负埋在内心，默默地从事自己喜爱的工作。

属狗的人容易轻易相信别人，而一旦相信就坦诚相待。如果你试着去进攻那些与属狗的人关系密切的人，你就会尝到属狗的人对你猛烈进攻的滋味。

狗年出生的人，具有约束自己的能力，他们也会成为顾问、牧师、心理学家等。在发生危机的日子里，他们会坚韧地忍受着困苦而绝不怨天尤人。不过，他们的缺点是忍耐力弱。

在夜间出生的属狗人要比出生在白天的属狗人爱挑衅，多与外人发生冲突。任何一个季节出生的属狗人都会生活顺利，一生中不会缺少生活必需品。

了解了属狗人的性格后，就要注意起名时需要注意的事项。那么，属狗人在起名时适合用的字都有哪些呢？

1. 适合使用带有“人”“入”的字形。因为狗是最忠于人的动物，选用这些字形，意味着有其饲主，并忠于主人、忠于事业、忠于爱情、忠于钱财。如：人、今、令、任、仰、仲、企、伸、布、位、住、伯、余、佩、佳、依、俊、杰、倩、伟、值、健。

2. 适合使用带有“宝”“乡”“巾”“衣”的字形。因为狗喜欢披彩衣，有虎风之意味，能增其威势，提升其地位。如：约、珍、绅、维、纬、彤、形、彦、彩、彪、彭、衣、衫、希、绮、佩、纶、席、装、褚。

3. 适合使用“寅午戌”的“三合”字形。“三合”的力量对人的帮扶大，人缘、贵人运都会很好。比如，“寅”字形有：虎、虔、虚；“午”字形有：驻、玛、笃、骏、骋、骆、骐、骅、腾、骞、骧。

4. 适合使用带有“心”“十”“月”的字形。因为狗喜欢食肉，而“心”“月”皆为肉形，正符合狗的意愿，这样能使其生活优越、快活。如：心、必、志、念、忠、忻、思、恒、恩、恭、情、惟、慈、惠、慧、有、育、青、胜、肯、腾。

5. 适合使用带有“宀”“宀”的部首，意味着家庭内的狗，比较好命，

有主人养、有房子住，不必去当流浪狗。如：宁、字、守、安、宏、宜、有、家、宙、冠、富。

6. 除此，适合使用带有“小”“少”“士”“臣”的字形。一般而言，小狗比大狗可爱，狗不为“君”“帝”“将”“帅”，宁为“士”“臣”。

在起名时，属狗的人不适合用的字：

1. 不适合使用带有两个人的部首。因为狗忠于人，但一只狗要同时侍奉几个人，就成了不忠之狗。如：征、徐、得、律、微、彼、彻、德。

2. 不适合使用带有素食含义的字形，因为狗为荤食动物。如：禾、豆、麦、米、粱、稷。

3. 不适合使用带有两个口的字形。因为两个口，形成了“哭”的字形，其义不祥。而三口犬的字形，就会成为“疯狗”。若有一口之犬称为“吠”，喜欢多管闲事，爱乱叫穷嚷嚷。所以，对属狗的人，最好不用“口”之字形。若有两个“口”，如“吕”，在遇到流年为狗年时，自己又属狗，就形成了“哭”字，不利于自己的运势。

4. 不适合使用带有“日”字形的字。俗话说“狗吠日”，当狗看到太阳时，就会乱叫两声，义为多管闲事。如：日、旺、旭、旨、升、昆、昌、明、易、星、春、显、是、时、景、晶、晓、晴、智、皓、暇。

5. 不适合使用带有“田”字形的字。因为狗在田间，喜欢践踏五谷，有浪费的含义。如：田、由、申、甲、界、画、番、畴。

6. 不适合使用带有“犬”字形的字。狗不喜欢再见到狗，因狗大都有领土、领域之感，如有其他的狗进来，便会引起战争，狗咬狗是也。如：状、狄、狐、狮、独、狭、猛、犹、筛、独。

7. 不适合使用带有鸡含义字形的字，会引发“金鸡遇犬泪双流”的现象，如：酉、西、鸟、佳、兆、羽、兑、金、飞、习、翎、翠、翡、翰、酷、耀、翟。

8. 不适合使用带有“木”字形的字。因为狗为戌土，由于木克土，所以，字形的部首若有木，就犯了木克土的大忌。如：木、林、材、权、村、森、柳、橘、梁、梅、梓、梭、栋、杨、楚、榜、荣、树、榕、桑。

9. 不适合使用与其对冲的字形。如，辰戌对冲，龙与狗对冲。所以，要避免使用“辰”字旁的字。如：辰、农、晨、秋、侬、娄。同时，“贝”为龙象，也要避开。如：贝、贞、贡、财、真、贯、责、贤、贵、贻、贸、资、宝、质、赖、赞、赐、赋、樱。

10. 不适合使用带有“水”的字形。因狗为戌土，土会克水，会泄漏精力、财气。如：子、北、亥。

11. 不适合使用带有“熊”的字形。依据森林动物的定律，当大熊下山时，狗听到后会心寒脚软，不会逃跑。

12. 不适合使用带有“未”“羊”“丑”“牛”的字形。因为狗为戌，至于“辰戌丑未”最好不使用，容易犯大忌，不利于发展。如：妹、善、美、羡、群。

猪宝宝的起名学问

按照十二属相的排列位置，猪排在了第十二位，而所属的时辰为晚9时至夜11时。

属猪人的性格沉稳、刚毅，心地善良、纯朴。他们能以坚韧不拔的精神承担交给他们的一切工作，并会全力以赴地把工作做好。因此，与属猪的人合作的时候，我们有理由充分信任他们，让他们自己去奋斗。

属猪人在人群中虽处于朴实无华之列，但却有着独到的见解。属猪的人被人们所喜欢，还因为他们像属羊属牛人一样求世间平安，与人为善。当然，他们被逼无奈时也会发火，与人斗争，但他们不忌恨人，不会在暗地里与他人

作对。他们待人宽宏大度，对别人的错误采取既往不咎的态度。因此，总能与人保持亲切关系。他们寻求以忍耐精神来完善自己，并发扬这种精神坚持不懈地工作，他们能成为一名优秀教师。

属猪人的坦诚态度会赢得来自四面八方的帮助，他们不必请求支持，就会有人自愿相助。而他们若处在可以帮助别人的地位时，也绝不会袖手旁观。这种品格，使他们深受人们的尊敬，同时也令他们自信他们会不断创造出一个又一个奇迹。

有时，属猪的人也发脾气，但他们不愿争吵，每当发生争执后，他们总以忍让使事情结束。因为他们尽力要同所有人和谐，又无哗众取宠、谋取私利之心。所以，他们酷爱社会工作和慈善事业。

如果世间对你不公，或当你受到致命打击时，请找个属猪的朋友帮忙，他们会耐心听你倾诉苦衷并拔刀相助。即便是你自己的错误造成的，他们也不会流露出责备你的意思，仍会尽力帮助你，还会多找些人帮你奔走解愁。在他们那里，你不会遭白眼或听到官腔十足的训诫。

属猪的女士爱清洁，一尘不染，家中布置井然有序。几乎所有属猪的妇女都有洁癖，只有极少数女性在这方面随便些。另外，她们个性强，尊重自己，也尊重他人。她们全部能力都可以投在令她们动情的事业上，而不求任何回报，你可以通过她们令人信赖的言行得到证实。她们会周到地接待丈夫的朋友们，会不厌其烦地回答孩子们的问题。她们喜欢照料好自己的家庭生活，并以此为乐。

属猪的人较容易轻易相信别人和别人所说的所有事情，包括那些仅有一面之交的陌生人。因此，他们很容易受到蒙蔽，也会因此而失去钱财。他们不宜管财务，因为心肠太软，抓不紧钱袋。属猪人虽在表面上容易受骗，但实际上还是比人们想象的要聪明。他们懂得用容忍的态度保护自己的利益。属猪的人诚实，为自己辛勤劳作的成果而自豪。诚实、纯朴的属猪人真心热爱自己所爱的人，从不掩饰自己的情感。

了解了属猪人的性格后，就应探讨在他们起名时需注意的事项。那么，属猪的人在起名时所适合用的字都有哪些呢？

1. 适合使用带有“豆”“禾”“米”“草”的字形。因为猪最喜爱吃的食物为“豆饼”及五谷杂粮。所以，名字中有“豆“的字形，可给属猪的人丰盛感和满足感。如：豆、米、粱、粟、集、精、秀、禾、秉、秦、种、苏、麦、樱、稻、菊。

2. 适合使用带有“宀”“冖”“门”的字形，这样会有家的感觉，因为被养的猪不愁吃。如：字、宋、家、守、安、宏、宙、宜、富、兰、宽、娴。

3. 适合使用带有“田”的字形，代表猪在田间有五谷杂粮可食，自在逍遥。如：田、甲、当、留、畴。

4. 适合使用带有大“口”的字形。因为猪被认为是爱吃的动物，有口福之欲。因此，有口有得食之义。但大猪则不喜小洞穴，故宜谨慎用之。如：口、回、合、和、周、善、商。

5. 适合使用带有“亥卯未”的三合字形。带有“卯”与“未”的字根对其大有裨益，会使其一生贵人多助，妻贤子孝。如：卯、未、柳、卿、善、羚、家、羡。

6. 适合使用带有和猪三会的字形。如，“亥子丑”为“三会”，故有“子”与“丑”二字与“亥”成为三会。而与“子”字形通意的还有“小”与“丑”“牛”等字形。如：字、孟、存、江、湘、泳、泉、泰、洋、津、浩、深、清、温、泽、游、湘。

7. 适合使用带有“金”的部首。因为属猪为“亥”水，而金能生水。所以，金对属猪的人有帮扶之意。如：钮、铃、铭、钧、锋、钟、镇、锐。

8. 适合使用带有“木”“月”的部首。因为木属东方，东方卯兔，月兔，而亥卯未为“三合”。同时，猪在树下，也能获得短暂歇息。如：林、森、桂、柔、柏、榆。

在起名时，属猪的人不适合用的字：

1. 不适合使用与其“六冲”的生肖。如，猪与蛇为“六冲”，蛇的地支为“巳”。其字形如“辶”“死”“川”“一”“乙”“弓”。若犯六冲字

形，会损害其财运、事业、健康。如：迅、迎、婉、凯、毅、逸、邦、郭、邓、郑、延、巡、迪、建、川、州、一、仁、三、之、乙、也、乾、虹、蛾、蜜、弯、发、张、纪、风、凤、妃、枫、蝶、强、疆、弼。

2. 不适合使用带有“王”“君”“帝”“大”“长”字形的字。因为猪在民间供奉品中列入“三牲”之一，所以，猪愈大，愈容易当做祭品用。如：乇、玉、琴、珍、珠、佩、瑛、瑜、瑟、瑞、璋、环、大、天、奇、将、帅、主、君、群。

3. 不适合使用带有“猴”字形的字。古人云：“猪遇猿猴似箭投”，与猴子通义的字形如“申”“侯”“袁”。在八字五行中，亥与申为相害。若犯之，易伤人、伤身、伤情，一切皆不利。如：申、伸、绅、砷、侯、九、媛、袁。

4. 不适合使用带有“示”字形的字。示有“祭祠”之义。若犯之，会劳苦一生。如：祀、社、祁、祈、祗、祖、祝、祚、崇、祥、票、禁、禄、祯、礼、禧、祺、福。

5. 不适合使用带有彩衣的部首。如“采”“衣”“乡”“巾”“皇”，意味着猪准备上供桌。所以，属猪的人，不宜带有彩衣，否则，就得随时准备奉献。如：形、彤、彦、彩、彬、彪、彭、彰、影、帆、希、常、褚、纪、约、红、纯、素、绍、结、紫、吉、经、绿、纲、绮、绩、继、绸、维。

第7章

生辰八字宝宝起名法

结合八字给宝宝起名

天干地支与五行相生相克

借助用神五行为宝宝起名

如何看姓名与八字的“缘分”

如何来排定八字命局

细观八字命局的六亲关系

应这样看姓名与命局组合吉凶

结合八字给宝宝起名

孩子的终身名是根据命局特点再结合小孩的“生辰八字”的喜用神而确定的。终身名又称学名，它会伴随孩子的一生，也会影响孩子的一生。

众所周知，喜用神就是有利“八字”命局的阴阳五行，即金、木、水、火、土，它能提升人一生的总运程。但还有一种阴阳五行是破坏“八字”命局最重要的因素，我们称之为“忌神”。它不利于一生的运程，它会破坏命局，泄了富贵气，所以这样的“忌”不能在名字中出现。

我们只有对命局做了全面的分析后，才能起出一个对孩子一生有利的名字。所以我们在不懂“八字”命理的情况下，通常就不能起个让宝宝受益一生的好名字。

到底是哪一项影响一个人的运势比较大，究竟是“八字”还是姓名？如果一个人“八字”好但姓名不佳，抑或是一个人的姓名好但“八字”不佳，这会不会影响一个人的命运呢？

我们知道每个人的运势基本上是以八字为主，所以我们有时会需要有“改名”“取偏名”或“调理风水”等改运方法。利用姓名学可以协调“八字”，如果姓名格局不好，而且没有协调“八字”喜用神，则运势会受不好的影响。如果姓名格局不错，而且协调“八字”的喜用神，则“八字”中不好的格局可以得到部分化解。

对于上面所说的情况，您可能会觉得姓名学与八字学有冲突，其实这两者之间是不冲突的，恰恰相反它们是互相协调的两种理论，它们都是以“统一五行喜忌”为理论的出发点。

下面我们举个例子说明一下，当您在不知道“八字”结果的情形下，但您的姓名有属于需要注意婚姻的问题时，您就必须注意。当您知道“八字”婚姻有问题，而姓名没有明显的婚姻问题时，您这时可以稍稍放心，因为您的姓名在婚姻上并没有瑕疵。但是当您知道“八字”和姓名都有婚姻问题时，那您最好改个好名字来冲冲喜了。若您的姓名也是配合“八字”喜用神来取名的，那就有更大的弥补效果了。

天干地支与五行相生相克

（1）十天干

十天干指的是：甲、乙、丙、丁、戊、己、庚、辛、壬、癸。

天干属性：甲乙属东方木，属春，甲为阳木，乙为阴木；丙丁属南方火，属夏，丙为阳火，丁为阴火；戊己属中央土，属长夏，戊为阳土，己为阴土；庚辛属西方金，属秋，庚为阳金，辛为阴金；壬癸属北方水，属冬，壬为阳水，癸为阴水。

天干化合：甲己合化土，为中正之合；乙庚合化金，为仁义之合；丙辛合化水，为威制之合；丁壬合化木，为淫匿之合；戊癸合化火，为无情之合。

（2）十二地支

十二地支包括：子、丑、寅、卯、辰、巳、午、未、申、酉、戌、亥。

地支属性：寅卯属东方木，为春，寅为阳木，卯为阴木；巳午属南方火，为夏，午为阳火，巳为阴火；申酉属西方金，为秋，申为阳金，酉为阴金；子亥属北方水，为冬，子为阳水，亥为阴水；辰戌丑未属四季土，辰戌为阳土，丑未为阴土。

地支化合：子丑化土，寅亥化木，卯戌化火，辰酉化金，巳申化水，午未化土。

地支三合：申子辰水局，亥卯未木局，寅午戌火局，巳酉丑金局。

地支三会：寅卯辰东方木，巳午未南方火，申酉戌西方金，亥子丑北方水。

地支相冲：子午相冲，丑未相冲，寅申相冲，卯酉相冲，辰戌相冲，巳亥相冲。

地支相害：子未相害，丑午相害，寅巳相害，卯辰相害，申亥相害，酉戌相害。

地支相刑：子刑卯，卯刑子，无礼刑，寅刑巳，巳刑申，申刑寅，无恩刑，丑刑未，未刑戌，戌刑丑，持势刑，辰午酉亥自刑。

结合八字起名

（1）八字

用天干地支表示人的出生年、月、日、时，共有八个天干地支，俗称“生辰八字”。例如，农历二〇〇四年六月廿五日辰时生，其八字为：甲申壬申 辛酉壬辰（可查万年历）。

在“八字”中，不同的位置有不同的含义，如父母、兄弟姐妹、夫妻、儿女的八字位置不同。

出生时间：年、月、日、时。

八字：甲申、壬申、辛酉、壬辰。

代表六亲：祖上、父母、兄弟、姐妹、自己、配偶、子女。

在八字中，日干为自己，称为“身”。日干与其他天干地支因生克关系，化作“十神”：比肩、劫财、食神、伤官、偏财、正财、偏官、正官、偏印、正印。“十神”是判断命运的重要代表因素。

（2）大运

十年为一大运，是以人的生月干支为基准，进行顺排和逆排而成。阳年生男、阴年生女为顺排，阴年生男、阳年生女为逆排。起运时间以生日到下一个节令或上一个节令的天数，用三除，所得数为起大运的岁数。

（3）流年

流年即农历的每一年，如2004年为甲申年，流年则为甲申。“八字”为“命”，大运、流年为“运”，两者组成了人的命运。

算命实际是算“命运”，算“八字”实际是算“十四字”：命八字和运六字。起名也要结合“命运”的情况来定。

（4）身旺身弱

与起名有直接关系的是“八字”的身旺身弱，即日干的强弱。身旺身弱是以八字的综合情况来判断的。如得令、得地、得生、得助众者为身旺，反之则为身弱。这是一个很复杂的判断过程，差之毫厘，失之千里，身旺身弱一旦判断错误，则全盘皆错。

（5）喜用神

喜用神是八字的平衡支点，是医治“八字”之病的药。喜用神的取法也是个复杂的过程，不懂命理者不可妄下结论。如果喜用神取错了，起名就跟着错了。

借助用神五行为宝宝起名

姓名调补“八字”用神是将姓名所秉受的五行之气与八字的用神五行相协调，如为八字的用神能制化忌神为吉，同时人的命理层次也就高；如果为八字的忌神，同时制化八字的用神就为凶，人的命理层次也就相应降低。

譬如，“八字”喜欢五行“水”为用神的人，命名的时候便应该使用水为主的姓名格局，这样就能发八字的水源，让当事人更有动力，一般的运气也获得改善。相反，若不参考“八字”五行需求，就贸然命名，若遇到像这个喜欢水五行的命格，但是却取成火旺甚至土旺的名字，这样一来，会让这个人的脾气变得暴躁。

以下为十天干、十二地支骨象可以作为取用神的参考：

十干骨象

（甲）

甲木天干作首排，则无枝叶兴根营，欲要存得天地久，直向泥沙万丈埋。
斩就栋梁金得用，化成灰是火为灾，蠢然块物无极事，一任春秋自从来。

（乙）

木根多枝看得深，只宜阳地不宜阴，漂浮最怕多逢水，刻斩何当苦用金。
南去火炎灾不浅，两行土黄祸绕忧，栋梁不成连根木，辨别功夫好学心。

（丙）

丙火明明一太阳，则从正大立常纲，洪光不独窥千里，巨焰独能遍入荒。
出世忌为浮木去，传生不作汤泥娘，江湖死水安能克，唯怕成林木作殃。

（丁）

丁火其形一烛灯，太阳相见夺光明，得时能钻千斤铁，失令难熔一寸金。
虽少干柴犹可引，已多病木不能生，其间衰旺当分晓，旺比一炉衰一檠。

（戊）

戊土城情堤岸同，振江河流要根重，柱中带合形还壮，日下乘虚势必崩。
力薄不胜金漏泄，功成安用木疏通，平生最要东南健，身旺东南见失中。

（己）

己土田园属四维，坤深能为万物基，水金旺处身还弱，火土功成局最奇。
失令岂能埋剑战，得时方可用铁基，慢夸印旺兼多合，不遇冲刑总不宜。

（庚）

庚金顽钝性偏刚，火制功成怕水乡，夏产东南遇锻炼，秋生西北亦光芒。
木旺反是他相克，水深能令我自伤，戊己干支重遇土，不逢冲破即埋藏。

（辛）

辛金珠玉性通云，最爱阳和润水清，成就不劳炎火煅，资扶偏爱温泥生。水多火旺宜西北，水冷金寒要丙丁，坐禄通根生旺地，何愁厚土没其形。

（壬）

壬水汪洋拽百川，漫流天下忌无返，千枝多聚成漂荡，火土重逢涸木源。养性结胎须午未，长生归禄居乾坤，身强则自无财禄，西北行程危少年。

（癸）

癸水应非露雨阴，根通亥支即江河，柱无坤坎还身弱，局有财官不用多。申子辰全成上格，寅午戌火要和中，假若火土生申金，西北行程岂太过。

十二支骨象

（子）

月支子水占魁名，溪涧汪洋不尽情，天道阳回行土旺，人间水暖寄离生。若逢午破应无定，纵遇卯刑还有情，柱内申辰来合局，即成江海发洪声。

（丑）

隆冬建丑怯冰霜，谁识天时转二阳，暖土诚能生万物，寒金难道只深藏。刑冲丑未非无用，类聚鸡蛇巳酉方，若在日时多水木，直须行人异族乡。

（寅）

艮宫之木建于春，气聚三阳火在寅，巳和蛇猴三贵客，类同卯木一家人。超凡人圣唯逢午，破禄伤提独虑申，四柱火多嫌火地，从来燥木不南奔。

（卯）

卯木繁华禀气深，申金难道不嫌金，庚辛叠见愁申酉，亥子重来忌壬癸。祸见六冲应落叶，喜逢三合便成林，若归时日秋离重，更向西行患不禁。

（辰）

辰为三月水泥温，长养堪培万木根，虽是甲衰乙余气，若遇相冲即破门。

（巳）

巳当初夏火增光，造化流行正六阳，得时戊土禄临娘。

三刑传送反无害，一撞灯明便有伤，行到东南生发地，烧天烈火岂寻常。

（午）

午月炎炎火正升，六阳气继一阴生。

庚金失位身无用，己土归垣禄有成，申子齐来能战克，寅戌同见越光明。

东南正是身强地，西北休囚已表形。

（未）

未月阴生火渐衰，藏官藏印不藏财，近无亥卯形难双，远带刑冲库亦开。

无火怕行金水运，多寒偏爱丙丁来，用神喜忌当分晓，莫把圭臬作万猜。

（申）

申金刚健月支逢，壬水长生在此宫，巳午炉中成剑战，子辰局里得光锋。

木多无火禄能胜，土重埋金却有凶，欲认斯神何所以，火温柔珠不相同。

（酉）

八月从魁已得名，衰地金白水流清，火多东去愁寅卯，木旺南行怕丙丁。

柱见水泥应有用，运临西北岂无情，假若三合能坚锐，不比顽金未炼成。

（戌）

九月河魁性最刚，漫云于此物收藏，洪炉巨火能成就，钝铁顽金极主张。

海屈木龙生雨露，山头合虎动文章，天罗虽是迷魂阵，火命逢之独有伤。

（亥）

灯明之位水源深，雨雪生寒值六阴，必恃胜光方用土，不逢传送浪多金。

五湖归渊则成象，三合羁绊正有心，欲识乾坤和暖处，即从艮震巽离寻。

五行性质比较明显的字

五行为金的字：金、庚、辛、申、酉、秋、西，以及偏旁或部首带金的字，如：鉴、针、刚等字。

五行为木的字：木、甲、乙、寅、卯、春、东，以及偏旁或部首带木的字，如：林、森、梳、英等字。

五行为水的字：水、壬、癸、亥、子、冬、北，以及偏旁或部首带水的字，如：江、河、湖、海等字。

五行为火的字：火、丙、丁、巳、午、夏、南，以及偏旁或部首带火的字，如：焰、炎、念等字。

五行为土的字：土、戊、己、辰、戌、丑、未，以及偏旁或部首带土的字，如：均、地、培等字。

如何看姓名与八字的“缘分”

姓名的数理灵力诱导对人生命运有很大的关联，但天下同名同姓的人很多，为什么命运和经历又并不相同呢？

对于这一点，一般认为，除了和本人的祖坟风水、居家环境方位有关外，那就是与本人的出生年、月、日时即生辰“八字”有着密切的联系。也就是说，人的姓名虽然相同，但生辰八字不同，命运也就不同。反过来说，生辰八字相同，而姓名不同，命运也会不同。

为此，我们在姓名学中要求八字与姓名合而为一，可见姓名与人的生辰八字有着一定的内在联系。

按照中国的传统说法，预测人生命运的固定信息是以人的出生年月日时的天干地支符号即“八字”来推演人生的吉凶祸福。现代生理医学的研究表明，人出生的月份确实对人的性格、健康及各方面有影响，如冬天所生之人与夏天出生的人在许多方面就不一样。

总之，每一个人出生时的特定时间和空间，对人所产生的综合效应，就是一个人的先天条件。既有先天则必有后天，那么，人的姓名、居住环境等就是辅助先天条件的因素。

姓名与先天条件，即姓名和生辰“八字”，就像人的身体与精神一样。“八字”如人的躯体，而姓名则为精神，虽然有区别，却存在于一体。精神敦厚则躯体健旺，精神微薄则躯体衰弱，精神长存则身生，精神丧尽则身亡。

因此，如果一个人先天条件好，姓名的数理也吻合，他才能有好的人生。如果一个人先天八字有缺陷，而姓名的数理能够起到补充辅助的作用，也可开创美好的人生。由此可知，姓名在“八字”中的作用相当重要。与“八字”协调统一的姓名则一生较为平顺，事业成功率较高；不适合“八字”的姓名则易遭凶险，事业不顺。

那么，何谓适合“八字”的姓名呢？命理学家认为，“八字”论命的关键在于首先找出“八字”中的喜用神，也就是能调和整个“八字”对于日干的强弱起辅助作用的五行，简称“用神”，而在姓名文字五行和数理五行中，符合生辰“八字”的用神，则为适合“八字”的姓名，不失为一个好名字。反之，则为不适合“八字”的姓名。

有关专家在研究和实践中发现，当一个人正走红运时，他的姓名中的文字五行与数理五行正是他四柱“八字”中的喜用神；当一个人走霉运时，他姓名中的文字五行与数理五行正是克害他“八字”喜用神的五行。

姓名数理与八字用神有血肉相连的关系，当生辰八字用神无力时，可以用适合于八字用神的姓名数理及同类五行文字来补救，同样可以光耀人生。

如何来排定八字命局

排定八字命局

在排定八字命局时要准备一本万年历。当然，在选择万年历时，要注意以下两点：第一，要选择正版的万年历，这类万年历的印刷清晰，不会出现印刷错误。第二，要选择那种具有换月时间记录到具体时辰的万年历。在市场上，有一些万年历的时间只记录到日而没有记录到时辰。所以，在选择万年历时一定不要忽略这些问题。

在开始学习排八字以前，要先学会关于月令的正确计算。那么，什么是月令呢？其实，月令就是一个月的主事五行力量，月令的计算方式不是以每月的初一为计算标准，而是从交节之日的那一天算起。同时，年的计算也是如此，通常以每年的初一来计算新的一年，而不是以每年腊月的最后一天来计算一年的结束。一般情况下，年是以立春所交节的时间来确定一年的开始。

比如，某一年的正月初八立春，那么，在正月初八立春以前仍然属于上一个年度。而初八立春以后才能算到新的一年。又如，某年的腊月二十立春，那么，这一年就从腊月二十这一天结束。与此同时，从这以后出生的人的年龄，就应该从下一个年度开始算起。

什么是交节换月

众所周知，一年中有十二个月，还有二十四个节气，在运用干支计算年月时，需要正确的计算节，但不必考虑气的因素。其中的十二“节”包括：立春、惊蛰、清明、立夏、芒种、小暑、立秋、白露、寒露、立冬、大雪、小寒。除此之外，十二位的“气”都包括雨水、春分、霜降等。值得注意的是，气不能左右月令的划分。因此，就出现了立春为正月、惊蛰为二月、清明为三月、立夏为四月、芒种为五月、小暑为六月、立秋为七月、白露为八月、寒露为九月、立冬为十月、大雪为十一月、小寒为十二月的记月方式。

那么，生活中的每月又是怎样表现的呢？原来，每月通常会用十二地支来表示，这种表示方法又称“地支建月”。

另外，我们还应知道对应节令所主要对应地支情况：

从正月开始，正月所对应的地支为寅木，称作正月建寅；二月所对应的地支为卯木，称作二月建卯；而其余的十个月地支分别是：三月建辰、四月建巳、五月建午、六月建未、七月建申、八月建酉、九月建戌、十月建亥、十一月建子、十二月建丑。

计算时柱干支的方法

在排八字时少不了时柱的参与，所以，计算时柱是一项必修课程。在所有的万年历中，都不会给出具体时柱中的干支。利用万年历可以查出年柱、月柱、日柱，之后需要你确定时柱，而时柱中的地支又是固定的。即23～1时为子时，1～3时为丑时，3～5时为寅时，5～7时为卯时，7～9时为辰时，9～11时为巳时，11～13时为午时，13～15时为未时，15～17时为申时，17～19时为酉时，19～21时为戌时，21～23时为亥时。通过了解时辰的地支，就可以很容易地计算出时柱天干了。

在开始计算时柱干支前，要熟悉计算时柱天干的口诀。即：甲己还加甲，乙庚丙作初；丙辛从戊起，丁壬庚子居；戊癸推壬子，时宫定不虚。

另外，还要学会运用口诀。通常情况下，日柱天干是口诀中每一句的前两个字之一，它的时柱天干的求得是从子时开始，然后去计算第一个天干。

口诀“甲己还加甲”，就是甲日或己日的子时的天干是甲，即：子时是甲子时，至于其他时柱分别是：乙丑、丙寅、丁卯、戊辰、己巳、庚午、辛未、壬申、癸酉、甲戌、乙亥。

口诀“乙庚丙作初”，即：日柱天干是乙或庚时，而它的子时干支是丙子时，其他的时柱分别是：丁丑、戊寅、己卯、庚辰、辛巳、壬午、癸未、甲申、乙酉、丙戌、丁亥。

口诀“丙辛从戊起”，即：日柱天干是丙或辛时，它的时辰的干支分别是：戊子、己丑、庚寅、辛卯、壬辰、癸巳、甲午、乙未、丙申、丁酉、戊戌、己亥。

口诀“丁壬庚子居”，即：丁日或壬日，子时为庚子时，其他的时柱分别是：辛丑、壬寅、癸卯、甲辰、乙巳、丙午、丁未、戊申、己酉、庚戌、辛亥。

口诀“戊癸推壬子”，即：日干是戊或癸时，这日的子时是壬子时，其他的时柱分别是：癸丑、甲寅、乙卯、丙辰、丁巳、戊午、己未、庚申、辛酉、壬戌、癸亥。

细观八字命局的六亲关系

不少人认为，一个人的八字命局中的“八字”往往与这个人的命运以及家族的荣辱息息相关。早在古代，就有一些贤能志士在起名时，会有意识地将八字命局中的“八字”看做一个整体。他们深知，这个“八字”会映射着包括被起名者本人在内的整个家族的命运。他们明白，日干就是指自己，自己的日干与其他干支五行的关系相融合，就形成了六亲生克的关系。其实，“六亲”也是五亲。即：父母、夫妻、兄弟姐妹、子女、领导等，需要注意的是，在八字命局中，人们也把这些关系称为“十神”。

下面我们一起来了解一下这些名词术语：

1．日主。日主又称为命主、日元、日神、身等，就是人们所说的“日干”。截至目前，有很多的八字类书籍都把日干叫做日元，就像把八字叫做四

柱一样。

2. 生我者为印。这其中包括：正印和偏印。异性相生为正印，而同性相生为偏印。那么，何为同性、异性？其实，与日主的全称叫做印绶，偏印有时被叫做枭神。为了方便记录，人们会将正印与偏印称为印枭。

3. 比劫。比劫究竟为何义？事实上，同我者为比劫。即：比肩、劫财。同阴阳为比肩，而不同阴阳为劫财。所以，你在命局中见到与日干相同五行的干支就是比劫。

4. 食伤。何为食伤？其实，我生者为食伤。即：食神、伤官。同阴阳者为食神，而不同阴阳者为伤官。

5. 财星。财星的实义是我克者为财。即：正财、偏财。不同阴阳为正财，而同阴阳为偏财。

6. 官杀。克我者为官杀。即：正官、偏官。不用阴阳者为正官，而相同阴阳者为偏官。当正官为官时，偏官有时又称为“七杀”。不过，与偏印称“枭神”一样，偏官有一定的条件。那么，在什么条件下称为“偏官”，在什么条件下称为“七杀”，对初学者来说没有什么要求，平时只需把偏官称为“七杀”或“杀”就可以了。

上述的名词术语解释的是命局八字中的“六亲”关系名称，人们一般将其叫做“六亲”。同时，六亲本来属于五行关系，因为有阴阳之分，由五位变成了十位，故称为十神。

在“八字”命局中，有时也用简单的书写方式来表示六亲，其形式如下：

正印——印；偏印——枭；正官——官；偏官——杀；正财——财；偏财——才；食神——食；伤官——伤。

应这样看姓名与命局组合吉凶

1. 命局喜印枭

（1）姓名主气为印枭：聪明智慧、思维敏捷、文采异常、身体健康、承父母余德或得上峰惠泽的大吉组合（吉）。

（2）姓名主气为官杀：秀气生发、聪明智巧、声洪气壮、利官近贵、光耀门楣、父母福寿康健的吉祥组合（吉）。

（3）姓名主气为正财：学业不成、见识浅显、克母破业、六亲少靠、孤独失意、稽迟不顺、得财见灾的凶象组合（凶）。

（4）姓名主气为比劫：性情刚硬、偏于固执、祖业不聚、自创家业、兄朋多助、子息旺盛、晚景昌隆的中吉组合（中）。

（5）姓名主气为食伤：思维不敏、文采平平、纵有才华、终难施展、不得祖荫、子孙牵累的凶相组合（凶）。

2. 命局喜财

（1）姓名主气为财星：雅量富贵、禄丰业大、脱尘离俗、大搏名利、家境昌隆、妻贵夫荣的大吉组合（吉）。

（2）姓名主气为食伤：温文随和、仁慈善良、宽容厚道、多福少灾、子孙兴旺、财运丰隆、荣华富贵的好组合（吉）。

（3）姓名主气为官杀：苦闷疾病、灾厄刑罚、事非小人、财物耗散、男命利业、女命利婚的凶相组合（凶）。

（4）姓名主气为比劫：性情固执、克妻失财、手足相争、朋友失和、家庭零落、愤怨不平的凶相组合（凶）。

（5）姓名主气为中枭：心灵性巧、小有才华、但乏能力、财运不佳、寒儒穷酸、家庭零落的凶相组合（凶）。

3. 命局喜官杀

（1）姓名主气为官杀：品性端正、出类拔萃、襟怀卓越、博学多能、利官近贵、事业有成的大吉组合（吉）。

（2）姓名主气为财星：利官近贵、财运顺达、功成业就、八面威风、家庭富贵、妻妾和睦、多福少祸的大吉组合（吉）。

（3）姓名主气为比劫：刚愎自用、有志难伸、亲朋争利、妻财有损、事业不强、劳碌烦恼的凶相组合（凶）。

（4）姓名主气为食伤：贪吝气窄、事业平平、有财无官、声名不显、女命克夫、男命破业的凶相组合（凶）。

（5）姓名主气为印枭：聪明有才、能得祖荫、刚直倔强、克妻破财、有才无威、终不显贵的中吉组合（中吉）。

4. 命局喜食伤

（1）姓名主气为食伤：性温随和、厚道耐性、平安清福、子孙昌盛、健康长寿、福德丰隆的吉相组合（吉）。

（2）姓名主气为比劫：稳健刚毅、豪迈义气、福禄昌隆、子孙旺顺、少灾多福、健康长寿的大吉组合（吉）。

（3）姓名主气为中枭：固执傲慢、倔强冲动、刑妻克子、人强福薄、失意乏财的凶相组合（凶）。

（4）姓名主气为财星：财旺丁、虽富不贵、高官禄显、子孙不贤、灾厄疾病、刑伤官讼、凶吉参半的凶相组合（半凶）。

（5）姓名主气为宫杀：心高力乏、小人官非、伤灾疾病、事业衰败、家道寒悲、人生失败的凶相组合（凶）。

5. 命局喜比劫

（1）姓名主气为比劫：稳健刚毅、豪侠果敢、精神爽朗、才华出众、兄弟得利、朋友有助、聚财旺业的大吉组合（吉）。

（2）姓名主气为印枭：热诚坦直、勇往直前、聪明勤学、事业有成、身体健康、一帆风顺的大吉组合（吉）。

（3）姓名主气为财星：生性懦弱、虽富多灾、刑伤疾病、不爱学习、事理不明、有始无终的中凶组合（凶）。

（4）姓名主气为官杀：官讼小人、灾厄疾病、六亲少靠、散财破业、婚姻缘薄、波折不顺的凶相组合（凶）。

（5）姓名主气为食伤：懦弱乏力、逆境失意、疾病刑伤、子息累身、钱财不聚、事业坎坷的凶相组合（凶）。

第8章

因姓生名宝宝起名法

王姓宝宝取名秘诀

王姓是中国第一大姓氏，也是我国最古老的姓氏之一，人数众多且分布全国各地，约占全国汉族人口的7.65%。其中，尤以山西、河北、河南居多。王姓的历史名人非常之多，有鬼谷子王诩、西汉大司马、后建立“新”朝的王莽、东晋书法家王羲之、北宋诗人王安石、近代学者王国维等。

1. 男宝宝姓王可以叫：

王博超（博：博大；超：超越）

王君浩（君：君子；浩：浩大）

王子骞（骞：高举，飞起）

王鹏涛（鹏：比喻气势雄伟）

王鹤轩（鹤：闲云野鹤；轩：气度不凡）

王宇帆（气宇不凡）

王超群（超群出众）

王鼎盛（鼎：鼎鼎有名；盛：兴盛）

王睿渊（睿：睿智；渊：学识渊博）

王弘文（弘：弘扬；文：文学家）

王哲瀚（拥有广博的学问）

王雨泽（恩惠）

王楷瑞（楷：楷模；瑞：吉祥）

王建辉（建造辉煌成就）

2. 女宝宝姓王可以叫：

王昭雪（昭：充满活力，是一个阳光女孩；雪：愿她像雪一样纯洁美丽。）

王琚瑶（琚：美玉；瑶：美玉）

王梦瑶（瑶：美玉）

王婉婷（婉：和顺、温和；婷：美好）

王睿婕（聪明的女孩）

王雅琳（以“雅”为人名，寓意“超脱、优雅”）

王静琪（安静又乖巧的女孩）

王彦妮（彦：古时候指有才学、有德行的人；妮：指女孩子）

王馨蕊（馨：香气）

王静宸（宸：古代君王的代称）

王乐姗（姗：女子走路时婀娜的样子）

李姓宝宝取名秘诀

根据2011年人口普查的结果，李姓是世界上人口最多的姓氏，同时也是中国十大姓氏之一。李姓在北方诸省中所占的比例非常高，一般都在8%以上，而在南方诸省中所占比例一般不足8%。李姓名人不胜枚举，有西汉飞将军李广、唐高祖李靖、唐代著名诗人李白、《弟子规》的作者李毓秀、中国共产党创始人之一李大钊等。

1. 男宝宝姓李可以叫：

李峻熙（峻：高大、威猛；熙：前途一片光明）

李嘉懿（嘉：美好；懿：美好）

李懿轩（懿：美好；轩：气宇轩昂）

李烨华（烨：光耀）

李煜祺（煜：照耀；祺：吉祥）

李煜城（照耀城市）

李智宸（智：智慧；宸：古代君王的代称）

李正豪（豪：豪气）

李昊然（昊：苍天，苍穹）

李志泽（泽：广阔的水源）

2. 女宝宝姓李可以叫：

李玉珍（像玉一般美丽，珍珠一样令人喜爱）

李茹雪（茹：谐音“如”；像雪一般纯洁、善良）

李正梅（正：为人正直，能承受各种打击）

李美琳（美丽、善良、活泼）

李欢馨（欢：快乐；馨：与家人生活得非常温馨）

李优璇（优：各个方面都很优秀；璇：像美玉一样美丽、受人欢迎）

李雨嘉（雨：纯洁；嘉：优秀）

李娅楠（娅：谐音“雅”，文雅；楠：使名字好听）

李明美（明白事理，长得标志美丽，有着花容般的月貌）

李可馨（与家人生活得非常温馨）

李惠茜（惠：贤惠；“茜”使名字更好听）

李漫妮（漫：生活浪漫；妮：对女孩的称呼）

张姓宝宝取名秘诀

张姓最早源于人文始祖轩辕黄帝的姬姓，是中国第三大姓。张姓在我国分布很广，约占全国汉族人口总数的7.07%，其中以山东、河北、河南、四川居多。历史上张姓的名人数不胜数，如汉初名臣张良、三国名将张飞、武当派创始人张三丰、清朝重臣张廷玉、国画大师张大千等。

1. 男宝宝姓张可以叫：

张俊楠（俊：英俊；楠：坚固）

张鸿涛（鸿：旺盛、兴盛）

张伟祺（伟：伟大；祺：吉祥）

张荣轩（轩：气度不凡）

张越泽（泽：广博的水源）

张鸿煊（鸿：旺盛、兴盛；煊：光明）

张绍文（绍：继承）

张子轩（轩：气度不凡）

2. 女宝宝姓张可以叫：

张雪慧（冰雪聪慧）

张淑颖（贤淑，聪颖）

张钰彤（钰：美玉）

张雯璟（璟：玉的光彩）

张天瑜（瑜：美玉）

张婧琪（婧：女子有才）

张玥婷（玥：传说中一种神珠；婷：美好）

张媛馨（媛：美好）

张梦涵（涵：包容）

刘姓宝宝取名秘诀

俗话说“自古帝王多刘姓”，没错，刘姓既是我国的第四大姓，也是历代登基帝王最多的姓氏。目前，主要分布在我国的河北、内蒙古、辽宁、北京、天津等地区，刘姓的比率较高。刘姓名人不计其数，有汉高祖刘邦、汉中山靖王刘备、唐朝文学家刘禹锡、清朝内阁大学士刘墉、中国共产党伟大领导人之一刘少奇等。

1. 男宝宝姓刘可以叫：

刘国豪（国人因他而自豪）

刘伟奇（伟：伟大；奇：神奇）

刘文博（文：文采飞扬；博：博学多才）

刘天佑（生来就是上天庇佑的孩子）

刘修杰（修：形容身材修长、高大；杰：形容杰出、出众）

刘黎昕（黎：黎明；昕：明亮的样子）

刘远航（好男儿，就放他去远航吧）

刘旭尧（旭：旭日；尧：上古时期的贤明君主，后泛指“圣人”）

刘圣杰（圣：崇高；杰：杰出）

刘鑫鹏（鑫：财富；鹏：比喻气势雄伟）

刘浩宇（胸怀犹如宇宙，浩瀚无穷）

刘晋鹏（晋：进也，本义为上进；鹏：比喻前程远大）

刘瑾瑜（出自成语“握瑾怀瑜”，比喻拥有美好的品德）

2. 女宝宝姓刘可以叫：

刘月婵（比月光还温柔，比貂蝉还漂亮、美丽）

刘嫦曦（嫦：像嫦娥一样有着绝世美丽的容貌；曦：像晨曦一样朝气蓬勃）

刘静香（文静，像明朝时期的香妃一样美丽、文雅、贞烈）

刘梦洁（梦：一个梦幻般的女孩；洁：心地善良、纯洁）

刘凌薇（凌：气势、朝气盛；薇：祝她将来成为一代名人）

刘雅静（优雅、文静）

刘雪丽（美丽如雪）

刘依娜（依：有伊人风采；娜：一般指姑娘美丽，婀娜多姿）

刘雅芙（雅：文雅；芙：如出水芙蓉一般）

陈姓宝宝取名秘诀

在中国的众多姓氏中，陈姓位居第五，并分别在浙江、广东、福建、江苏、香港、澳门及台湾等地都是第一大姓氏。陈姓人成千上万，有西汉开国功臣陈平、汉末文学家陈琳、南唐后主陈叔宝、元末大汉政权建立者陈友谅、太平天国将领陈玉成等。

1. 男宝宝姓陈可以叫：

陈修洁（修：形容身材修长、高大；洁：整洁）

陈健柏（柏：松柏，是长寿的象征；“健柏”就是健康、长寿的意思）

陈喆劼（这个名字很吉利，读音同“哲杰”）

陈玉轩（叫这个名字男孩子会很斯文）

陈尚卿（卿：古时高级长官或爵位的称谓）

陈尚博（尚：高尚；博：博学）

陈绍恒（恒：久也）

陈继文（继：继承；文：文学）

陈如峰（峰：高峰）

陈钒涛（钒：一种金属元素，银白色）

2. 女宝宝姓陈可以叫：

陈心琪（琪是“玉”的意思，“心琪”就是形容心灵像玉一样美好）

陈雯媛（端庄、高雅，有才华的女孩）

陈诗婧（如诗、画一般的美丽女孩）

陈露洁（如露珠洁白剔透，非常适合单纯的女孩）

陈雅琳（以“雅”为人名，寓意“超脱、优雅”）

陈婉玗（“婉”寓意“和顺温和”；“玗”寓意“美好”）

陈书怡（文静、宜人）

陈诗茵（诗：文雅、浪漫）

杨姓宝宝取名秘诀

杨姓是中国的第六大姓氏，出自黄帝之后的西周王族，在我国地域分布极广，以长江流域的省份最多。杨姓名人犹如恒河沙数，如汉代著名文学家杨修、隋朝开国皇帝杨坚、四大美女之一杨玉环、诺贝尔物理学奖得主杨振宁等。

1. 男宝宝姓杨可以叫：

杨烨伟（烨：光辉；伟：伟大）

杨苑博（博：博学）

杨博涛（博：博学）

杨苑杰（杰：杰出）

杨黎昕（昕：明亮的样子）

杨烨霖（烨：光明）

杨致远（出自诸葛亮的《诫子书》：“非淡泊无以明志，非宁静无以致远。”）

杨俊驰（出自王勃《滕王阁序》：“俊彩星驰。”）

2. 女宝宝姓杨可以叫：

杨婧琪（婧：女子有才；琪：美玉）

杨墨瑶（瑶：美玉）

杨馨彤（馨：香气）

杨笑萱（萱：一种忘忧的草）

杨絮婷（婷：美好）

杨璟然（璟：玉的光彩）

黄姓宝宝取名秘诀

黄姓是中国的第七大姓氏，主要集中于长江以南地区，其中广东省的黄姓人口最多，约占全国汉族黄姓人口的19%。据统计，四川、湖南、广西、江西加上广东五省的黄姓人口约占全国汉族黄姓人口的56%。黄姓名人多如繁星，有春申君黄歇、唐朝武状元黄仁泽、山谷道人黄庭坚、元朝女工一家黄道婆、广州十虎黄飞鸿等。

1. 男宝宝姓黄可以叫：

黄翔博（翔：飞翔；博：博学）

黄子鹏（子：鼠宝宝；鹏：比喻气势雄伟）

黄子杰（子：鼠宝宝；杰：杰出）

黄博涛（博：博学）

黄立诚（诚：诚实）

黄立轩（轩：气度不凡）

2. 女宝宝姓黄可以叫：

黄鑫瑶（鑫：财富；瑶：美玉）

黄蓓伶（蓓：蓓蕾；伶：伶俐）

黄曼洁（洁：纯洁，高贵）

黄海琼（琼：美玉）

黄紫涵（涵：包容）

黄蕙心（蕙质兰心）

黄芸煊（煊：光明）

黄歆萌（歆：心悦，欢愉；萌：萌芽）

赵姓宝宝取名秘诀

赵姓是百家姓中的第一位，也是当今中国的第八大姓。相传赵姓起源于颛顼帝，主要集中于山东、河南、河北三省，此三省赵姓人口约占全国的36%。赵姓名人不胜枚举，如平原君赵胜、三国名将赵云、宋徽宗赵佶、清末画家赵之谦、当代作家赵树理等。

1. 男宝宝姓赵可以叫：

赵烨磊（光明磊落）

赵旭尧（旭：旭日；尧：上古时期的贤明君主，后泛指圣人）

赵擎苍（擎：顶天立地，男儿本色；苍：苍天）

赵擎宇（宇：屋宇、栋梁之意）

赵越彬（彬：形容文雅）

赵靖琪（靖：平安；琪：美玉）

2. 女宝宝姓赵可以叫：

赵莉姿（具有公主或王后的一切风度与姿色）

赵沛玲（精力充沛，小巧玲珑）

赵灵芸（美丽、灵巧）

赵欣妍（欣：开心愉快；妍：美丽）

吴姓宝宝取名秘诀

吴姓是当今的第九大姓。在江南各省，吴姓人口均占总数的2%以上，其中以福建为最高，约为该省人口的5%。据史书记载，吴姓历史悠久，不但是姓氏，还极可能是氏族名。吴姓名人星罗棋布，如唐代画家吴道子、《西游记》作者吴承恩、战国军事家吴起、秦末起义领袖吴广、清代作家吴敬梓等。

1. 男宝宝姓吴可以叫：

吴健柏（柏：松柏，长寿的象征；健柏：健康、长寿）

吴绍煊（绍：继承；煊：光明）

吴尚杰（高尚，杰出）

吴鑫涛（鑫：财富）

吴圣博（圣：旧时所谓人格最高尚的、智慧最高超的人）

2. 女宝宝姓吴可以叫：

吴碧萱（萱：一种忘忧的草）

吴慧妍（慧：智慧；妍：美好）

吴婧琪（婧：女子有才；琪：美玉）

吴梦婷（婷：美好）

吴雪怡（怡：心旷神怡）

吴鑫蕾（鑫：财富）

吴希蓝（希：希望；蓝：蓝色，代表纯洁）

周姓宝宝取名秘诀

周姓可追溯远古的黄帝时代，今天位居中国姓氏的第十位。周姓名人浩如烟海，有西汉名将周亚夫、三国名将周瑜、北宋哲学家周敦颐、现代文学奠基者周树人、中华人民共和国第一任总理周恩来等。

1. 男宝宝姓周可以叫：

周明杰（明智、杰出）

周炎彬（炎：燃烧；彬：形容文雅）

周伟泽（伟：伟大；泽：光泽）

周君昊（君：君子；昊：苍天，苍穹）

周熠彤（熠：光耀；彤：红色）

2. 女宝宝姓周可以叫：

周芮涵（涵：包容）

周彦琳（彦：古代指有才学、有德行的人；琳：美玉）

周雪熏（熏：熏衣草，香草名）

周雪陌（陌：幽幽小径）

周婧琪（婧：女子有才；琪：美玉）

周晨芙（早晨的荷花）

周佳琪（琪：美玉）

第9章 小心陷入宝宝起名的误区

不要借名人的名字

名人，泛指各行各业中能力崇高而备受景仰的人物。有些父母在给宝宝起名时想借名人的名字，多是“望子成龙、望女成凤”的寓意，希望自己的孩子将来能沾名人之名的光，有一个光辉的未来。但实际上，这种仰慕之情与客观效果并没有什么必然和直接的因果联系。名人都有名人效应，而这种效应必然会在生活中的方方面面产生深远影响，这种影响带给孩子的只能是不必要的麻烦，甚至伤害。

试想，如果孩子一旦借名人的名字，则会对他们以后的生活、学习、工作等带来诸多限制和不便。比如在你做错事的时候，别人会反诘“你也配叫这个名字”。如果你的工作非常出色，又做了领导，或频频上报，这时你的压力就会更大，甚至让你被迫改名。也有可能因为名字的原因，令你难以升职。与其要经历这么多不便，不如起名时就慎重一些。

其实，名人之所以能够成功，也是付出了相当多的努力。因此，与其在起名时“追随”名人企望以之为楷模，还不如根据孩子们对名人的崇拜心理，让他们了解名人成功背后的努力，鼓励他们要有自信，不自卑也不自大，脚踏实地地走向成功之路。

沿袭名人的名字，本身就是一种机械搬用，毫无创造性，也不符合独立的精神，因此，要尽量克服盲从心理，倡导一种理性的能展示个人特色、时代内涵和审美情趣的起名新思维。

肤浅的名字没人喜欢

肤浅的名字会让人感觉索然无味。中华民族有着悠久的历史和灿烂的文化，流传下来大量的文化典籍和优美诗篇，其中言简意赅、含义深邃的名言绝句、诗词歌赋比比皆是，这些都是起名时取之不尽、用之不竭的源泉。而中国的汉字博大精深，汉字从形成到现在的普及使用，至少已有4500年的历史了。古老的汉字无论从字形、字音、字义来说，都具有很强的生命力，是目前世界上使用人口最多的文字。

名字将伴随一个人的一生，其重要程度可见一斑。如果一个人的名字意思肤浅，缺乏涵养和意境，初见其名，给人一种平淡无奇的感觉，乃至感到无聊乏味。那么，这样的名字不仅辜负了我国传统的民族文化，也体现不出父母对子女的殷切希望，比如王一、来喜、余大有、满仓、张安生等。这些名字如同没经过加工的石料，虽然也是人名，但说不上是艺术，因而也难以给人美感。名字的内容单一，意义肤浅，自然不能引人注目，获得别人的好感。当然，像许多引经据典而来的名字，如果没有丰富的知识和深厚的文学功底是起不出来的，若勉强为之只可能适得其反。如清朝有人姓楼，名更一，字上层，系出自唐诗“更上一层楼”，因为过于平直呆板，反而让人觉得有些弄巧成拙。同样，假如一个姓黄的人用成语“黄粱一梦”起名为黄粱梦，一定会给别人留下笑柄。

因此，起名切莫肤浅，只有富于变化和加大深度的名字，才不会如一杯白开水般毫无味道可言。

不可让宝宝的名字意义陈旧

给宝宝起名字忌讳意义陈旧。起名按“俗套旧规”，套用“俗语”，体现落后的价值观和审美意识，都是“俗”的表现。在现实生活中，很多人起名字仍旧围着福寿安康、耀祖光宗、三纲五常打转转，什么冯金宝、常有德、李来福、张宗礼、陈淑贞、齐守贤等。在我国没有实行计划生育政策以前，全国各地都流行重男轻女的观念，生孩子一定要生个男孩，哪怕生再多女孩也不肯罢休。这种心态反映在名字上，一时间叫招娣、来娣、梦娣、盼娣等的女孩如雨后春笋般出现，很明显反映了那个时代父母生男孩的愿望。而现在，男女平等的观念深入人心，如果还起名“招娣”之类，显然不合时宜。还有的人追思“俗语”，只图“现成”，懒得去引经据典，干脆起名唐诗、宋词等，这种名字着实也很“俗气”。

人是有感情的动物，一个好的名字会给人增加愉悦感和好印象，一个俗气而乏味的名字无疑会在无形中减轻自己在别人心目中的分量。因此应起高雅、有涵养的名字，那样，即使一个人不甚高雅，在不十分了解他的人的眼里，也会多增添几分高雅气质。雅致、意义深远的名字如诗、如画、如甘醇，令人回味无穷，难以忘却。寓意隽永的名字还应像清晨阳光下弥漫在花间的温馨气息，沁人心脾，不知不觉陶冶人的心灵，改善其行为，起到潜移默化的作用。

“过火”会引起别人的反感

起名时给人感觉过分夸耀或自贬，会对孩子的身心成长产生不良影响。因此，父母给宝宝起名时，切忌用“过火”的字取名。

“过火”指超过适当的分寸或限度。常见的情况有两种：一种是过分夸耀，自吹自擂。如有的孩子起名为陈万策、管万敌、李万寿等，这些“万”字的使用显然是过分夸大了孩子的作为和力量，很明显，吹嘘自己等同于贬低别人，这样的名字自然会引起别人的反感。另一种是过分自谦，自贱自贬。谦虚固然是好的，但过分谦虚就是变相的骄傲，其本质是一种“虚伪”，也是很让人难以接受的。如王拙、刘迂、袁痴、虞愚等。他们真的认为自己拙笨、迂腐、愚蠢吗？当然不是。比如“莫我愚”这个名字，听口气像与别人“争愚”，而他认为“谁都没有我愚”，自然是“争愚”的胜利者了。又比如李慕愚，名字中“仰圣”“慕贤”者甚多，而此人标新立异，却要“慕愚”。以“愚”为榜样，这是一种“狡猾”的技巧，而是借“愚”说“智”。

不论是“自吹自擂”还是“自贱自贬”，都是不注意掌握“度”的结果，在起名时“过了火”。因此，父母在为宝宝取名字的时候，一定要积极向上，以“美”为中心，摒弃那些不健康的想法，以“真”“善”为生命之“美”，取名时要朝着这样的方向发展。

胡拼乱凑不严肃

虽说中国的汉字数量多，而给孩子起名字一般只需要两三个字即可，但切记不要使用那些胡拼乱凑的单词和毫无意义的短语。有的父母在给孩子起名字时极不严肃，有时甚至是东拼西凑，并未经过深思熟虑，而是随意找几个字杂凑起来的，结果起出的名字像个“拼盘”，不但没有任何深意，而且非常不好听。这样的名字有几个共同特征：一是中心意思不明确，二是字词搭配不和谐，三是字词之间存在着矛盾与混乱的现象。

比如，田川流，这个名字让人联想到“田地”“山川”“河流”，而其中心意思是指什么呢？很难说清楚，令人不知所云。再如陈妙汉，这个名字中“妙”与“汉”极不协调：一般“妙”字用于形容女性有阴柔之美，而“汉”字一般用于形容男性有阳刚之美。这二者并列于一个人名中，让人如何理解？是说一个具有女性特点的男子呢，还是一个具有男性特点的女子？似是而非，让人难以捉摸。又比如林森火，这名字是什么意思？是林、森都是生火的原料，还是森林需要防火？这两种解释都太单薄，显然缺乏意味。是林可以发展成森，森又可以化作熊熊大火吗？这样的解释又太过牵强了，这个名字由于没有处理好“森”与“火”的关系，造成了令人费解的歧义。

因此，父母在给宝宝起名字时，应严肃、认真，多下些工夫，取些意境优美、含义深刻的字为名。

有涵养才是好名字

由于受中国文化固有特点的制约，我国人在起名时向来重视字义和寓意。在习惯上，当人们选定某些字作为名字时，首先考虑的是这些字本身的含义，作为名字以后又可以赋予什么其他含义。名字的好坏，不仅影响孩子的一生，而且能够直接反映父母文化素质的高低。父母的语言文字功底是否扎实，文学素养是否深厚，这些都将直接体现在孩子的名字中。因此，要为孩子起个好名字，切忌直白、缺乏涵养。

所谓“直白”，是指名字的表达方式太直白、太简单，像大白话，毫无美感可言。中国人是讲求含蓄的，起名字也是如此。如果名字的内容既单一又肤浅，自然就轻飘飘的没有分量，一览无余缺少深度，像一杯白开水般没有味道。这样的“名字”只能算作材料或半成品，若当做名字使用，还需要进一步“雕琢”，如王难得、马千乘、石大用、谢天地、孙太黑、金刚钻、彭商人、钱勤来等。还有些人起名为了图省事，喜欢用现成的流行语起名，像前进、胜利、健康、成功、明亮、美丽等都经常被当做名字。这样的名字要想进一步加工，必须向其深处和广处挖掘，打开思路，努力使名与名之间、姓与名之间发生联系，并使这种联系的内涵趋于丰富，深刻而不浅薄，语义有了多维性，名字自然就超凡脱俗了。

给宝宝起名要绕过“俗气”

近来，有好事者盘点过“中国十大最俗名字”：刘波、李刚、李海、张勇、王军、王勇、张伟、刘伟、王伟、李伟。其中叫“刘波”的，全国有130万人，和一个吉林省人口差不多。一个名字叫得人多了，自然也就俗气了。

历史上，为了纪念新中国成立这一具有重大历史意义的特殊时刻，当时的很多人都将“建国”“解放”“援朝”等词语作为名字，有着鲜明的年代标志，借以表达人们迎接新生活的喜悦心情和美好期盼。到了“文革”“大跃进时期”，一切新事物都要向“革命”看齐，因此出现了大量诸如“红卫”“跃进”“东方”等的名字，有人甚至干脆就叫“文革”，借以声张自己坚定的政治信仰。经过了动乱的“文革”十年，当时的社会从大萧条的局面中开始艰难扭转，迎来了改革开放时期，人们也重新投身到正常的工作和学习生活中去。“单名风”随之盛行，出现了大量的“李刚”“王勇”“张伟”等名字，从某种程度上反映出大众经历浩劫之后，一心追求“简单”“宁静”和“朴实无华”的生活心态。

谁曾想，时过境迁，当时的“时髦”名字现在沦为“俗气”的名字。诚然，一个时代有一个时代的特点，现在的父母文化素养逐渐提高，知识水平和文化储备到了一个新的阶段，也明白名字在人际交往中往往起着很重要的作用。因此，父母在给宝宝起名字时，一定要弃旧图新，舍得付出较多的时间和精力，为孩子起一个响亮而雅致的名字。

敏感读音要避讳

我国的汉字丰富，同音不同义的字又特别多。因此，父母在给宝宝起名时一定要特别谨慎，有些字词很敏感，看起来意思很好，也很文雅，但是读起来却容易使人联想到其他一些不文雅、甚至非常粗俗的词语。这样的字词在起名字时一定要避讳，比如乌龟、王八、秃驴、醋、酸、臭、绿巾等一些比较受人忌讳的字词。

虽然不会有人直接用这些字来起名字，但是谐音转化成这类字的情况偶有出现，这也是应当避免的，如吴（乌）金贵（龟）、王霸（八）业、吕（绿）金（巾）荣、项尚（上）图（秃）、班之侣（驴）等。这里要说明的是，古今对“龟”的看法大不相同。古人把“龟”列入“四灵（龙凤麟龟）”之一，认为龟来自天上，知人情吉凶，又是长寿的动物，所以用龟占卜、以龟命名、视龟为宝。现在的人则视“龟”为贬义，是社会败类、渣滓、坏人的代称。因此，“龟”以及有牵连的字就成了取名的禁区。

还有一些被认为是不吉祥的字词，比如“刀枪击杀类”、“污秽尘垢类”、“鬼怪妖魔类”、“黑暗恐怖类”以及“困扰坎坷类”的字词，在起名时也应当回避。其他的还有疾病类、灾祸类、诅咒类、失落类等多种不吉祥的字词，都不宜用来命名。但是，也有人认为只要取名巧妙，不吉祥的字词也绝非不能用，有时也可收到良好的效果。如尚方剑、戈战妖、阎震冥、廉涤尘等，都是有积极意义的好名字，家长们可以借鉴一下。

宝宝的名字太狂没什么好处

父母在为宝宝起名用字时，切记不要以狂妄、放肆为“美”，那实际上是一种“丑”。因为狂妄、放肆是缺乏修养的表现，它不仅是一种自我暴露，而且也是对他人的不敬，容易引起反感。

古代以“狂妄”字义取名的有：强梁、霸王、天皇、张元勋、李存霸、史万岁、孙万寿、阮万龄等；现代以“狂妄”字义起名的有：振球、振寰、冠球、冠雄、驭球、驭寰、冠英、天宝、世雄、文圣、武魁、永胜、无双、天才、天赋、超雄、超杰等。

对比名字的“语义”与主人的作为，如果不是“名副其实”，则给人以“狂妄”“放肆”之感，招致他人不悦。名字其实是一把标尺，用于衡量人的修养，如果“名”远高于“实”，这种名字不仅言语狂妄，令人厌恶，而且还可能产生讽刺效果，狂妄的名字是对主人“作为”的一种讥笑。

事实上，名字低调一些未曾不是好事，出言狂妄、为人傲慢的人未必能成大事业，而那些能完成大事业的人都不是狂傲之辈。从名字上看，孔丘、屈原、孙武、嬴政、项羽、司马迁、李世民、李白、杜甫、曹雪芹、李自成、洪秀全、孙中山等，这些历史上伟人的名字中既看不出文圣之气，也没有武将之风，可是这些名字却是万古长青的。

所以，父母在为自己的孩子起名字时一定注意不能太狂妄、太放肆，让孩子有一颗平常心，这就是取名忌用“狂妄”字义的道理。

避免和他人名字相同

有人说姓名就是一个符号，有人说姓名就是一个称呼，但是无论是符号还是称呼，姓名对每一个人来说都是十分重要的，它标志着一个人的真实存在。中国人重名的情况非常多，现实中很多重名的普通人，他们与别人叫着相同的名字，也被这个相同的名字困扰着。

哈市某中学的高三学生张伟，遇到了与自己同名同姓同性别的同班同学。于是，几年来，他俩就像一对双胞胎一样，让好些不知情的人张冠李戴，弄出了许多笑话。俩人之间几乎没有秘密，收到信件一起拆封，收到情书同时赴约。

有一位叫张静的女士刚搬了新家，特地到家具城买了一套名牌沙发，不幸的是刚搬回家不到三天，张静就发现那沙发必须维修，于是她打电话给商家，商家表示三天内准来。结果两个月过去了，沙发还没有修，张静给商家打电话质问，维修中心说已经派人去过三次了，都说没有沙发需要维修。原来，有个邻居也叫张静，由于重名造成了这样的误会。

目前，因为重名引发的社会问题已经波及户籍管理、邮电通讯、银行储蓄、医疗保险等各个领域。姓名安全问题已引起社会广泛关注。专家建议，为了避免重名带来的一些麻烦甚至危害，使用率极高的人名用字应尽量避免。目前，一些地方父母给新生儿申报户口时可以先通过计算机查询有无重名，这一做法值得推广。

“拗口”的名字招人烦

名字是用来称呼的，因而其音韵就显得极其重要。命名有时可以用叠音的方法，如丁丁、方芳、辛欣等。如果不是叠音的姓名，那么名和姓的发音方法就要拉开一定的距离，否则有些名字读起来就会不顺口，弄不好会成了“绕口令”，如孙州仇、夏亚一、金镜清、周啸潮、胡富芬、张昌商、吕励芝等。

这些名字，有的连用两个同声母字，如亚一、富芬等；有的连用两个同韵字，如州仇、励芝等。前一类是双声字，后一类是叠韵字；有的三个字同韵，如张昌商、胡楚父等。

双声字、叠韵字读起来十分拗口，给人以不愉快的感觉。因此，给宝宝起名字应选择那些好听、响亮、富有音乐性和节奏感的名字。举例来说主要分为三类：一是名和姓的声母不同组，韵母不同类。如彭涛、齐飞等。如果名和姓同组，甚至完全相同，只要处理好韵母的关系，效果也很好；反之，名和姓同类，甚至完全相同，那就要在声母上下一番工夫。这样的名字因为声音有了变化，读起来就比较顺口。二是避免姓和名声母和韵母相同，否则名字读起来就不响亮，而且很绕口，如汪文威、包伯帮等。三是避免姓名的平仄声相同。一般来说，两个字的名字，如果前面的字是上声或去声，后面的字就应该是平声。三个字的名字对语音的要求就更高一点，如果四声安排得不好，读起来就不顺，如沈海埂、柳景选等。

不要有占人便宜的嫌疑

有些人的名字，当别人称呼时，会有一种被占了便宜的感觉，感到自己比对方低了辈份，或者感到自己比对方职位低了一级。这样就容易引起不必要的纠纷或者造成心理障碍，影响正常的社会交往，所以，父母在给宝宝取名时，应尽量回避这类词语。

通常来说，容易造成“占人便宜”效果的词语主要有两类：一类是用于尊长的称谓词，如父、叔、翁、公、老、伯、娘、母、奶、婆等。用这些词命名的，如家父、文叔、诚伯、史翁、记公、阿老、张玉娘、云四婆等。这些名字，如果呼应，就有“占人便宜”之嫌。另一类是用于表示官衔、职称及尊称的词语，如相（丞相）、尹、令、公、侯、总理、部长、科长、师长、连长、政委、书记、教授等。用这些词及谐音取名的有魏相、伊尹、袁于公、张侯、宋行长、何宪章（县长）、傅正（政）委、李书继、高干、王大仁（人）、谢大夫等。这些名字在呼唤中容易造成误解，有时还可能产生不良后果。

在为孩子起名时，家长应该考虑周密，不要让自己的孩子一不小心成为“叔叔阿姨”，要尽力避免使用那些“占人便宜”的词语作为孩子的名字。这里还要说明的一点是，像父、甫、翁、叔、伯、公、侯等这些字，曾是古代男子取名时命字的美辞，所以那时用这类字起名，是一种趋势，并不存在“占人便宜”的问题，后来由于这些字的意义和用法都发生了变化，才出现了这个新问题，所以起名也要因时而异。

第10章

改名字帮宝宝早日成才

宝宝改名的诸多缘由

在现代社会中，人们对于自我的价值和创造力有了全新的认识。每个人都有自己生活的天地，每个人都有自己思想的格局。由于受到时间和空间的限制，还有文化素养和个人阅历的单一性，家长们给宝宝起的名字会有许多不能满足宝宝步入成年后的心理需要，成人改名，从更大的意义上来说，是改变人生境遇、创造全新自我的理想和信念。不管是长辈还是父母的起名，对一个人而言都有附属和被动的意义，而成人为自己改名的行为，则完全是积极主动的，是对自我价值真正的肯定，也是对人生目标的重新定位。

改名是一件严肃的事情，必须慎重。一般改名，是指改常用名，如果只限于平常使用，就无需履行法定程序，只要自己确认并且多用就行。如果要改法定名，就要经过一定的审批手续，各国在这一点上具有共同性。在我国，受理公民改名的机构是各地公安局的户籍部门。在改名前，一定要慎重考虑，一般改了名后不要再轻易变更。

按照我国《民法通则》和《中华人民共和国户口登记条例》的有关规定，公民改名要履行审批手续后再做变更。

《民法通则》第99条规定：“公民享有姓名权，有权决定、使用和依照规定改变自己的姓名，禁止他人干涉、盗用、假冒。”《中华人民共和国户口登记条例》第18条规定：“公民变更姓名，依照下列规定办理：①未满18周岁的人需要变更姓名的时候，由本人或者父母、收养人向户口登记机关申请变更登记。②18周岁以上的人需要变更姓名的时候，由本人向户口登记机关申请变更登记。”这里需要注意的是，公民改名必须向户口登记机关申请变更登记，有的人往往忽视这一点。

实际上，起名和改名都要经过户口登记机关登记，这样做正是为了保护公民的姓名权，是防止他人干涉、盗用和假冒的重要措施。

那么，一般哪些类型的名字需要更改呢？一是犯禁忌类的名字。由于多种因素导致名字犯了起名禁忌，建议改名会给自己的生活带来很大方便。二是粗俗的乳名。宝宝出生之时，父母长辈所起的名字都是根据自己的性情爱好得来，宝宝长大后可能不一定喜欢。鲁迅先生的伯父本来叫“仲升”，谐音与“众生”相同，众生又有牲畜（众牲）的味道，含有骂人意思，所以不愿意用，遂改名“伯升”。三是与现实相符的名字。例如：教育家陶行知少年时崇拜王阳明的“知行合一”思想，故名“知行”，留美后又受实验主义的影响，认为凡事并非知而后行，而是行而后知，于是又改名为行知。四是受形势的影响所起的名字。许多人纷纷给孩子起名，是受到战争时代的影响，希望孩子能够保家卫国，即使在和平年代，这种名字仍然屡见不鲜。五是和自己愿望相悖的名字，家里希望生个男孩，结果却是个女孩，想当然地把男孩名按到了女孩身上，一个娇滴滴的小女孩却有着极为阳刚的名字，多别扭！改名也是在所难免。汉语博大精深，同音字数不胜数，偶然写了同音字，或是写错，又没办法即时纠正，就只好作罢。著名的地质学家李四光的改名就很是意外，李四光其实原名为“李仲揆”，在14岁时赴日本留学，填写护照的时候不小心在护照姓名栏里填上自己的年龄“十四”。护照是不能随便涂改的，于是他就将错就错，把“十”字添笔改为“李”，而“四”字无法改，聪明的他在“四”后边加了一个“光”字，“四光”有四方皆光明的意思，“李四光”避免了“李四”的尴尬，也算一个不错的名字。六是特殊情况下必须改的名字。在我国封建社会，避讳制度的存在迫使许多人不得不改名、换姓，这些极为常见，又如在战争时期，由于革命工作的需要一些人不得不隐姓埋名，改变身份。

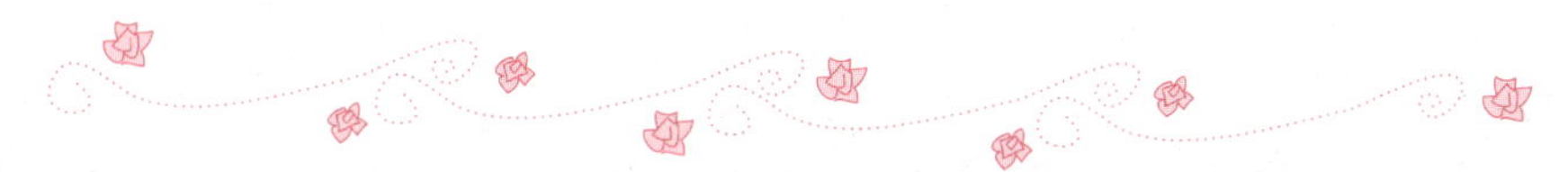

改名也得有原则

姓名对一个人的人生有着各种各样的影响，不可不重视。在历史上，有不少人因为名字而得了福，也有不少人却因此招了祸，这全系机缘凑巧。这种事，自唐宋以来，史不绝书。远且不说，略举清代数例，亦可见一斑。

乾隆己酉科举殿试时一位叫胡长龄的人，在进呈的10本卷子中，他位列最末。但当乾隆皇帝看到卷子上的“胡长龄”三字时，顿时龙颜大悦，不禁欣喜地说：“胡人乃长龄耶！”于是将胡长龄的名次提到首位，钦点为状元。原来，当时的乾隆已年近八旬，这位自号“古稀天子”“十全老人”的皇帝，以为自己的文治武功震烁古今，足可超越秦皇汉武、唐宗宋祖。此时真可谓踌躇满志，别无所求，“所不足者惟寿耳”。他自认为眼前所看到的胡长龄这个名字，是在预示他将长生不老，能得高寿，于是连“胡”字也不忌讳了，竟自认是胡人，来应这个吉兆。因名得福，这自然是胡长龄做梦也不曾想到的。好在胡长龄这个人，人品德行还不错，颇有清誉，所以为后来的嘉庆皇帝所器重。

还有一例，慈禧太后准备举行70岁大寿庆典，为增添喜庆气氛，先一年举办恩科会试，而当年的常科会试也作恩科举办。恩科取士的结果，这一年的状元叫王寿彭。发榜后，好事者议论道：“他这是因名得福。王寿彭，这三个字的意思是说，君王之寿可与活了800岁的彭祖一样。这正好应了太后70大寿的景儿，老佛爷一高兴，于是就钦点了他为头名状元。”其实这可能是出自人们猜测而演绎出来的故事。不过，这种奇闻不胫而走，人们差不多都确信王寿彭运气好，好就好在他起了个可以因名得福的好名字。这位状元公即便是浑身是口，恐怕也难以与人辩个清楚，只能徒唤奈何了。

如果一个人长期以来困顿不堪、挫折不断，为了开创新的人生，那就从改名做起，开始新生活！如果年龄尚小，或者正在读书，社会关系简单，改起名字来会很容易，而且，较短时间内大家就会习惯新的称呼了。如果刚从大学毕业参加工作，或即将调任新的岗位，这也是改名字的好时机。到了新的单位，人们就可以用新的名字来做称呼了。

名字不能总改，它是与人进行交往的一个代号，如果这个代号总是处于不断变化中，就会给人的生活带来许多不便。因此，改名总的原则是不要做大的改动，尽量与原名保持某种联系，比如，变字不变音。轻度改名是对于一些字意不佳或比较烦琐的字作小程度的变动，只改动姓名中的最后一字或只改动中间一字。中度改名是可根据每个人的不同情况，改名不改姓。而名字大改则是在一些情况下，有些人的名字不仅仅是要改名字，而且连姓也要做很大的变动，既改名又改姓，比如，原来随父姓，改名后随母姓。

由于每个人所处的环境、职业、地位以及个人的喜好不同，在改名的过程中，还有许多可变通的因素，需要加以具体分析。名字作为姓名文化的一种，包含着深刻的人生哲理。因此，改名字应本着对自己负责任的态度，广泛听取别人的意见，或向有关专家进行咨询，使自己改的名字真正地达到形、义、音及内涵的最佳组合。

有“缺陷”的名字要改掉

利用一个人的“伤残”起名是不道德的。这样的名字，呼唤的人与被呼唤的人都会产生不愉快的感觉。试想，名字是作为人们社会交往中不可或缺的符号得以存在的，如果自己的名字总是让别人将其与自己的伤残联系起来认识，对于意志坚定的人来说也许是一种激励，而这种激励其实也是残忍的，那么对于意志不坚定的人来说就更是一种伤害，是在人的伤口上撒盐，让人难以有自信。所以，在一般情况下，我们应当禁用伤残字起名。

但是，凡事都有例外。比如，战国著名军事家孙膑，原名孙宾。相传他曾与庞涓一起拜师鬼谷子学习兵法。庞涓在未学成时便下山出使魏国，他自知才能不如孙膑，于是假意向魏王推荐孙膑，并请他出山相助。之后，孙膑来到魏国，遭庞涓诬陷私通齐国，并被割去膝盖骨，并在其面上黥字，后改名为孙膑。

还有，金朝的牙吾塔，牙吾塔在女真语中为疡疮，因其身上长满疡疮而得名。又如近代书画家、篆刻家吴昌硕，是清晚期海派最有影响力的画家之一，在书法、绘画、篆刻等方面表现出色，他的作品备受追捧。由于他晚年双耳失聪，故自称“大聋”。再如近代诗人、爱国志士苏郁文，因为他抨击袁世凯复辟帝制，被逮捕入狱，惨遭迫害而双目失明。他自号为“眇公”，以此来表示自己的满腔怒火，对迫害者更是血淋淋的控诉。

这些用“伤残”字来命名的例子，尽管各自的情况和用意都不尽相同。孙膑用“膑”为名，是为了铭记庞涓所犯下的罪行，并以此发愤用功，激励自己早日雪耻。这不是别人强加给他的，而是自己做出的选择，所以不是不仁道的。吴昌硕在晚年称自己为“大聋”，这只是一种“自称”，而不属于是“别号”，更不能算名字，所以严格说来，不算是用“伤残”字取名。苏郁文自号“眇公”，从经历上看与孙膑取名有些相似的地方，都是被人迫害；但“眇公”是“别号”不是名字，号与名是有本质区别的。

可见，他们这样的名字大都是自己起的，都有其原因，没有不道德的成分。但是在当今社会，用伤残字起名就有歧视、不道德的含义，特别是给未成年的人起名时，忌用“伤残”字，以免伤害他们的自尊和心灵。如果是成年人自己起名或改名，除有所寄托、另有深意者外，最好也不要用“伤残”字词，以免引起用名者的不快，影响个人发展。给别人起绰号，更不应以生理缺陷为话柄，用“伤残”字刺激人。

对于身体真的有伤残者，除了本人有强烈的要求或有所寄托、愿望，或其他什么原因，一般都不能用伤残字起名。要体现体贴和关怀，发扬人道主义精神，让他们感受到社会的温暖，不能给他们本已受伤的心灵再度增添烦恼和不愉快。

怎样评价姓名的优劣

姓名的好坏可牵连人的一生，由于姓名凝聚了人的情、意、志，也蕴含了人的精、气、神，还传达了天、地、人之玄机。

首先，分析一个人的姓名是好是坏不仅要注重其音、形、义，而且要注重分析姓名的数理。我国古人就有“天数”“定数”的说法，有的人一生努力，却始终不能成功，还有的人英年早逝或突遭厄运，这些都可能是他们的姓名信息不好的缘故。姓名数理有暗示诱导的作用，对人的一生也会起到潜移默化、意想不到的作用。所以，人的姓名绝不仅仅是简单的文字符号，它关乎人的事业运、婚恋运、健康运等各个方面。

姓名数理的核心是人格（又称主运）和总格（又称后运），人格对人的一生都有一定的影响，而总格对人的中晚年会起到诱导作用。外格（又称副运）代表外界与平辈，地格（又称前运）是主38岁以前的人生。所以人格、地格、总格数理不佳的人，人生难免会有不顺或是一生多灾多难，内心也难以获得安宁。

其次，分析姓名的好坏还要注重分析先天生辰的五行，因为也有“名不副实”的情况存在，只有名实相符才能真正地吉祥如意。根据研究发现，许多命运不幸的人，其名字的数理信息也大多不好，主要是因为这个名字没有符合先天生辰五行的喜忌。适合先天五行的姓名为大吉，反之则可能是凶。所以，

姓名合乎八字，能够适当改变先天的命运，为自己获得一定的助力，而好命者更是如虎添翼；如果姓名不符合八字，即使是好命，也会受到不良的影响，甚至如同雪上加霜。许多人不怕没有好命，却最怕取错名，就是这个道理。所以不论自己的命运如何，都可以用适合自己命理的名字进行补救或辅助，这样才能帮助自己获得人生的长寿和富贵。

父母给宝宝起名字的时候应重视名字在教育、审美和益智方面起到的积极鼓舞的作用，而有的父母却常常给子女起具有消极作用的名字，会令人情绪更加低落。这是因为在起名时用字不当，选用的字多是比较“萎靡不振”的字。如果父母选用这样的字词给自己的孩子起名字，对子女心灵无疑有莫大的侵蚀和伤害，所以一定要忌用。

在古今中外都不乏萎靡式的名字，通常可以分为三种类型：第一种是纤弱型的名字，好像非常纤细，楚楚可怜。如柳飘萍等，可以说是纤弱型的代表；第二种是忧伤型的名字，满是苦悲、忧伤、孤独、酸楚的意味，令人不禁哀叹。如郑愁予、独孤郁、黄连茹、辜鸿铭（孤鸿鸣）、子沮、颜孤、孤竹、国哀、庞晃（彷徨）等；第三种是灰暗型的名字，不仅有寒风凛冽之感，还有茫茫白霜、前途未明之忧，令人心凉。如孙冬雪、韩霜、刘默、许偃、孙抑、姜晦、普寂、荒芜、刘残运、周懒予、谢念难、徐悉艰等，是灰暗型的代表。

以上类型的名字，留给别人的印象大多都是比较软弱可怜，而且心灰意冷、忧伤可叹，尤为缺少那种鼓舞人奋发向上的力量，如果用这样的字为孩子取名，有很大的消极作用，会使孩子精神涣散、斗志瓦解、情绪低落、心灵受到腐蚀。因此，父母在给宝宝起名字时应当特别注意。

谐音改名有这样的讲究

常言道："佳名伴好运。"一生有一个好名字相伴，将使人生终生受益。而如今，取名难，改名也难，既要有学识，又要有灵感，所以改名是大有学问的。有以抒情言志改名的，有引经据典改名的，有避忌粗俗乳名改名的，有以纪念重大事件改名的，而谐音改名是一种简单而非常普遍的改名方法。什么是谐音改名？其实是用和原来的名字同音或音近的字改为新名字。

20世纪70年代末，我国开始有科学家在新疆维吾尔族自治区的罗布泊地区进行科学考察，其中，著名的科学家彭加木不幸遇难。他原名为彭家睦，牺牲前在上海生物化学研究所担任研究员，兼任中国科学院新疆分院的副院长，早在1956年，他就毅然放弃了优越的生活，放弃了出国深造的机会，自愿申请来到新疆进行艰苦卓绝的工作，他在决心书中正式将自己的名字改为"彭加木"。他的父亲给他起名"家睦"，实际上是希望一家能够团结和睦、幸福地生活。而他将名字改成"加木"，是因为加木合起来就是"架"字，表示他要在上海和新疆之间架起一座桥梁，跳出小家庭融入大家庭，为新疆建设添材加木的决心。名字的改动虽然是一件小事，但是却充分表达了一代知识分子对祖国建设作出杰出贡献的坚定信念。

由此，我们可以看出，利用谐音改名的方法非常简单，谐音利用得好，稍微进行一些改动，字义便发生了巨大的变化，还能令人耳目一新。这种改名方法应用得比较广泛，又如，张志民改为张之民、杨公忌改名为杨公骥、孙毓麒改名为孙越琦，赵树礼改名为赵树理等。

有的名字因用字不当，显得土气，使用谐音改名后字音与原名相同或相近，字义却变得意味隽永、耐人寻味。父母在为孩子改名的时候可以借鉴一下。

表演艺术家田华在电影《白毛女》中塑造了喜儿形象而变得家喻户晓，她原名叫刘天花，因为出生的时候正赶上村子里闹天花，父亲为了不让她也染上病，便依照旧时的迷信习俗，为她起名为“天花”，是希望她能够趋吉避凶，躲过天花这一劫。参加工作后，田华成为一名小演员，后来剧团领导根据她的要求，利用“天花”的谐音，给她改艺名为“田华”，真是妙不可言，美名沿用至今，家喻户晓，原名反而被遗忘了。

有位先生姓夏名石磅，当年夏家盼子心切，母亲怀上他时，八方关照、百般呵护，营养十分丰富，所以胎儿长得十分健壮，分娩那天，捧上用磅称，整整十磅，因而得名——夏十磅。后来，孩子长大成人，还当了领导，总觉得自己的名字不大合适，于是取其谐音，改为夏石磅。石，自古就有“坚如磐石、重如泰山”之说，实为坚实、稳妥之象征，名字生得独特，改得巧妙！

言志改名有如此的说法

言志往往是与时代大潮紧密联系的，不同的时代有不同的特点，自然影响着人们的抱负及对理想的选择，也影响了人们的改名风格。历史上，有很多名人通过改名使自己获得相应的成功，他们改名的思维方式也不尽相同，其中，改名以言志，并以此激励自己的人，都收到了事半功倍的效果。太平天国领袖洪秀全，原名洪仁坤，后改为秀全。因“秀全”是由“禾乃人王”四个字组成，而其中“禾”谐音为“我”，于是“秀全”便解为“我乃人王”。其义一目了然，这反映了他非凡的抱负和追求。

中共早期著名的宣传家萧楚女，原名萧秋，后到湖北，因对屈原《离骚》“勿反顾以流涕兮，哀高丘之无女”之名颇有感触，便毅然改名为楚女。

以“楚女”为名，表示其为国奋斗一生、奉献自己的无私胸怀。

革命时期的爱国知识分子李公朴，原名李永祥。其兄弟四人从大到小按“仁义康祥”的顺序得名，后受到新思想的影响，不满“仁义康祥”的旧意思，便改名为“公朴”。“公朴者，公仆也。”表示他愿做人民的公仆。

杰出民主人士邹韬奋，原名恩润，著名新闻记者、出版家、杰出民主人士。他在上海主编《生活周刊》时，改名“韬奋”。“韬”是韬光养晦，“奋”是奋斗不息，他用这两句话来激励自己要为国家和民族的振兴奋斗一生。

又如新中国成立后出生的青年作家莫伸，原名孙树淦。“文化大革命”中到陕西插队，业余学习写作，当发表处女作《窗口》时署名“莫伸”，取自陈毅元帅的诗句“手莫伸，伸手必被捉”，既表示对陈毅同志的敬重与钦佩，又是对自己的警戒与激励。

因为大多数人的第一个名字多由父母、亲朋所起，不足以反映本人的意趣与追求，因此，本人为了更直接袒露自己的抱负与理想，或者表露自己性情爱好的雅趣，常自己为自己起个新名。

晚唐号称“三罗”之一的罗隐，原名罗横。他能诗善文，颇负盛名，且恃才傲物。罗隐的才学确实出众，就连当时的宰相郑畋和李蔚都很欣赏他，但由于他的试卷里的讽刺意味太浓，人也很狂妄，这使他在讲究谦虚的中国古代社会里非常孤立，考官们对他很反感。正因为如此，所以他十次应试皆不第。于是他归隐乡林，并改名为“隐”。“得即高歌失即休，多愁多恨亦悠悠。今朝有酒今朝醉，明日愁来明日愁。”比较出名的《自遣》，对他和当时一些有才华而不能报国的志士的无奈心理作了生动的描述。

言志改名方法使用非常多，改的名字往往可以反映出父母对孩子的期望以及个人的抱负。

恰到好处地利用增减字改名

改名字有许多常见的方法，增减字改名法也是其中之一，这种方法是指父母可以在原来给孩子起名的基础上加字或减字，从而变成新的名字。如王丽改为王秀丽，李文博改为李博等。

这种改名方法看似简单，但如果真正要为孩子改出一个好名字，还是需要父母经过一番创新的思考和细致的推敲。

古元是我国当代著名的版画家。在他出生以后，父亲希望他能成为帝王将相，一生幸福平安，没有灾祸，满心虔诚地把他认寄给关帝庙的关圣大帝，并为他起名“古帝源”。后来，他到了延安以后，越来越觉得这个名字和自己的理想志向差得太远，便萌生了改名的念头，于是去掉中间的“帝”字，同时又把最后一个字改用同音的“元”字。

著名导演成荫，是电影《南征北战》的导演，他原名成荫五。在1938年到了延安后，由于他非常喜欢“绿树成阴”这个成语，便有意将自己的名字做些改动，去掉“成荫五”中的“五”字，读完便能让人联想起“绿树成荫”的感觉。

增减字改名法的方式多样，还有一种是增加或减少字的偏旁或部首，使其成为新的名字。著名的漫画家王复羊，原名本为王复祥，去掉“祥”字的偏旁，就成了“羊”字。

还有一种方式，就是把名字改变一个字，形成新的名字。如现代诗人何其芳，原名何永芳，是根据字号辈分起的名字。由于他在上学时文章写得非常出色，深受国文老师喜爱。老师想到《离骚》中“何所独无芳草兮”之句，遂取“何其芬芳”之义，于是把“永芳”改为“其芳”，将名字变成了感叹句，增添了感染力，也变得更加生动含蓄、别致新颖。

许多人的名字都不是父母所起的，里面有各种各样的原因：可能是因为父母没有一定的文化素养，对起名并不精通；也有可能是为了能够荣耀吉利，求人“赐名”；或是用名字表示感恩纪念；抑或是求高人指点一二；或是为了自己能够更方便地立身行事。

“赐名”者可以来自各个阶层，有皇帝圣谕钦赐的姓名，如郑和，也有“金枝玉叶”、达官权贵的口谕传诏，更有私塾先生、有权威的亲朋长辈、传艺的恩师、云游的僧侣，还不乏豪儒名士，等等。何坤求名于毛泽东，改名为“长工”；李隆郅求名于邓中夏，改名为“立三”；刘大田求名于恩师，改名为“开渠”；张正权曾出家投佛，改名为“大千”。

求人“赐名”，通常还要用隆重的仪式盛宴招待“赐名”者，多种多样的礼仪更加增添了色彩。有的为了表示重视，会举家斋戒数日，然后设几摆案，摆好酒席，恭候“赐名”者的到来；有的会在孩子一出生时就去求名，有的则是等孩子周岁再去接名；有的会到郊外去祭祀土地神和五谷神，等等。

求人“赐名”的习惯是源于古代人们对权威者和古圣先贤的敬仰之情，而在当今社会，则代表了人们尊重改名文化习俗，借鉴先进文明，并对子孙后代前途命运的殷切关注和期望。无论是才高八斗之人，还是才疏学浅之人，求人赐名未尝不是一件可行的事情。

第11章 名人起名、改名的故事

民族英雄林则徐名字的由来

虎门销烟的民族英雄林则徐，让中国人记住了他的壮举，更记住了他的名字。

1785年8月30日，林则徐出生在福建闽侯西门街定远桥边的一间普通的木板房里。当年，他的父亲林宾日已经37岁了，膝下只有女儿，年近不惑的他一直盼望能有个儿子。在林则徐出生的时候，恰巧福建巡抚徐嗣曾新官上任，官府的人马正好从林家门前经过，锣鼓喧天，非常热闹。看到这些全家人都很高兴，父亲林宾日更是觉得这是个吉祥的好兆头，没准儿自己的儿子将来也能成为一名大官，所以，林宾日给儿子取名为林则徐，字“元抚”。“则”，是学习、效法的意思；“徐”，指新巡抚徐嗣曾。他希望儿子将来能像徐巡抚一样风风光光，建功立业。字“元抚”，是让儿子以徐巡抚作为榜样。

林宾日只是一个穷秀才，以教书为生，没考中过举人，饱读诗书的他，却一生都不得志，于是把所有的希望寄托在儿子林则徐身上，在教他读书的过程中不断启发引导。林则徐曾在《先考行状》中深情地回忆父亲说：“府君之教，谆谆然，循循然，不激不厉，而使人自乐于向学。”意思是说，由于父亲对自己的教育总是循循善诱，使他对学习产生了浓厚的兴趣。林则徐也没有辜负父亲的悉心教育与期望，后来他曾经担任湖广总督、两广总督等要职，虎门销烟，在鸦片战争中成为我国历史上一名杰出的民族英雄，其历史地位与知名度要大大超过父亲要他效法的福建巡抚徐嗣曾。

林则徐的姓名解析：林是姓氏，共有8画，关于林氏的姓氏来源说法有三：

林姓历史悠久，相传是从商朝末年的名臣比干而来。比干原本是商朝王室的成员，在商纣王时担任少师的职位，由于为人正直不阿，忠正敢言，备受尊敬。然而昏庸无道的纣王，因为他多次进谏，残忍地挖出比干的心脏，派兵追杀他的亲人。他的夫人陈氏为了躲避官兵的追杀，躲在长林石室，生子名坚，周武王因其生长于林而赐以林姓，史称林坚，他被林姓人尊为受姓的第一人。而除了这一支外，林姓还有其他的来源。相传在东周，周平王有庶子名开，字林，其子孙皆以他的字为姓。后来，他又有子名英，英有两子，分别叫茂和庆。因周平王在洛阳建都，故这支林姓也起源于今洛阳所在的南郡位置，谱书上也因此称他们为“河南林姓”。北魏时，鲜卑族中本有丘林等姓，后在孝文帝改姓的措施中都改成姓林，并注籍为河南洛阳人。这三支林姓都是当今林姓的主要血统来源。

如果从姓名的意象、形象、音象识别上综合评价林则徐：姓名蕴意比较雅正，且没有不吉的音意联想，字形也非常美观。

姓名五格数理：林，9，天格水中；则，17，人格金吉；徐，19，地格水凶，27总格金吉。天格数理9的信息为中性，这说明林则徐出生的家庭情况一般，并非出于豪门。人格数理17，五行属于金。“金”主刚强，有不屈的精神，在面对英国列强侵略时，林则徐大义凛然，完全置个人安危于不顾，能够英勇顽强地抵抗侵略者。数理17具有“刚毅坚强，宜养柔德，突破万难，必获成功”的作用。姓名的数理信息正好和其爱国行为相吻合。地格数理19暗示林则徐小时候的运程并不是很好，少年时期的他会比较辛苦，面临许多困难。总格数理对林则徐一生都将有潜移默化的作用，数理27具有“意志坚强，易受诽谤，愿望强烈，尚可成功”的效果。所以纵观林则徐的一生，不仅为官清正廉洁，而且忧国忧民，以禁止鸦片的爱国之举而永留青史。可谓做到了名实相符，最终成为清末杰出的政治家。

文学家鲁迅名字的由来

鲁迅原名为周树人，大名叫樟寿，小名叫阿樟（或阿张），细数古今中外作家中使用笔名最多的作家莫过于鲁迅。根据考证，鲁迅一生使用过的笔名超过了130个。他有众多的笔名，而其中最有名的笔名便是鲁迅。在署用笔名上，鲁迅主张文章与署名要风格一致，珠联璧合。为此，他所署的笔名，大多是经过深思熟虑，蕴藏着一定含义的，反映了鲁迅执著的追求与战斗精神。但是为什么鲁迅能够独占鳌头，这是怎么回事呢？

1881年9月25日，鲁迅出生在浙江绍兴的一个封建家庭里。那时，他的祖父周介孚还是翰林士，正在遥远的京城做官。在祖父接到家信，知道鲁迅出生的消息时，正好赶上内阁学士张之洞来拜访。祖父便用张之洞的姓作为鲁迅的小名，便有了阿张的小名，后来又用和张同音异义的字取大名樟寿，号豫山。

因为鲁迅是周家的第一个男孩，他的父亲周伯宜生怕鲁迅会不好养活，便带着他到长寿寺去拜高僧为师，并取法名“长庚”。后来，鲁迅还常用“长庚”做笔名。

7岁的鲁迅进私塾念书，学堂离家很近，就在周家聚族而居的新台门内，启蒙老师还是他的远房叔祖“玉田老人”。本来一切都很好，除了他的名字。在私塾上学时鲁迅是以豫山为名，但“豫山”和绍兴话里的“雨伞”很相像，所以同学们常常称呼他为“雨伞”。这让他很是苦恼，央求着祖父为他改名，于是，祖父周介孚给他改名为“豫才”。

在鲁迅13岁的时候，家中发生了巨大的变更，祖父因科场事件受到牵连，被关进了大牢，不久，他的父亲也病倒了。从此，周家一下从富足陷入了困境。在父亲死后，鲁迅的家境更艰难。少年时代的鲁迅非常懂事，离开了“三味书屋”。而付不起学费的鲁迅只好进入水师学堂，因为这里不需要缴学费，而且这时在校任监督的周叔生正好是家族中人，本来可以行些方便，可是周叔生还是抱旧观念不放，反而认为鲁迅进水师学堂学水兵并不是一件光彩的事，便叫鲁迅改名为周树人，寓意“十年树木，百年树人”。

1918年5月，周树人在《新青年》杂志第四卷第五号上，发表了白话小说——《狂人日记》，并第一次署笔名“鲁迅”，这篇文章备受推崇，是中国新文学运动的奠基之作。此后，他参加了《新青年》杂志的编辑工作，开始以鲁迅为名发表了大量的小说与杂文，并且积极投身到五四新文化运动中。“鲁迅”的作品越来越有影响力，这一笔名居然逐渐替代了他的原有姓名。

许寿裳是鲁迅的好友，当时他在南昌读到了《狂人日记》，被其中的问题深深地吸引，并被撼动。他惊讶地发现，这篇小说不仅内容深刻，而且笔法犀利老练，很像友人周树人的风格，于是他立刻写信给周树人询问，鲁迅在回信中一五一十地告诉许寿裳：“《狂人日记》就是自己写的。”在1920年底，回到北京后的许寿裳，迫不及待地向鲁迅问及关于笔名“鲁迅”的详细情况，鲁迅说，之所以会用此笔名，是因为《新青年》的编辑习惯上不愿用别号一样的署名，所以才临时用此名。主要的理由是自己母亲姓鲁，而且周、鲁是同姓之国，再者是取愚钝而要迅速行动的意义。

认为自己有些笨拙、迟钝的鲁迅，无论是做学问还是做事情，都比那些天分好的人要差一些，既然是在这种情况下，唯有加倍勤勉，迅速行动，才能有希望取得和别人一样的成就。

以文学为武器的鲁迅，用自己的笔杆当利器，向“吃人”的封建制度发起了猛烈的进攻。这个名字就像是划破黑夜的闪电，令敌人闻风丧胆，也驱散了大众的迷茫。从此，鲁迅这一笔名，被作为中国现代文学奠基人的名字而被载入了史册。

教育家叶圣陶改名励志

叶圣陶原名叶绍钧，字秉臣，出生于江苏苏州一个非常普通的平民家庭，这里人杰地灵，哺育了许多名人。叶圣陶便是其中之一，他是我国著名的教育家、作家、出版家和语言学家。

在读中学时，叶圣陶便和好友王伯祥、顾颉刚等组织起诗社，他们以写诗的方式抒发自己忧国忧民的心情。当辛亥革命拉开序幕，武昌起义的消息迅速传遍中国的大江南北，叶圣陶更是欣喜若狂。在革命的好消息传到苏州的第二天，叶圣陶就急切地找到自己的老师，说："老师，清朝已覆没，皇帝已经被打倒了，我不要再称臣了，请您给我改一个字吧。"老师听了他的话，被他的革命热情深深感动，说："你名绍钧，圣人陶钧成物，不如就取为圣陶吧。"

《史记·鲁仲邹阳列传》中说："圣王制世御俗，独化于陶钧之上。"陶钧是制造陶器时所用的转轮，而叶绍钧非常喜欢老师给取的字，觉得"圣陶"很有立意，含义也很好，便欣然改名。"叶圣陶"三个字不仅很好读，而且十分响亮，形美且义更新颖。

从秉臣到圣陶的改变，既体现了时代的更迭变化，也体现了对于思想解放的渴望。人如其名，叶圣陶没有辜负老师的希望，在文化教育领域中，就像是一名辛勤的制陶工匠，陶冶了一批又一批的青年学生。

1912年，中学毕业后的叶圣陶开始在苏州小学教课，1914年却被排挤出学校，在闲居期间，他在杂志上发表了一些文言小说。1915年秋又到学校任教，这次他是到上海商务印书馆附属的尚公学校教国文，同时为商务印书馆编小学语文课本。五四运动时期，叶圣陶积极参加新文化运动，他竭力提倡白话文，他用白话创作了《稻草人》《倪焕之》等大量作品；他还大力提倡白话文作为语文教学的主力，并编出数套语文教材，使语文教科书更加丰富。1921年，叶圣陶还和著名作家茅盾、郑振铎等人组织了文学研究会。

1923年起，叶圣陶开始从事编辑出版工作，他主编了《小说月报》《中学生》等杂志，并且在大学开始执教。当时青年学生最喜欢的读物就是由他主编的《中学生》杂志，不少中学生都从中汲取到大量的知识，获得了力量，成为社会中的栋梁之才。由他编写的中小学教材，更是在教育界产生意义深远的影响。

“九一八”事变后，叶圣陶转而投身于抗日救亡的洪流中，他发表了许多爱国文章。抗战胜利后，面对国民党政府压制民主、限制出版自由的行径，他毅然加入斗争。1949年初，应中共中央的邀请，叶圣陶从上海经香港到达北平，开始担任华北人民政府的教科书编委会主任职务；9月，他出席了中国人民政治协商会议第一届会议。在新中国成立后，他历任国家出版总署副署长兼编审局长、教育部副部长兼人民教育出版社社长、全国政协六届副主席等职务。他的名字变得更加光辉灿烂。

作为一位语言学家，叶圣陶在给自己的儿女取名时也非常独特。1918年，在大儿子出生后，叶圣陶为他取名为“至善”。叶至善曾担任中国少年儿童出版社的社长，连任三届全国政协常委。叶圣陶的第二个孩子是个女儿，他为女儿取名为“至美”，希望女儿能够拥有美丽的心灵和才华。叶老的第三个孩子是男孩，当世人都认为这个孩子应该起名叫“至真”时，叶圣陶出其不意，为其取名“至诚”。叶至诚曾任江苏剧团编剧、《雨花》杂志社主编。至善、至美和至诚，这是叶圣陶老先生对孩子人生的寄望，也是其毕生的追求，他正是用名字将这种崇高的追求延续给自己的儿女。儿女们没有辜负叶圣陶的期望，都成为祖国的栋梁。叶至善与叶至诚更是继承了父亲叶圣陶的文才，父子三人都是中国作家协会的会员。

数学家苏步青“平步青云”的秘密

苏步青，中国科学院院士，中国杰出的数学家，被誉为数学之王，与棋王谢侠逊、新闻王马星野并称“平阳三王”。1902年，在浙江省平阳县一个世代务农的家庭里，出生了一个男孩，他就是苏步青。父亲苏祖善因为自己没有读过书，深深知道没有文化的难处，望子成龙的他，给大儿子起名苏步皋，希望他能够“步步高升”；而在二儿子出生后，给他取名苏步青，希望他能够在未来的人生中“平步青云，光宗耀祖”。这个名字激励着苏步青在人生道路上树立起不断前进的目标，更让他为名实相符而终生不懈地奋斗。

苏步青的姓名分析：苏，23，天格吉；步，29，人格吉；青，15，地格吉。人格29，数理信息暗示：智谋优异，财力归集，名闻海内，成就大业；地格15，数理信息暗示：福寿圆满，涵养雅量，大事成就，兴隆荣耀；总格37，数理信息暗喻：权威显达，热诚忠信，宜养雅量，终身荣富。苏步青的姓名谐音是“数不清”，暗示了他必然会和数学结缘，而这些姓名数理信息对苏步青起到了潜移默化的积极诱导作用。

苏步青虽然家境清贫，但父母依然省吃俭用供他上学。他在读初中时，对数学并不感兴趣，觉得数学太简单，一学就懂。然而，后来的一堂数学课影响了他一生的道路。苏步青上初三时，他就读的浙江省六十中来了一位刚从东京留学归来的教数学课的杨老师。第一堂课杨老师没有讲数学，而是讲故事。他说：“当今世界，弱肉强食，世界列强依仗船坚炮利，都想蚕食瓜分中国。中华亡国灭种的危险迫在眉睫，振兴科学、发展实业、救亡图存，在此一举。‘天下兴亡，匹夫有责’，在座的每一位同学都有责任。”他旁征博引，讲述了数学在现代科学技术发展中的巨大作用。这堂课的最后一句话是：“为了救亡图存，必须振兴科学。数学是科学的开路先锋，为了发展科学，必须学好数学。”苏步青一生不知听过多少堂课，但这一堂课使他终生难忘。

从此以后，苏步青爱上数学。他勤于思考，有一次，他居然用20多种方法证明了一条几何定理，充分显露出自己独有的数学才华，这让老师和同学们都大为震惊。四年中，他对数学的痴迷可见一斑，做了上万道数学题，而且各科成绩都名列全班第一名。苏步青在数学方面的才华受到校长的重视，校长许愿：“这个孩子，将来是要让他留学的。”果然，1919年苏步青中学毕业时，校长已经调到了当时北平教育部工作，但是却寄来200元的资助款，帮助苏步青远赴日本留学，并告诫他：“天下兴亡，匹夫有责。你一定要为中华富强而奋发图强！”孙步青没有辜负校长的期望，以第一名的好成绩考上日本帝国大学数学系。这所名牌大学的录取非常严格，90名的数学系考生，只招几名，而苏步青的微积分和解析几何成绩均为满分。

不断攀登数学高峰的苏步青，终于实现了父亲当时为他起名时的殷切期望——在数学领域可以“平步青云”。1931年，29岁的苏步青获得了理学博士学位。在以后的几十年时间里，他把毕生的精力都献给了数学事业，写出了《射影曲线概论》《一般空间几何学》《射影共轭网概论》等数学专著，成为享誉国际的数学家。

惜时如金的小说家张恨水

张恨水，原名张心远，是我国现代著名小说作家。

恨水是笔名，取南唐李煜词《乌夜啼》“自是人生长恨水长东”之意。张恨水17岁在汉口的一家小报做编辑，一天只需要到报馆工作一两个小时，其余的时间他就写诗。他给报纸投寄诗稿时，需要署上名字。他犹豫了，父亲教导深深地刻印在他记忆中，诗文小说之道，雕虫之技，茶余饭后的消遣品，他不想署上心远这个名字，可用什么样的名字呢？他又想起了他家天井中纷扬凋落的桂花，和他喜欢的李煜的词《乌夜啼》："林花谢了春红，太匆匆！无奈朝来寒雨晚来风。胭脂泪，留人醉，几时重。自是人生长恨水长东。"他反复吟起了最后一句："自是人生长恨水长东！"想起他为《小说月报》的两篇小说所署的笔名，又感叹自己事业无成，命运多舛，世态冷热，他的青春年华似水般在流逝。突然间，他心中生起对命运的不甘和反抗情绪，他无声地呼喊起来："我不能沉沦，我要去和命运抗争！不能让青春时光白白流逝。"他提笔在张犀草认为写得好的诗章上，署上了"恨水"这个笔名。

张恨水的姓名解析：张是姓氏，字形属于左右结构，繁体字的"张"为11画。恨水，为名字，由古诗词"自是人生长恨水长东"提炼而来。时光在缓缓地流逝，没有人能够阻挡，人的一生在漫漫的时间长河中，不过只是几十载。面对如水的光阴，只感叹岁月的虚度，然而还是无济于事，所以，重要的是要把握好现在的每一天，学会管理自己的时间，这便是张恨水的姓名寓意带给人们的启示。

从姓名的意象、形象、音象识别上综合评论，张恨水的名字是从诗词中提炼出来的，寓意上就非常新颖，而且字形组合也很美观，符合音韵学，读起来上口，听之响亮。时光稍纵即逝，张恨水用自己的名字无时无刻不在激励自己要珍惜时间。

从姓名数理上推断：张，12，天格吉；恨，21，人格吉；水，14，地格凶；25总格吉。地格数理14的信息诱导不利，暗示出"失意烦闷"。抗日战争时，张恨水住在重庆郊区的一所破茅屋里，当时的生活非常艰苦，为了能够度日，张恨水不得不经常从重庆扛着几十斤重的平价米，步行50多里回到简陋的家中，到家后还要戴上老花镜把掺在米中的大量沙子、稗子挑拣出来。但这些困难并没有吓倒他，让他放弃写作，他每天仍然笔耕不辍。人格数理21具有"经历磨难，方得幸福，为人尊仰，大博名利"的诱导感应作用。总格数理25具有"资性英敏，才能奇特，诚信和气，自成大业"的诱导感应作用。也正由于受姓名信息潜移默化的积极影响，张恨水成为我国现代著名的社会小说家，在新中国成立后曾担任中央文史馆的馆员和文化部顾问。

张恨水作为二三十年代国内最走红的作家，以《春明外史》《金粉世家》《啼笑因缘》等小说风靡全国，曾名噪一时。他每天同时给七八家报纸创作连载小说，其效率才思可谓天下无敌。他不仅用连载小说救活了多种报纸，且以一支笔养活着数十人的大家族，一生创作作品高达3000余万字，堪称海内第一。在抗战8年中，他除了编《新民报》，还创作了《夜深沉》《八十一梦》等约20部长篇小说，发表的散文大约有150万字。张恨水幽默地把自己的文章形象地称为“榨出来的油”。可以说，他的一生都在不停地写作，奋笔疾书，能够创作出一百余部通俗小说，如果不能很好地利用时间，很难有如此的成就。

德泽四方的大画家徐悲鸿

说到画马，世人都知道徐悲鸿，他画的马活灵活现、奔腾不息，堪称完美。徐悲鸿原名为徐寿康，“悲鸿”是他自己改的名，为什么这位著名的画家、美术教育家会改名为徐悲鸿呢？这其中还有一段颇为悲酸的经历。

从小就喜爱绘画的徐悲鸿，进学堂学习绘画是他一直以来的愿望，可是家庭贫寒的他，没有钱交学费。为了学画，他曾经向别人借钱，可是谁会愿意把钱借给这样一个穷小子呢？无奈之下，徐悲鸿只好去做苦工，有一天，在街头徘徊的他，想起自己心中难以施展的抱负，深感世态炎凉的悲哀，心里越发悲痛起来，觉得自己如同哀鸣的鸿雁，有志难伸。于是，他把“寿康”改成“悲鸿”，以哀鸿自勉自励，从此更加发愤自学绘画。

徐悲鸿的姓名分析：从名字识别系统上分析，徐，姓氏，左右结构，属弱型字。悲，意为悲酸，伤心难过；上下结构，属于弱型字。鸿，鸿雁；左右结构，属强型字。

从字义上看，徐悲鸿的名字是像一只鸿雁在孤独地悲鸣，这充分反映出他早年所经历的困苦和艰辛。而姓名字形的搭配也很得当，书写起来不乏美感，结构上的形式美恰如其分地反映出徐悲鸿的艺术才华。姓名的音律信息过于低调，不够高昂，缺少气势，这种音律信息使人的性格过于柔和、内敛。由于姓名起到潜移默化的作用，这位艺术大师的性格一生都很柔和、内向拘谨，而且有极强的自尊心，富有同情心。

从姓名五格数理信息上分析：徐，11，天格木吉；悲，22，人格木凶；鸿，29，地格水吉；39，总格吉。姓名五格数理中的关键部分即人格，人格数理22，属阴木，木主仁，木性直，木情恭，该数理五行导引出徐悲鸿性格柔和、刻苦、努力、认真、公正、博爱，且有同情之心，忍耐性强。但是22数理信息不吉，具有“秋草逢霜，困难愁苦”的不利诱导作用，这与徐悲鸿的一些艰难的人生经历正好印证。地格数理29具有“智谋优异，财利俱备，名闻海内，成就大业”的诱导感应作用。正因为地格构成的基础运还好，在生活困苦的徐悲鸿深感世态炎凉时，出现了一些富有同情心的、帮助他的好人，商务印书馆的职员黄警顽与湖州丝商黄震之都曾向他伸出援手。徐悲鸿投考复旦大学时，是黄警顽提供的学费，黄震之则提供伙食费。总格数理信息具有“财帛丰盈，富贵荣华，德泽四方，有志竟成”的诱导感应力。在新中国成立后，徐悲鸿任中央美术学院院长。

徐悲鸿的作品融古今中外技法于一体，显示了极高的艺术技巧和广博的艺术修养，是古为今用、洋为中用的典范，在我国美术史上起到了承前启后、继往开来的巨大作用。他擅长素描、油画、中国画。他把西方艺术手法融入到中国画中，创造了新颖而独特的风格。他的素描和油画则渗入了中国画的笔墨韵味。他的创作题材广泛，山水、花鸟、走兽、人物、历史、神话，无不落笔有神，栩栩如生。他的代表作油画《田横五百士》《徯我后》、中国画《九方皋》《愚公移山》等巨幅作品，充满了爱国主义情怀和对劳动人民的同情，表现了人民群众坚忍不拔的毅力和威武不屈的精神，表达了对民族危亡的忧愤和对光明解放的向往。他常画的奔马、雄狮、晨鸡等，给人以生机和力量，表现了令人振奋的积极精神。尤其他的奔马，更是驰誉世界，几近成了现代中国画的象征和标志。

徐悲鸿长期致力于美术教育工作。他发现和团结了众多的美术界著名人士。他培养的学生人才辈出，许多已成为著名艺术家，成为中国美术界的中坚骨干。他对中国美术队伍的建设和中国美术事业的发展作出的卓越贡献，无与伦比，影响深远。

张大千的“大千世界”

我国著名国画大师张大千原名张正权，小名叫季，字季爰，是四川内江人。

张大千从小便受到家庭的熏陶，家庭中的文化艺术氛围非常浓厚，张大千和他的哥哥自幼便跟随擅长绘画的母亲一起学画画，他的哥哥尤为擅长画虎。少年时，张大千和哥哥一同到日本京都学习绘画和印染工艺。回国后，在上海师从李瑞清和曾熙，学习诗文书画。

1919年，刚刚从日本回国后的张大千听到自己未婚妻不幸去世的消息，悲痛欲绝，于是到松江禅定寺出家为僧，大有看破红尘之意。逸琳法师取《长阿舍经》所说“三千大千世界”为他起法号“大千”。

张大千的姓名分析：从名字识别系统上讲，“大千”的含义是指“三千大千世界”，所谓大千世界，是指广大无边的世界。张大千从法师那里为自己取的法号中悟出，尽管大千世界纷纭复杂，但是如果一个人可以做到专一、锲而不舍，就能够不为所扰。张大千只当了5个月的僧人，后来他还俗后，对自己的法号仍有很深的感情，便以“大千”为名字，别号“大千居士”。

从姓名数理信息上判断：张，12，天格半吉；大，14，人格凶；千，6，地格吉。总格吉。该姓名的天格为根，表示和父母、长辈之间的关系，天格12数理信息虽然半吉，但并没有妨害，天格数理12的五行属木，人格数理14的五行属火，地格数理6属土，木生火，表明会得到长辈的爱护和提携。人格数理14暗示着婚恋信息不吉，这与张大千因未婚妻去世而削发为僧，在寺庙静心修行有一定的关系。人格与天格所暗示的社交能力和事业兴衰信息，表示为人热情、彬彬有礼，而且慈悲为怀、能够乐善好施、受长辈喜爱，能够顺利成功。地格数理6具有“吉祥安泰、基础深厚”的诱导作用力。总格17数理信息具有“权威显达、博得名利、宜养柔德、功成名就”的诱导感应作用。姓名信息对张大千产生了潜移默化的作用，所以他一生比较慷慨，交友广泛，不论是达官贵人，还是平民百姓，张大千都乐于结交。擅长画山水、花鸟、人物的张大千，书法和诗文俱佳，在30岁时就已经成为中国响当当的大师。1936年他受聘任南京中央大学美术系教授。

张大千绘画创作的灵感皆来源于大千世界。他起初是临摹学习清初四大高僧朱耷（八大山人）、原济（石涛）、万溪、弘仁的画，但是这些并没有满足他。走遍祖国名山大川的张大千，在敦煌石窟学习揣摩了三年的时间，他能够站在隋、唐、宋、明、清的画家之上，不仅兼收并蓄，也逐渐创出了自己独有的艺术风格。对于他的画风评析，有专家说，从张大千的一生来看，他的画风有“三变”：在30岁前是“以古为师”，“清新俊逸”是他的追求；50岁左右是“以自然为师”，绘画追求“瑰丽雄伟”，最后“以心为师”；60岁以后的画已经达到“苍浑渊穆”的境地。他将中西绘画技法完美并用，既善于继承前人的智慧，又敢于创新，对国画技法的发展起到了关键作用。20世纪50年代，张大千栖身海外，定居巴西八德园，1978年移居台湾台中双溪摩耶精舍。张大千在国际上也享有盛誉，曾先后在巴黎、纽约、东京、新德里、中国香港等地举办个人画展。1957年，美国纽约世界美术家协会推举张大千为当代第一大画家，这是一个非常有含金量的头衔。张大千还曾和国际著名画家毕加索结交，互表钦慕之情，人称“东张西毕”。

张大千在晚年旅居台北，始终不忘祖国的统一，他曾经催促台湾当局能够和祖国大陆实行“三通”，并且盼望可以早日回到家乡与亲友们团聚。1983年4月2日，作为一代国画大师的张大千在台北去世。

诗人徐志摩得名的缘由

1898年，我国现代著名诗人徐志摩出生在浙江海宁石镇的富商家庭，原名徐章塘，字森。

在他少年时，曾有一段独特的经历。有一个名叫志恢的和尚为他摩骨算命，并断言这个孩子将来必成大器。他的父亲自然是喜在心里，乐在眉梢，天下父母，皆望子成龙，望女成凤，为此，特意给他改名为“志摩”，也和被志恢和尚摩骨的经历有关。后来，徐志摩成为中国20世纪的文坛才子，也确实应验了志恢和尚的预言。他笔下的诗文如同音乐，意境如画，尤为优美，堪称佳品。

徐志摩的姓名分析：从徐志摩的姓名信息上看，我们可以了解他的名字中凝聚着父母的许多期望，也寄托着自己的宏大志向和追求，而其中也隐含他的婚姻生活不会顺意，有意外死亡之灾。徐志摩的姓名五格剖象如下：徐，11，天格吉；志，17，人格吉；摩，22，地格凶。32，总格吉。

人格数理17是姓名的“三才”中心部分，五行属阳金，暗示此人的个性特征是以自我为中心，不轻易妥协，独立性比较强，而且会迫切地追求目标，喜欢感情用事，易招厄难。17数理信息具有“意志坚定，突破万难，宜养柔德，必获成功”的诱导感应力。该数理显示如果能够从事文学技艺类的职业，个人成功的几率会更高。地格数理22属秋草逢霜之象，加上三才五行不和，这预示着徐志摩的婚姻生活会多变，容易遭到不测之灾。总格数理32属宝马金鞍之象，意为事业运很强，多贵人相助，而且财富丰裕。徐志摩的总格与人格数理信息对其产生良好积极的诱导感应作用，所以，姓名信息中潜移默化的作用激励着他成为现代著名诗人。

满怀激情的徐志摩，纵然才华横溢，怎奈英年早逝，实在是令人不禁扼腕叹息。人生虽然绚丽多姿，却波澜不断，这些经历都折射出他的名字对事业与婚姻的潜在影响。1915年，杭州一中刚毕业的徐志摩，遵照父命和张幼仪成婚，这并没有阻挡徐志摩的脚步，他先后就读于上海沪江大学、天津北洋大学和北京大学。1918年赴美国学习银行学，不论是从实际距离还是心理距离都和张幼仪越来越远。

1920年10月，徐志摩为了追随著名的哲学家罗素而抵达英国伦敦，在剑桥大学攻读博士学位，对康桥留下了一生难忘的回忆。第二年，徐志摩和林徽因陷入到近乎狂热的婚外恋当中，几乎不能自拔。1922年3月，徐志摩毅然选择和元配夫人张幼仪离婚。然而，林徽因与梁思成先生已有婚约。当她从激烈的情感中走出，经过理智思考之后，还是选择了梁思成先生。但是，诗人徐志摩要寻找的是灵魂上的伴侣，而不是一个寻常的、没有共同语言的平凡女人，他需要那种美丽漂亮、才华横溢的女人，能够自由的融合，这些是他的爱人一定需要具有的元素成分，这些也注定了他的婚姻生活过于理想化。他与陆小曼相识相恋的时候，虽然徐志摩是自由身，但是陆小曼却已经结婚，而且她的丈夫王庚也是当时上流社会上有地位有前途的青年才俊。

1924年，印度大文学家泰戈尔来中国访问，后由徐志摩陪同赴日本东京访问。1930年秋，徐志摩应胡适的邀请开始在北京大学任教。虽然仕途在向徐志摩招手，但是他的婚姻生活波折不断。自1926年10月他与陆小曼结婚之后，不久便回到上海的租房里开始了并不幸福的婚姻生活。已经习惯了生活在豪华和奢侈中的陆小曼每天不外乎是打牌、跳舞、看戏，在此期间，她的挥霍无度迫使徐志摩不得不到处奔波，挣钱满足她，为了能够多些收入，这个曾经璀璨的文学之星——徐志摩，除了在各个地方兼课，还倒腾古董字画，做房地产掮客，最终竟为贪图便宜搭乘了一架免费的邮物飞机。1931年11月19日，飞机坠毁，不幸身亡，令人惋惜。

数学家华罗庚的“箩筐消灾”

出生于江苏省金坛县的华罗庚，是中国现代著名的数学家。在华罗庚出生的时候，他的父亲华瑞栋已经40岁了，中年得子让华瑞栋高兴不已，为了使他能够健康地成长，华瑞栋按当地的风俗习惯，将刚生下来不久的儿子像宝贝一样轻轻地放进箩筐里，然后在上面又扣了一个箩筐，这样做的目的是帮助儿子消灾避难，求得吉利。华瑞栋说：“进箩筐可以避邪，同庚百岁，儿子就叫‘罗庚’吧。”罗是“箩”字去掉了竹字头，“庚”是“根”的谐音，指年庚，表示年龄，寓意能够“生根”。所以，他的名字中包含着父亲对他深深的美好祝愿。

华罗庚的姓名分析：如果是从姓名的形象识别上讲的话，华，是姓氏，为上下结构，音为huà。罗庚，是名，寓意着能够消灾避难，健康长寿。从字形搭配上看很为贴切，读音为luó-gēng。姓名字义寓意吉祥，而且字形好看，方便记忆、容易书写。卓尔不群，别开生面，可谓佳名。

从姓名数理信息上分析：华，15，天格吉；罗，33，人格吉；庚，27，地格吉。41总格吉。

天格15，具有“神寿圆满，涵养雅量，成就大事，兴隆荣耀”的诱导感应

力。人格33数理信息是“旭日东升，鸾凤相会，才德双全，家门昌隆”。天格数理与人格数理五行相生，因此成功运组合很好，暗示能够成功实现自己的人生目标，功成名就。地格数理27表示“自信坚强，易受诽谤，渐次进展，尚可成功”。地格与人格五行相克，显示基础运稍弱，结果华罗庚上完初中就参加工作了。总格数理41蕴藏“天赋吉运，和顺畅达，德高望重，博得名利”的自然诱导力，此数为最好运数。

在1930年，著名数学教授苏家驹的一篇数学论文刊登在上海发行的《科学》杂志上，内容是讲解代数五次方程的解法。由于文章颇长，许多对数学有兴趣的人都花了一番心血来研究它。当时，华罗庚还在江苏一所中学当事务员，他也认真地看这篇文章。虽然文章的内容很深奥，但是他很快就掌握了论文的中心思想。同时，他还发现了论文中存在的问题，经过他认真的运算，结果却完全相反。于是他奋笔疾书，立刻给《科学》杂志社写了一篇文章。当《科学》杂志社的编辑看到《苏家驹之代数的五次方程式解不能成立的理由》这篇文章时，不禁为这个人的胆略而喝彩，仔细审读，更是为论文缜密的逻辑性拍案叫绝。华罗庚的数学论文就这样第一次出现在世人的眼中，那种敢于挑战的勇气也引起了许多人的关注。

有一天，清华大学数学系主任熊庆来无意当中翻看了《科学》杂志，突然，这篇数学论文映入他的眼帘，虽然作者是一个并不熟悉的名字，但是读完之后，他非常欣赏作者的数学才华。熊教授没有想到这个青年既未留过学，也未在大学任教，却有如此才华，深感爱惜。这时，恰巧有个老师是江苏籍，接过那本杂志一看，说：“我想起来了，我弟弟有个同学也叫华罗庚。他根本没教过什么大学！只念过初中，听说现在是在金坛学校当事务员。”“这个年轻人真是人才，应该请他来清华”。熊庆来当即做出了这个决定。

1931年的春天，踏进了清华大学的华罗庚，在这所举世闻名的大学里开始了自己崭新的人生，并和一代数学大师熊庆来结下了深厚的友谊，这是他一生当中一个尤为重要的转折点。后来，调到中国科学院数学研究所从事工作的华罗庚，又获得了莫大的助力，因为这里云集了大量的中国数学界的精英。

在姓名中，如果人格数理33则意味着“旭日东升，鸾凤相会”，华罗庚这颗冉冉的新星，之所以会发出耀眼的光芒，与清华大学教授熊庆来的帮助是分不开的，也正与师生会聚清华园相吻合。总格数理透露出的信息具有“天赋吉运，和顺畅达，德高望重”的诱导感应力。正是熊庆来教授慧眼识英雄，并把华罗庚提调到清华大学进行深造，扭转了华罗庚一生的命运，这样重要的机遇，真是人生当中可遇而不可求的经历。

第12章

宝宝起名常用字分析

一：克父伤母，性刚果断，少年千难，中年劳苦，晚年吉祥之字。

乙：幼年多灾，中年成功，离祖大吉，出外遇贵人，环境良好之字。

二：忌车怕水，多灾厄或身弱多病，中年奔波，晚年幸福之字。

七：忧心劳神或困苦，一生刑偶伤子，病弱短寿，晚年享福之字。

八：多才巧智，清雅荣贵，成功隆昌，首领之格，老运倍加昌盛之字。

人：英俊佳人，环境良好，温和贤淑，荣贵成功之字。

丁：忧心劳神或身弱多厄，中年劳苦，晚年吉祥之字。

刀：克妻伤子，怀才不遇，忌车怕水，多灾厄之字。

力：孤独格，刑克父母，少年千难，中年成功隆昌，智勇双全之字。

了：家破人亡，困苦一生，有子亦不孝，孑然一身之字。

又：性刚，奔走他乡，吉中有灾厄，晚年幸福之字。

三：孤独格，幼年辛苦，出外逢贵得财，中年多劳，晚年成功隆昌，荣贵之字。

千：精明公正，义利分明，官运之格，成功隆昌，环境良好之字。

大：清雅荣贵，多才精明，中年成功隆昌，富贵荣华，但常人难受之字。

小：清秀伶俐，多才巧智，早婚不宜，一生清闲，幸福之字。

上：一生清雅荣贵但不善仁和，子孙兴旺，二子吉祥之字。

下：刑偶伤子，有才能干，奔波劳苦，晚福之字。

子：智勇双全，清雅荣贵，中年劳心，晚年隆昌，双妻之格，女人温和贤淑之字。

山：孤独格，父母无缘故，少年千难，中年隆昌，从事技术工作大吉，欠子之字。

川：克偶伤子，双妻之格，中年隆昌，晚年忧心劳神之字。

士：身弱短命，幼年辛苦，中年隆昌，晚年劳神之字。

土：技术方面大吉，贵人明现，成功隆昌，环境良好之字。

也：奔波劳苦，一生多灾厄难幸福，晚年享福之字。

久：出国之格，一生清雅荣贵，中年成功隆昌，福寿之字。

才：多才巧智，清雅荣贵，成功隆昌，环境良好之字。

女：孤独格，环境良好，秀气伶俐，晚年劳神之字。

寸：品性温良，晚年大吉，环境良好，中年多厄，晚年隆昌之字。

己：一生清雅多才，刑偶伤子，中年多灾，晚年吉庆之字。

巳：长寿，中年吉祥，晚年忧心劳神或潦倒之字。

工：上下敦睦，一生平凡保守之专格，子孙兴旺吉祥之字。

勺：天生聪颖，清雅荣贵，环境良好，一生享福，欠子之字。

弋：出外逢贵得财，重义信用，中年多灾，晚年隆昌之字。

于：一生清荣，温和贤淑，中年劳苦，晚年隆昌，女人薄辛多灾之字。

刃：忧心劳神或事劳无功，病弱短寿或牢狱之字。

五：多才巧智，天生聪颖，中年成功隆昌，安享荣贵，晚年劳神之字。

公：声名显赫，富贵增荣，一生享福之格，但常人难受之字。

月：刑偶欠子或身弱多厄，晚婚大吉，中年劳苦，晚年隆昌，平凡之字。

巴：幼年多灾，中年劳苦，晚年隆昌，有欠子厄，一生平凡之字。

日：刑克父母或刑偶欠子，理智充足，智勇双全，成功隆昌，荣贵之字。

中：幼年多灾，出外逢贵，精明公正，福寿兴家，晚年劳神之字。

心：孤独格，克父命，一生安稳享福，有爱情之波折，子孙兴旺之字。

丑：一生清雅平凡，双妻子格，中年吉祥，晚年劳神多厄之字。

文：英俊多才，清雅荣贵，中年吉祥，隆昌，忌车怕水，女人再嫁之字。

斗：理智充足，出外大吉，中年劳苦，晚年成功，隆昌之字。

内：温和贤淑，贵人明现，环境良好，中年成功，隆昌之字。

屯：多相克，晚婚大吉，中年多灾厄，晚年吉祥，子福之字。

太：刑克父母，孤独格，清雅伶俐，中年成功，隆昌之字。

友：多情重义，理智充足，中年奔波劳苦，但成功隆昌之字。

天：刑克父母，刑偶欠子，双妻之格，出外大吉，晚年吉祥之字。

化：有才无运，多劳少乐，中年吉祥，晚年劳神之字。

予：有爱情烦恼，一生多灾厄，中年劳苦，晚福之字。

匹：性刚果断，义利分明，中年吉祥，但劳神之字。

夫：天生聪颖，英敏多才，中年奔波，一生清雅荣贵之字。

仁：理智充足，中年劳苦，晚年吉祥之字。

介：刑克父母，兄弟无缘，中年劳苦，晚年成功隆昌，命中二子，俱各吉祥之字。

午：食禄齐美，环境良好，中年奔波，晚年吉祥之字。

尹：一生清雅伶俐，多才多艺，智勇双全，荣幸之字。

氏：忍耐勤俭，应付自如，清雅伶俐，中年劳苦，晚年吉祥之字。

六：性刚果断，贵人明现，中年奔波劳苦，晚年隆昌荣幸之字。

壬：一表人才，官格之命，刑妻伤子，中年多劳，晚年吉祥荣贵之字。

允：六亲无缘，出外逢贵得财，天生聪颖，自力更生，白手起家之字。

木：一生清雅平凡，环境良好，双妻之格，中年成功隆昌，幸福之字。

元：环境良好，克己助人，福寿兴家，妻贤子贵，荣华之字。

牛：清雅荣贵，一生平凡，子孙兴旺，中年成功隆昌，精诚之字。

什：事劳无功，忧心劳神，中年多灾，晚年劳神之字。

方：一生安稳守已，聪明伶俐，中年有灾，晚年幸福之字。

及：奔波劳苦，多灾厄，出国大吉，晚年幸福之字。

水：一生平凡，有才能，理智好运，刑偶欠子，晚年隆昌之字。

匀：聪明伶俐，清雅荣贵，中年成功隆昌，晚年昌盛，命中二子之字。

孔：忧心劳神或怀才不遇，中年劳苦，晚年吉祥之字。

丹：性刚果断，父母无缘，一生平凡，中年劳苦，晚年吉祥之字。

令：一生清雅荣贵，中年成功隆昌，多才巧智，晚年劳神。

井：勤俭励业，义利分明，中年多劳，晚年幸福之字。

仇：心直口快，刑偶伤子，中年小心灾厄，晚年享福之字。

亢：奔波劳苦或忧心劳神，一生困苦或病弱短寿之字。

互：温和伶俐，中年隆昌，欠子之格，忠厚之字。

分：刑偶伤子，多才巧智，出外大吉，中年成功隆昌，晚年幸福之字。

卞：有才能，但无运，潦倒一生或孤劳，短寿之字。

手：性格复杂，多愁少乐，中年多灾厄，忌车怕水，晚年吉祥之字。

勿：暗淡无光，消极冷寒难幸福，多灾厄，病弱短寿，命中二子之字。

反：奔波劳苦，浮沉不定，常有祸端，短寿，自杀或有意外之字。

歹：不祥之字，多灾厄，多劫煞，难幸福，一生困苦之字。

引：性刚，义侠心强，有成人之美德，中年成功隆昌，晚年劳神之字。

户：清雅伶俐，荣贵隆昌，中年有厄，晚年倍加昌盛之字。

尤：一生清雅，聪明伶俐，刑偶伤子，中年劳苦，晚年隆昌，忌车厄之字。

吊：不祥之字，身弱短寿，病苦一生，忌车怕水，多灾厄之字。

支：贵人明现，有才能理智，但中年劳苦，晚年隆昌之字。

日：一生清雅，中年劳苦，晚年吉祥，环境良好之字。

爪：忧心劳神，一生多灾厄，有爱情烦恼，晚年吉祥，忌车怕水之字。

欠：潦倒或困苦，刑偶欠子，中年劳苦之字。

毛：一生清雅平凡，多才巧智，荣贵之格，中年多灾，晚年吉祥之字。

父：多刑克，病弱短寿，或忌车怕水，一生难成功之字。

止：忧心劳神或事劳无功，或身弱多厄，中年劳碌，晚年吉祥之字。

左：足智多谋，有胆有识，一生清雅荣贵，温和隆昌，忌车怕水之字。

右：学识丰富，克己助人，中年成功隆昌，官格之命，操守廉正之字。

央：一生清雅荣幸，多才巧智，中年有爱情厄，晚年隆昌之字。

生：智勇双全，出外逢贵得财，中年成功隆昌，荣贵之字。

由：英雄豪爽，清雅多才，双妻之格，中年隆昌之字。

古：温和贤淑，食禄双全，中年奔波或劳苦，晚年安逸之字。

民：英俊佳人，上下敦睦，一生为官或财旺之字。

正：才智卓越，精明公正，官运旺或财旺，刑偶伤子之字。

弘：心直口快，一生清雅，忌车怕水，中年多灾，晚年隆昌之字。

布：温和慈祥，但多灾厄，忌车怕水，中年劳苦，晚年吉祥之字。

代：清秀伶俐，小巧多才，晚婚大吉，出外逢贵，上下敦睦，温和之字。

史：一生福禄有余，中年多厄，晚年隆昌，吉祥之字。

用：忧心劳神，温和机警，奔波后成功隆昌，子孙兴旺之字。

平：宜为教师，一生安稳守己，克己助人，温和贤淑之字。

加：宜为工程师，出外大吉，中年奔波，晚年隆昌幸福之字。

皮：奔波劳苦或事劳无功，一生多灾厄，难幸福之字。

旦：贵人明现，子孙兴旺，多才巧智，环境良好之字。

只：忧心劳神，二子吉祥，中年多灾厄，晚年吉祥之字。

占：幼年多灾，忌火，有才能理智，食禄齐美，成功隆昌之字。

卉：忧心劳神，损丁破财源，潦倒一生，难幸福，忌车怕水之字。

册：良善积德，环境良好，有人缘，中年成功，隆昌之字。

玉：智勇双全，名利双收，荣贵隆昌，女人病弱短寿，或爱情厄，欠子之字。

丕：清雅伶俐，温和诚实，迟婚大吉，一生清闲幸福之字。

付：中年隆昌，身体不利或欠子厄。

可：福禄双收，天生聪颖，离祖成功，双妻之格，晚年隆昌之字。

甲：一生清雅伶俐，温和贤淑，中年成功隆昌，环境良好之字。

玄：性格复杂，中年离乱，晚年吉祥，子孙繁荣，官运旺之字。

永：克父命，出外逢贵得财，中年奔波，晚年隆昌，荣幸之字。

主：兄弟无靠，一生清雅多智，环境良好，隆昌之字。

申：一生清雅荣贵，多才巧智，中年成功，隆昌之字。

仕：义利分明，多才巧智，中年成功隆昌，晚年劳神多疾之字。

丙：英俊佳人，环境良好，中年成功，隆昌官格之字。

冬：中年多灾厄，晚年享福之字。

世：操守廉正，福禄双收，中年勤俭建业，晚年隆昌之字。

市：幼年辛苦，少年千难，中年平凡，晚年隆昌，女人薄幸之字。

刊：中年劳，晚年福，女人多灾厄，再嫁守寡之字。

四：幼年辛苦，义利分明，中年奔波，忌车怕水之字。

白：清秀伶俐，智勇双全，中年成功，有爱情厄，晚年吉祥之字。

王：一生清雅荣华，双妻之格，中年奔波，成功昌隆之字。

立：病弱短寿，少年千难，中年隆昌，二子吉祥，忌车祸之字。

司：妻贤子贵，天赐福禄，一生清雅荣贵，成功隆昌之字。

田：福寿兴家，才能理智兼备，中年劳累，晚年隆昌，环境良好之字。

包：一生清雅伶俐，谋略出众，中年成功隆昌，晚年劳神之字。

目：忧心劳神，浮沉不定，中年多灾厄，晚年吉祥，虽成功亦劳神之字。

必：身弱奔波，出外吉祥，晚婚大吉，事业如意之字。

功：父母无缘，孤独奔波，一生清雅荣贵，多才巧智，晚年劳神之字。

出：性刚果断，中年多灾，晚年吉祥，忌车怕水之字。

叮：忧心劳神，劳累奔波，晚年幸福之字。

仟：清雅荣贵，环境良好，中年成功隆昌，晚年子孙兴旺之字。

以：聪明伶俐，一生清闲享福，中年成功隆昌，欠子之字。

禾：出国之格，一生衣厚食丰，清雅英俊，中年成功隆昌之字。

瓜：忧心劳神，孤独格，中年多灾厄，晚年吉祥之字。

夯：幼年辛苦，忌车怕水，中年奔波或多劳，晚年吉祥之字。

尻：出外大吉，多刑克，中年开运，晚年吉祥之字。

本：温和贤淑，环境良好，一生平凡，中年多灾，晚年吉祥之字。

弁：有才能谋略，事业成功，爱情失败，晚年享福之字。

甘：一生多才巧智，中年多厄，晚年隆昌，名利双收，豪爽之字。

丘：智勇双全，环境良好，中年成功隆昌，晚年劳神之字。

目：义利分明，一生清雅，名利双收，二子吉祥之字。

仔：忧心劳神，一生难如愿，中年多灾厄，晚年吉祥之字。

他：出外逢贵得财，温和多才，但忌车怕水之字。

令：英雄豪爽，上下敦睦，中年虽奔波，但成功隆昌，温和之字。

半：多愁善感，不惹是非，中年劳苦，晚年享福，女人半夫半财之字。

兄：心直口快，奔波劳苦，保守平凡，中年吉祥之字。

矛：性刚果断，中年劳累，晚年吉祥之字。

疋：身闲心苦或事劳无功，刑偶伤子，有爱情厄，晚福之字。

瓦：身犯破财，忧心劳神，中年劳累身弱，晚年隆昌之字。

北：环境良好，一生清雅荣贵，中年成功隆昌，晚年劳神之字。

卯：刑偶或欠子，清雅温和，重情重义，中年多灾，晚年隆昌之字。

句：衣食丰足，肯作肯劳，重信用，中年劳累，晚年隆昌之字。

召：带刀厄，多刑克或刑偶欠子，中年成功隆昌，离祖成功之字。

幼：多灾厄，难关重重，晚年可有好运之字。

弗：多刑克，幼年辛苦，中年有成就之字。

未：忧心劳神或多疾病，中年多厄，晚年隆昌之字。

末：少乐多愁，中年多灾厄，忌车怕水，晚年吉祥之字。

示：聪颖理智，一生清雅荣贵，二子吉祥之字。

皿：刑偶伤子，一生清雅多才，中年薄幸，晚年吉祥之字。

石：刑偶伤子，命硬，中年功累或奔波，晚年吉祥之字。

外：刑偶伤子，双妻之格，出外得财，中年劳苦，晚年吉祥之字。

打：事劳无功或怀才不遇，中年苦中得甘，子孙兴旺之字。

字：有爱情烦恼，安份守己，中年有灾厄，晚年吉昌之字。

圭：天性聪颖，多才巧智，义利分明，刑偶伤子，中年劳累，晚年成功之字。

伍：英俊佳人，理智充足，中年勤俭励业，名利双收，荣幸之字。

亘：出国之字，智勇双全，义利分明，中年成功，隆昌之字。

好：秀气伶俐，上下敦睦，有才能智慧，温和贤淑，一生幸福之字。

休：忧心劳神或身弱多厄，中年潦倒，难成功，晚年享福之字。

伏：英雄气魄，一生性刚有美德，中年多灾，晚年隆昌之字。

变：多刑克，身弱多病，性刚多灾，中年劳心，难成功之字。

亦：出国之路，出外逢贵得财，中年成功，隆昌荣贵之字。

次：身瘦或体弱，出外大吉，事业成功，多才温和之字。

守：刑偶伤子，精明公正，中年隆昌，女人薄幸，疾病多灾之字。

旭：幼年辛苦，出外吉祥，中年奔波，但成功隆昌，子孙昌盛之字。

行：温和贤能，清雅伶俐，中年病厄，晚年隆昌之字。

宇：一生清雅平凡，中年奔波劳苦，智慧聪颖，忌车怕水，晚年吉祥之字。

价：克父命，多才巧智，清雅伶俐，二子吉祥，晚年隆昌之字。

吉：不吉之字，忧心劳神或牢狱之灾，有爱情厄，晚年吉祥之字。

兆：出国之字，清雅荣贵，天生聪颖，中年成功隆昌，名利双收，忌车怕水之字。

如：理智聪颖，多才温和，有爱情烦恼，中年多厄，秀气短寿之字。

仿：贵人明现，一生清雅伶俐，中年劳苦或多灾，晚年安宁幸福之字。

仰：聪明伶俐，多才巧智，交际巧妙，中年成功隆昌，晚年子孙繁荣之字。

在：奔波劳苦，性刚果断，中年多灾厄，晚年隆昌，名利双收之字。

而：出国之格，秀气英俊，中年成功隆昌，多才伶俐，荣贵之字。

老：一生清雅平凡，中年多灾或多劳，晚年吉祥之字。

向：衣厚食丰，清雅平凡，中年忧心劳神，晚年吉祥之字。

合：环境良好，一生清雅温和，中年励业，晚年成功隆昌之字。

自：有爱情厄，少年千难，中年劳苦或病弱，晚年吉祥之字。

西：事劳无功或忧心劳神，中年隆昌，晚年隆昌之字。

伐：百事苦劳，一生清雅平凡，刑偶伤子，有子亦孝，晚年吉祥之字。

匡：刑克父母，幼年辛苦，中年成功隆昌，晚年忧心劳神之字。

至：英雄慷慨，性刚多厄，中年多灾，晚年吉祥幸福之字。

竹：一生清雅伶俐，多才巧智，中年隆昌，晚年子孙旺盛之字。

尖：刑偶伤子，多刑克，吉凶参半，晚年隆昌之字。

曲：理智聪颖，多才温和，有爱情厄，中年奔波或劳苦，晚年吉祥之字。

共：环境良好，一生清雅荣贵，二子吉祥，中年成功隆昌之字。

仲：性刚，灵活机敏，中年有灾厄，晚年吉昌有妻之字。

汀：身弱多病或少乐多愁，中年劳苦，晚年吉祥之字。

舟：浮沉不定，是非参半，晚婚大吉，中年多灾，晚年吉祥之字。

再：多才巧智，贵人明现，中年成功隆昌，女人薄幸多灾厄之字。

存：天生聪颖，义利分明，子孙兴旺，中年劳苦，晚年隆昌之字。

夷：性刚果断或口快心直，有杀人或被杀或牢狱之灾之字。

夙：出国之格，天生聪颖，多才巧智，有爱情厄，中年成功，隆昌之字。

色：忧心劳神或身犯破，少年千难，口快心直，中年多厄，晚年幸福之字。

早：环境良好，一生清雅秀气，二子吉祥，晚年忧心劳神之字。

式：理智才气具有，但中年多灾厄，晚年荣幸之字。

先：出外逢贵得财，中年劳苦，晚年吉祥，荣幸之字。

冈：忧心劳神，少年千难，中年隆昌，晚年忧心劳神之字。

争：多才巧智，清雅荣贵，福禄双收，出国之格，隆昌之字。

灯：忧心劳神或事劳无功，中年多灾或苦，晚年安详之字。.

光：一生清雅荣贵，晚婚吉，出外逢贵得财，中年晚年吉祥之字。

伎：忧心劳神或病弱短寿，一生苦劳或多灾，难幸福之字。

冲：多刑克，不祥之字，一生病弱，难幸福之字。

丞：理智聪颖，胆识丰富，一生清雅伶俐，成功荣贵之字。

伉：多愁多忧，百事苦劳，中年多灾厄，晚年隆昌之字。

刑：多刑克或忧心劳神，事劳无功，一生灾厄，难幸福之字。

劣：不祥之字，孤独劳苦或多相克，中年多灾厄，晚年享福之字。

企：环境良好，坚实温和，中年成功隆昌，清雅荣贵之字。

凶：不祥之字，有牢狱之灾，难幸福之字。

列：性刚果断或幼年辛苦，中年多劳，出外大吉，晚年隆昌之字。

羽：秀气伶俐，一生温和贤淑，中年成功，名利双收之字。

血：一生清雅伶俐，刑偶欠子，中年有爱情厄，晚年安稳之字。

系：有爱情厄，温和诚实，清雅秀气，中年劳，晚年吉昌之字。

匠：刑克父母，少年千难，中年多劳，多才巧智，晚年成功隆昌之字。

后：衣厚食丰，一表人才，多才多艺，清雅荣贵，中年成功隆昌之字。

名：出外逢贵得财，中年奔波劳苦，但名利双收，晚年吉祥之字。

回：环境良好，朴素有美德，中年成功隆昌，晚年身弱之字。

地：一生清雅，刑偶欠子或刑克父母，中年隆昌，但有病厄或劫财，晚年吉祥之字。

寺：刑偶伤子或事劳无功，中年清雅荣贵，晚年吉祥之字。

吐：福禄双收，温和诚实，中年多灾厄，晚年成功隆昌之字。

吏：有才能智慧，难遇知己，中年劳苦，晚年吉祥之字。

各：性刚果断，心直口快，中年劳苦，晚年吉祥之字。

因：多劳受苦或忧心劳神，性刚，有牢狱之厄或离乱之灾，晚福之字。

多：克服万难后，成功发达，多才贤能，爱情失败，晚年隆昌之字。

耳：幼年辛苦，中年多灾，晚年享福之字。

舌：一生多劳苦或身弱多病，中年多灾，晚年隆昌之字。

亥：清雅伶俐，出外逢贵得财，中年劳苦，晚年隆昌，环境良好之字。

妃：清雅贵气，理智聪颖，一生清闲享福，晚年劳神之字。

宅：出外吉祥，一生多才贤能，子孙旺盛，中年成功，晚年吉祥之字。

帆：有爱情厄，中年劳苦奔波，晚年隆昌，英俊之字。

戎：多愁善感或性刚果断，一生多灾厄，晚年虽吉亦劳神之字。

旬：晚婚迟得子大吉，身弱清秀，多才贤能，晚年隆昌之字。

采：清秀灵巧，天生聪颖，幼年辛苦，中年成功隆昌，二子吉祥之字。

灰：口快心直，性刚果断，中年多灾厄，晚年吉祥幸福之字。

戍：英俊灵活，多才巧智，幼年辛苦，中年隆昌，欠子或犯破之字。

曳：性刚果断，一生难如愿，潦倒或困苦，晚年吉祥幸福之字。

庄：心直口快，一生奔波大吉，中年多劳但隆昌，晚年荣幸之字。

收：忧心劳神，一生劳苦或潦倒多灾厄，妇女守寡再嫁之字。

旨：晚婚迟得子大吉，中年多劳，晚年吉祥之字。

朱：清雅伶俐，天生聪颖，多才巧智，中年隆昌，有爱情厄，晚年吉祥之字。

此：奔放劳苦，难望如愿，命途多舛或潦倒，晚年幸福之字。

牝：性刚果断，自我心强，有牢狱之灾，中年多灾厄，晚年吉祥之字。

考：一生清雅平凡，出外吉祥，中年劳苦，晚年成功隆昌之字。

肉：一生清雅平安，清闲伶俐，中年虽劳，晚年吉祥隆昌之字。

虫：一生清雅平凡，保守之路，聪明才干，中年困苦，晚福之字。

汛：出国之格，英俊秀气，温和贤淑，中年成功隆昌，有爱情厄之字。

江：清雅多才，中年劳苦，晚年吉祥，女人性刚之字。

汗：幼年辛苦，清雅伶俐，双妻之格，中年有灾厄，晚年吉祥之字。

池：事业隆昌，环境良好，离祖成功，中年平凡，晚年吉祥之字。

汝：出国之格，清雅秀气，温和伶俐，中年成功隆昌，荣贵之字。

妩：刑偶伤子，贫苦多厄，破相或身弱多病，一生困苦多灾之字。

巡：奔波劳苦或身闲心苦，中年成功隆昌，晚年三子兴旺之字。

成：清秀多才，出外或出国大吉，中年成功之字，忌水厄之字。

忒：多才巧智，温和贤能，中年多灾，晚年隆昌，荣幸之字。

言：重义气，温和聪颖，中年成功隆昌，晚年倍加昌盛之字。

兑：福禄双收，清雅荣贵，二子吉祥，贵人明现，晚年吉祥之字。

助：清雅荣贵，有双妻之格，中年成功隆昌，晚年多忧之字。

求：温和贤能，中年成功隆昌，晚年子孙兴旺之字。

见：出外逢贵得财，性刚欠仁和，中年劳累，晚年大吉，刑克父母之字。

更：一生聪颖伶俐，离祖成功，晚婚迟得子大吉，福禄双收之字。

希：虽清雅荣贵，多才巧智，但运不通，中年有灾厄，晚婚吉，晚年吉祥之字。

车：心直口快，性刚果断，中年劳累奔波，晚年吉祥之字。

作：忧心劳神，刑偶或欠子，中年隆昌，晚年劳神之字。

邑：一生清雅，秀气温和，吉昌之字。

克：命硬刑偶伤子之厄，有官格之字。

佑：精明公正，克己助人，环境良好，工程界吉，成功隆昌，名利之字。

伸：智勇双全，名利双收，中年劳累或灾厄，晚年吉昌荣幸之字。

孚：清明公正，智勇双全，福寿兴家，中年成功隆昌，晚年吉祥。

辰：英俊才人，理智聪颖，一生清雅，出外吉，成功荣幸之字。

罕：一生多灾厄，忧心劳神之字。

男：晚婚大吉，英俊多才，中年平凡，晚年吉祥幸福之字。

甸：晚婚迟得子大吉，有爱情厄，中年成功隆昌，出国之字。

佟：一生多劳困苦，但子孙兴旺之字。

完：清雅伶俐，出外逢贵隆昌，中年有灾，晚年吉祥之字。

身：性刚果断或忧心劳神，中年劳累，晚年吉祥之字。

孝：多才巧智，一生清雅荣贵，中年有灾厄，晚年吉祥幸福。

初：清雅荣贵，婚迟吉，中年奔波劳苦，晚年隆昌之字。

宏：一生清雅，多才巧难，中年不利，晚年吉昌之字。

妙：幼年辛苦，少年千难，中年成功隆昌，女人中年劳苦，晚年吉祥之字。

甫：多才巧智，清雅伶俐，中年多灾厄，晚年吉祥之字。

秀：有爱情烦恼，秀气灵巧，吉凶分明，配合吉则吉，配合凶则凶之字。

均：天生聪明，多才巧智，清雅荣贵，成功隆昌，名利双收之字。

坌：忧心劳神或体弱多病，中年多灾厄，晚年吉祥之字。

吟：温和贤淑，勤俭励业，福禄双收，成功隆昌，忠厚善良，名利双收之字。

妗：温和贤淑，勤俭守己，福寿兴家，中年辛苦，晚年隆昌之字。

牡：秀气伶俐，福禄双收，有爱情厄，一生荣幸，二子之字。

位：义利分明，多才巧智，但身弱多病，晚年成功隆昌之字。

延：智勇双全，名利双收，出外逢贵，中年奔波，有为官之命，成功隆昌之字。

判：忧心劳神，百事苦劳，中年多灾厄，晚年吉祥之字。

伯：多才巧智，义利分明，克己助人，英俊佳人，一生幸福之字。

住：多才温和，中年劳苦，晚年隆昌之字。

峰：义利分明，清雅荣昌，出外逢贵，成功隆昌，英俊之字。

志：心直口快，性刚劳心，中年奔波或劳累，晚年成功隆昌之字。

兵：二子吉祥，内心多忧，中年多灾厄，晚年吉祥之字。

伺：理智聪颖，清雅伶俐，贵人明现，荣贵之字。

呈：学识渊博，清雅荣贵，官或财旺，但常人难受之字。

佃：福禄双收，环境良好，温和贤淑，中年成功隆昌，荣贵之字。

伶：清雅秀气，多才温和，幼年多灾，中年成功隆昌，晚年劳神之字。

吾：智勇双全，义利分明，爱情失败，中年多劳，晚年吉祥之字。

改：出外逢贵得财，清雅多才，中年劳苦，晚年隆昌之字。

杉：心直口快，多才巧智，配合吉则吉，配合凶则凶，有杀人或被杀或牢狱之灾，短寿之字。

酉：体弱多病，晚婚迟见子大吉，中年多灾厄，晚年隆昌之字。

治：出外逢贵得财，爱情失败，身弱短寿，女人薄幸多灾厄之字。

坐：刑克父母，精诚和睦，中年多灾厄或奔波，晚年吉祥之字。

旱：忌车怕水，中年奔波或多灾，晚年吉祥之字。

束：二子吉祥，中年顺利幸福，晚年劳神多厄之字。

村：忧心劳神或奔波劳苦，中年吉祥多劳累，晚年隆昌之字。

何：福禄双收，但忧心劳神，中年多灾或身弱多病，晚年吉祥之字。

尾：忧心劳神或刑偶伤子，薄幸多灾厄，中年劳心，不幸之字。

杏：有爱情烦恼，刑偶伤子，中年平凡，晚年劳神，但安详之字。

灶：环境良好，清雅多才，双妻之格，中年劳累，敦厚善良之字。

宋：一生清雅，智勇双全，中年奔波，晚年隆昌之字。

体：忧心劳神或事劳无功，中年多灾厄，晚年吉祥幸福之字。

坍：多才巧智，中年成功隆昌，晚年劳神之字。

吴：一生清雅多才，爱情失败，短寿之厄，晚年吉祥之字。

巫：二子吉祥，清雅多才，中年多灾或奔波，晚年吉祥之字。

灸：性刚果断或病弱短寿，中年劳累或有牢狱之字。

利：少年千难，中年劳苦或奔波，成功隆昌，名利之字。

呆：精神失常或忧心劳神，晚婚吉，中年劳累，晚年幸福之字。

谷：二子吉祥，清雅荣贵，福禄双收，中年环境良好，出国之字。

序：温和贤淑，清雅秀气，福禄双收，中年之灾，出国之字。

赤：心直口快，性刚，出外吉，晚婚吉，中年隆昌，晚年劳神之字。

妆：不祥之字，多灾厄，忌车怕水，病弱短寿之字。

步：福禄双收，克父命，中年成功隆昌，二子吉祥，晚年劳神或身弱之字。

杖：志气高，抱负大，欠仁和，中年隆昌，家庭不和，晚年劳神之字。

私：刑偶伤子或忧心劳神，忍耐力强，晚年吉祥之字。

足：中年隆昌幸福，晚年劳神多厄之字。

攸：天生聪颖，温和贤淑，中年吉祥，身弱多厄，晚年隆昌之字。

妊：良善积德，温和贤淑，名利双收，成功隆昌名利之字。

否：忧心劳神或事劳无功，多灾厄，晚年吉祥之字。

町：清秀多才，温和幸福，晚年多忧之字。

李：一生清雅多才，贵人明现，重情失败，中年劳苦，晚年隆昌之字。

究：理智，义利分明，中年隆昌，晚年吉祥享福之字。

秃：忧心劳神或身犯破或病弱短寿，中年多灾，晚年吉祥享福之字。

每：身弱多厄或事劳无功，中年勤俭励业，成功之字。

豆：二子吉祥，多才伶俐，清雅荣贵，白手起家，晚年隆昌荣贵之字。

妣：义利分明，秀气灵巧，勤俭起家，中年隆昌，荣华之字。

亨：多才伶俐，晚婚，中年虽劳，但成功隆昌，幸福清闲之字。

冷：不祥之字，暗淡无光，命途多灾，中年劳累之字。

吞：心直口快，欠仁和，饶舌之灾，中年多难，晚年吉祥之字。

贝：出外吉祥，多才巧智，中年隆昌，二子吉祥，晚年劳神之字。

升：智勇双全，一生清雅荣贵，幼年多灾，中年成功隆昌之字。

汔：心直口快，有再嫁之厄，中年劳累，爱情失败，晚福之字。

沁：温和贤淑，有成人之美德，中年劳苦但吉祥，晚年劳神或多厄之字。

沈：清雅伶俐，多才多智，中年奔波劳苦，晚年隆昌之字。

投：出外逢贵，但常有祸端，浮沉多厄或内心忧，晚年吉祥之字。

沙：清秀伶俐，多才温和，中年成功隆昌，清闲幸福之字。

沅：出国之格，多才多能，秀雅英敏，中年成功隆昌之字。

抑：忧心劳神或事劳无功，中年有不幸，晚年吉祥之字。

折：孤寡或孤独，多愁善感，中年多劳之字。

抗：忧心劳神，中年多灾，晚年吉昌之字。

技：忧心劳神，少年千难，中年吉祥，但有灾厄，晚年吉祥之字。

扶：幼年辛苦，身瘦多才，中年奔波，晚年成功隆昌，女人克夫之字。

沂：环境良好，温和伶俐，福禄双收，中年成功隆昌之字。

抄：忧心劳神或爱情烦恼，中年劳苦或潦倒，晚年吉祥之字。

沐：义利分明，清雅伶俐，双妻之格，中年劳苦，晚年吉祥之字。

没：不祥之字，勤俭劳作一生，多灾厄之字。

沃：幼年辛苦，多刑克，清雅伶俐或秀气灵巧，但刑偶伤子之字。

忧：忧心劳神或奔波劳苦，怀才不遇，中年辛苦，晚年吉祥之字。

狂：自我心过强，欠仁和，不祥多灾或病弱短寿之字。

决：清秀灵巧，多才伶俐，中年吉祥，晚年劳神多厄之字。

两：夫妻和合，福寿兴家，中年吉祥，晚年隆昌，一生幸福之字。

汶：天生聪颖，精明公正，秀气多才，出国之格，中年成功隆昌之字。

玖：理智，一生清雅荣贵，中年出外吉，成功隆昌之字。

快：天生聪颖，多才多能，中年劳苦，晚年吉昌，有爱情厄之字。

肋：刑克父母或刑偶伤子，晚婚大吉，中年困苦，晚年幸福之字。

协：刑偶欠子，清雅伶俐，中年劳累，晚年吉祥隆昌之字。

牧：奔波劳苦，中年多劳，晚年吉祥之字。

坦：英敏多才，清雅荣贵，成功隆昌之字。

坡：晚婚吉祥，多愁苦劳，病弱短寿或难幸福，破相之字。

坤：清雅伶俐，多才多能，中年有灾厄，晚年吉祥幸福。

坪：理智，文雅秀气，中年有厄或身闲心劳，晚年隆昌之字。

侗：一生清雅荣贵，中年劳苦或奔波，晚年吉昌之字。

佳：勤俭建业，家声可振，温和多才，中年成功，晚年劳神，欠子之字。

供：刑偶或欠子，多才伶俐，中年成功隆昌，晚年多劳之字，二子吉祥之字。

佻：有爱情烦恼，清雅秀气，中年有厄，晚年吉祥荣幸之字。

依：外观幸福，内心多忧，刑偶伤子，中年多灾，晚年吉祥或短寿之字。

侔：性刚口快，有牢狱之厄，中年多灾，晚年吉祥之字。

侑：心直口快，出外吉祥，中年多灾厄，晚年隆昌，多才豪杰之字。

侃：怀才不遇，中年多灾厄，晚年吉祥之字。

估：福禄双收，温和伶俐，中年成功隆昌，环境良好，刑偶欠子之字。

使：出外逢贵得财，温和贤淑但忧心劳神，上下敦睦，晚年吉祥之字。

佩：智勇双全，名利双收，清雅荣贵，女人有爱情烦恼之字。

侈：温和伶俐，多智灵巧，中年劳神或奔波，晚年吉祥之字。

侍：一生多才清雅，中年有厄，晚年隆昌，欠子之字。

夜：忧心劳苦，中年吉祥，晚年多苦，子孙吉祥之字。

岱：智勇双全，武官大吉，福禄双收，温和有德，成功荣贵之字。

例：性刚口快，多愁困苦，中年多劳或潦倒，晚年吉祥之字。

笙：精力旺盛，双妻之格，名利有分，幸福之字。

往：一生清雅多才，勤俭励业，中年劳苦，晚年吉昌之字。

征：刑偶伤子，智勇双全，爱情失败，成功隆昌，精诚之字。

彼：晚婚吉祥，出外大吉，中年劳苦或多灾，晚年吉祥之字。

林：一生平凡，清雅多才，肯作肯劳，重信义，晚年吉祥之字。

枝：刑偶伤子，多才清雅，中年吉祥，有意外之灾，晚年隆昌之字。

板：幼年多灾，少年千难，中年成功隆昌，环境良好，富贵二子之字。

忤：忧心劳神或事劳无功，中年多劳，晚年吉祥之字。

松：精明公正，智勇双全，一生清雅荣贵，成功隆昌，出国之格之字。

杯：清雅秀气，温和贤淑，一生清闲，中年隆昌，晚年吉祥之字。

析：心直口快，性刚果断，中年多灾，晚年吉祥幸福之字。

枚：奔波劳苦，有才能理智，中年爱情失败，晚年吉祥之字。

杼：清雅多才，中年有灾厄，晚年吉祥，配硬命大吉之字。

妮：清雅伶俐，多才秀气，中年成功隆昌，环境良好，出国之格。

姐：温和贤淑，勤俭持家，福禄双收，名利有分，成功隆昌之字。

姗：多才巧智，清雅伶俐秀气，中年成功，晚年吉祥之字。

妹：有爱情烦恼，一生多才，劳苦，重信义，但多厄，晚年吉祥之字。

姑：温和慈祥，外祥内忧，中年多灾或劳苦，晚年吉祥之字。

姓：多才巧智，清雅伶俐，中年隆昌吉祥，环境良好，荣贵之字。

宜：温和贤淑，慈祥有德，中年成功隆昌，清雅荣贵，环境良好之字。

宗：英俊聪颖，清雅多才，福禄双收，成功隆昌，环境良好之字。

来：晚婚迟得子大吉，出外吉祥，中年多劳或牢狱，不幸之字。

秉：义利分明，名利双收，清雅荣贵，操守廉正，出国之字。

冈：性刚果断，忧心劳神，清雅多才，中年奔波劳苦，晚年吉祥之字。

到：清雅平凡，忌车怕水，中年小心多灾，晚年隆昌，二子吉祥之字。

社：清雅多才，勤俭励业，家声可振，晚年劳神之字。

周：聪明伶俐，多才多能，中年成功，晚年劳神之字。

穹：怀才不遇或潦倒一生，性刚口快，中年多厄，晚年吉昌之字。

庚：一生安稳，天生聪颖，多才伶俐，中年成功隆昌，环境良好之字。

长：心直口快，幼年多灾，中年吉祥，晚年隆昌，女人多夫之字。

受：忧心劳神或病弱短寿，中年劳苦或多灾厄，晚年吉祥之字。

奄：忧心劳神或事劳无功，口快心直，中年多灾，晚年隆昌之字。

甬：多才巧智，秀气灵妙，清雅荣贵，中年成功隆昌之字。

命：多刑克，多能贤淑，苦中得甘，有刑偶伤子之厄，晚福之字。

享：晚婚吉祥多才，出外吉，清雅伶俐，中年劳，晚年隆昌之字。

易：子孙兴旺，多才巧智，勤俭，白手起家，成功隆昌之字。

定：刑偶伤子，多才朴素，温和慈祥，中年成功隆昌，晚年劳神多疾之字。

欣：清雅伶俐，多才巧智，中年奔波劳累，但成功隆昌可靠之字。

库：一生多才多艺，中年奔波或劳苦，晚年隆昌荣幸之字。

虱：过房之格，幼年辛苦，中年隆昌，双妻之格，有短寿之厄之字。

事：多愁多忧，事劳无功，一生清雅，晚年吉祥之字。

状：忧心劳神或怀才不遇，中年多灾厄，晚年吉祥之福之字。

和：上下敦睦，妻贤子贵，中年劳累或疾病，晚年隆昌之字。

门：浮沉不定，一生多劳或困苦，中年多灾，晚年吉祥之字。

府：温和贤淑，清雅多才，中年成功隆昌，环境良好之字。

承：精明公正，多才多能，中年成功隆昌，环境良好之字。

居：多刑克，刑偶伤子，少年千难，中年吉祥隆昌，欠子之厄之字。

乖：多相克，多才多艺，雅气伶俐，中年吉祥，晚年劳神之字。

知：理智聪颖，多才灵巧，中年成功隆昌，官或财旺，清雅荣贵之字。

奉：刑克父母或刑偶伤子，中年劳累或疾病或潦倒，晚年成功隆昌之字。

始：刑偶伤子，秀气灵巧，中年多灾或潦倒，晚年吉祥之字。

迫：奔波劳苦或身弱多厄，中年吉祥，晚年劳神之字。

东：多才巧智，义利分明，中年成功隆昌，刑偶，晚婚吉祥之字。

昀：天生聪颖，学识渊博，清雅荣贵，成功隆昌，名利双收之字。

肴：身弱多病，口快性刚，晚婚吉祥，中年劳累，晚年吉祥之字。

昌：心直口快或性刚，忌车怕水，中年劳累，晚年成功隆昌，荣贵之字。

忠：性刚，英雄豪杰，少年千难，中年劳累，晚年吉祥隆昌之字。

亚：精神公正，多才能干，中年成功隆昌，女人少年千难有不幸之字。

罔：幼年辛苦，少年千难，中年吉祥，晚年劳神暗淡之字。

制：清雅伶俐，中年虽劳，苦中得甘，晚年吉祥之字。

卧：忧心劳神或事劳无功，中年多灾厄，晚年吉祥之字。

岳：清雅荣贵，一生福禄双收，中年劳苦，晚年吉祥之字。

宙：多才巧智，秀气伶俐，肯作肯劳，重信义，成功隆昌之字。

固：环境良好，福禄双收，名利有分，中年吉祥，晚年劳神之字。

明：多才巧智，清雅伶俐，中年多灾，或爱情厄，晚年吉祥之字。

其：天生聪颖，多才多能，二子吉祥，中年成功隆昌之字。

表：出外吉祥，温和诚实，中年劳累，刑偶或欠子，晚年吉祥之字。

非：清雅秀气，伶俐多才，义利分明，中年平凡，晚年吉祥之字。

免：刑偶欠子，出外吉祥，中年有灾厄，晚年吉祥之字。

乳：清雅伶俐，秀气灵巧，晚婚吉，中年隆昌，晚年劳神之字。

舍：福禄双收，名利有分，中年吉昌，环境良好荣贵之字。

青：口快性刚，中年吉祥隆昌，晚年忧心劳神之字。

叔：多才巧智，清雅伶俐，出外吉祥，中年劳累，晚年吉祥之字。

岩：身犯破灾，性刚口快，内心慈祥，出外吉祥，享福禄之字。

果：二子吉祥，清雅荣贵，中年多厄，晚年如意发达之字。

炎：心直口快，英雄豪爽，中年牢狱或病灾，常人难从承受之字。

岸：上下敦睦，诚恳待人，多才多艺，中年成功，晚年隆昌之字。

昔：刑偶伤子，晚婚迟得子大吉，清雅秀气，温和贤淑，幸福之字。

争：清雅多才，理智，一生清闲，中年成功隆昌之字。

季：秀气伶俐，温和贤淑，内心多忧，晚婚吉祥，一生清雅平凡之字。

宛：秀气灵巧，多才伶俐，温和贤能，出外吉祥，一生英敏幸福之字。

房：福禄双收，多才多能，中年劳苦，晚年吉祥之字。

炫：清雅秀气，高贵伶俐，勤俭励业，成功隆昌，荣贵之字。

拒：智能双全，福禄双收，性刚豪爽，中年劳苦，晚年隆昌之字。

拐：少年千难，忌车怕水，父母无缘，出外吉祥，晚年隆昌之字。

拙：多愁多忧，事劳无功，一生中年苦劳，晚年吉祥之字。

拍：幼年吉祥，肯作肯劳，重信义，中年多劳，晚年隆昌之字。

押：忧心劳神或病弱短寿或有牢狱之厄，一生难幸福之字。

抽：出外逢贵得财，中年吉祥，晚年子孙隆昌，双妻之字。

油：刑偶或伤子，双妻之格，出外吉祥，中年劳累，晚年吉昌之字。

沛：性刚口快，清雅英俊，中年成功隆昌，英雄好汉之字。

河：英雄或英敏，多才多能，二子吉祥，中年劳累，晚年隆昌，忌水之字。

泗：环境良好，清雅荣贵，福禄双收，中年劳累，晚年吉祥之字。

法：克偶欠子，一生清雅多才，中年成功隆昌，晚年吉祥之字。

治：清雅荣贵，多才多能，中年成功隆昌，女人薄幸多子，再嫁欠子之字。

泊：智勇双全，清雅荣贵，福寿兴家，中年成功隆昌之字。

况：奔波劳苦或病弱短寿，中年多灾之字。

注：多能温和，重信义，中年多劳，晚年吉祥之字。

沿：福禄双收，名利有分，口快心直，贵人明现，晚年隆昌之字。

泳：克父伤子，幼年辛苦，早出社会，中年成功，隆昌荣幸之字。

波：白手成家，出外大吉，中年劳累，晚年成功隆昌，荣贵之字。

泔：良善积德，克己助人，中年隆昌，环境良好，子孙兴旺之字。

泓：义利分明，福禄双收，中年虽劳，成功隆昌，官旺，成功之字。

混：多才巧智，天生聪颖，一生操守廉正，官格成功，隆昌之字。

泱：秀气灵巧，清雅伶俐，中年吉祥，晚年子孙兴旺之字。

招：晚婚大吉，忌车怕水或多灾劳神，中年多厄，晚年吉祥，带刀之字。

抱：一生平凡，身弱短寿，有牢狱之危，中年多灾，晚年享福之字。

拘：暗淡无光，虽成功，难幸福，病弱短寿，多灾厄之字。

保：天生聪颖理智，中年成功隆昌，晚年忌车怕水之字。

便：福禄双收，出外吉祥，中年劳苦，成功隆昌，晚年吉祥但欠子之字。

侠：心直口快，英雄豪杰，中年多灾或事劳无功，晚年吉祥之字。

俗：温和伶俐，福禄双收，清雅欠子，中年劳苦，晚年吉祥之字。

俄：自尊心强，讲义气，出外吉祥，中年多灾，晚年吉祥之字。

促：刑偶伤子或有爱情厄，中年吉祥，晚年劳神之字。

俊：英敏之才，上下敦睦，中年成功隆昌，出外吉祥，名利双收之字。

侵：忧心劳神，奔波劳苦，晚年吉祥之字。

系：刑偶或欠子，一生清雅多才，晚婚吉祥，中年隆昌之字。

俱：二子吉祥，多才伶俐，中年劳苦或奔波，晚年吉祥之字。

待：秀气伶俐，多才雅气，中年劳神，晚年吉祥之字。

衍：一生清雅，多才巧智，中年劳苦，晚年隆昌，名利双收之字。

后：出外逢贵得财，刑偶欠子，有破相之厄，福禄双收之字。

律：秀气伶俐，理智聪颖，中年有爱情厄，晚年隆昌之字。

侣：福禄双收，名利有分，中年平凡，晚年吉祥，二子兴旺之字。

侯：清雅多才，理智聪颖，中年平凡，晚年吉祥之字。

怪：忧心劳神或病弱短寿，多灾厄难幸福，刑偶伤子之字。

性：幼年多灾，中年成功隆昌，环境良好，温和贤淑，老运劳神多疾之字。

玩：出外吉祥，幼年辛苦，中年成功隆昌，晚年忧心劳神之字。

玫：多才多智，天生聪颖，中年成功隆昌，清雅荣贵，出国之字。

抛：生在福家败散，幼年辛苦，中年奔波多灾，晚年吉祥子福之字。

炳：兄弟无缘，清雅荣贵，中年成功隆昌，环境良好，医界大吉之字。

芒：一贫如洗或病弱短寿，中年多灾厄，晚年吉祥之字。

衫：三子吉祥，一生清雅平凡，中年吉祥，晚年劳神之字。

咨：福禄双收，清雅荣贵，中年成功隆昌，晚年倍加昌盛之字。

染：一生清雅平凡，多才巧智，中年成功或隆昌，晚年劳神之字。

柘：刑克父母，多才多能，怀才不遇，中年多劳，晚年成功隆昌之字。

柑：有爱情烦恼或身瘦多疾，中年吉祥，晚年劳神，刑偶伤子之字。

柚：福禄双收，名利有分，中年奔波吉祥，晚年劳神多疾之字。

柄：多才巧智，环境良好，清雅荣贵，中年成功隆昌之字。

柯：清雅伶俐，智勇双全，福禄有分，中年平凡，晚年吉昌之字。

柏：清雅荣贵，多才温和，中年成功隆昌，英俊幸福之字。

柿：忌车怕水，清秀多才，中年有灾厄，晚年吉祥之字。

相：有才能，理智，刑偶伤子，双妻之格，中年成功隆昌之字。

柳：温和贤淑，秀气多才，多情重恩，中年成功，自成家业之字。

昆：勤俭建业，家声可振，中年劳苦，成功隆昌，白手起家之字。

秋：多才巧智，清雅荣贵，中年成功隆昌，女人虚荣或有爱情厄，晚年吉祥之字。

秒：刑克父母或刑偶伤子，贵人明现，中年劳苦，晚年吉祥之字。

科：多才美俊，清雅荣贵，中年成功隆昌，出外吉祥幸福之字。

纪：智勇双全，义利分明，克己助人，中年奔波或劳累，晚年吉祥之字。

红：克父命，多才巧智，清雅荣贵，中年劳苦，晚年吉祥之字。

约：多才巧智，清雅荣贵，中年成功隆昌，女人有爱情厄，教育界大吉之字。

纠：有爱情烦恼或忧心劳神，身弱多病，晚年吉祥之字。

祈：口快性刚，克父命，多才巧智，中年潦倒，晚年吉祥环境良好，伤子之字。

灾：孤寡薄幸或身弱短寿，中年多灾厄，晚年吉祥之字。

祉：一生清雅英敏，多才雅量，中年平凡，晚年隆昌之字。

贤：二子吉祥，多才巧智，中年平凡，晚年吉祥，但短寿之字。

斫：多刑克，损丁破财或病弱短寿或困苦一生，终生不幸之字。

是：清雅秀气，多才温和，身瘦勤俭，中年吉祥，晚年多疾之字。

皆：晚婚迟得子大吉，出外吉祥，中年劳苦，晚年吉祥之字。

怡：刑偶伤子，清雅秀气，温和贤淑，中年有厄，晚年吉祥之字。

封：外观幸福，内心多忧，清雅平凡，一生少乐多忧，晚年吉祥之字。

重：清雅荣贵，家声可振，安享尊荣，成功隆昌，富贵双全之字。

牲：性刚果断或心直口快，中年劳苦或有灾，晚年吉祥之字。

负：带刀厄，多相克，清雅多才，二子吉祥，晚年吉祥之字。

城：多才巧智，清雅温和，中年成功或隆昌，晚年忧心劳神之字。

映：智勇双全，聪敏，中年成功隆昌，一生安详之字。

首：忧心劳神或事劳无功，二子吉祥，中年多灾，晚年吉祥之字。

贞：秀气伶俐，温和贤淑，中年成功隆昌，二子吉祥荣贵之字。

则：精明公正，克己助人，中年成功隆昌，一生荣贵亨福之字。

威：口快性刚，智勇双全，中年劳苦奔波，晚年成功隆昌之字。

飞：英雄豪杰，义利分明，智勇双全，忌车怕水之字。

柬：忧心劳神，刑偶伤子，中年吉祥，晚年劳神多疾病之字。

扁：一生聪明伶俐，心直口快，中年平凡，晚年吉祥，女人多灾厄，病弱或短寿之字。

哉：学识渊博，操守廉正，中年成功隆昌，出国之字。

泉：英俊佳人，温和多才，清雅荣贵，中年成功，双妻，晚年劳神之字。

昭：刑偶或欠子，清雅多才，智勇双全，官运旺，晚年吉昌，多才荣贵之字。

前：出外逢贵成功，中年多灾潦倒，晚年吉祥隆昌之字。

敕：刑克父母，孤独奔波，中年多灾厄，晚年吉祥之字。

赴：保守之格，一生清雅平凡，中年劳苦，晚年吉祥，子孙隆昌之字。

厚：温和贤淑，一生清雅荣贵，中年成功隆昌，安富尊荣之字。

亮：义利分明，多才能干，有爱情厄，成功隆昌，女人薄幸难幸福之字。

耐：忧心劳神或事劳无功，清雅多才，中年劳苦，晚年吉祥之字。

某：多才巧智，清雅荣贵，中年成功隆昌，二子吉祥，女人不幸再嫁之字。

勇：晚婚吉祥，多才贤能，中年多劳，晚年吉祥，忌车怕水之字。

帝：英雅多才，福禄双收，英俊佳人，中年吉祥，荣贵隆昌之字。

军：义利分明，智勇双全，中年劳苦或奔波，成功隆昌之字。

胤：清雅荣贵，福寿绵长，学识丰富，成功隆昌之字。

省：刑偶伤子或性刚多灾，中年劳苦，晚年吉祥，女人薄幸多灾之字。

彦：操守廉正，名利双收，官运旺，成功隆昌之字。

麦：忧心劳神，有爱情烦恼，晚年享福之字。

饰：聪明伶俐，中年成功隆昌，晚年忧心劳神之字。

契：带刀厄，刑偶伤子或体弱多病，中年多灾厄，晚年吉祥之字。

妍：多才巧智，清雅伶俐，刑偶伤子，中年多灾，晚年吉祥，忌车怕水之字。

思：有才能理智，勤俭励业，家声可振，名利双收，晚年劳神之字。

昱：清雅荣贵，温和贤能，中年成功隆昌，出国之格之字。

香：身弱多灾或忧心劳神，中年灾厄，晚年吉祥，短寿多灾之字。

美：清雅秀气，多才贤能，中年吉祥，晚年隆昌，清秀之字。

姮：少年千难，有爱情厄，中年多劳，晚年吉祥隆昌之字。

风：身弱多疾或奔波劳苦，中年吉祥、晚年劳神或中年劳苦、晚年吉祥之字。

昶：子孙兴旺，多才巧智，中年成功隆昌，晚年劳神之字。

版：一生奔波劳苦或身弱短寿，有不幸之灾或牢狱之厄之字。

音：晚婚得子大吉，出外吉祥，中年劳苦或奔波，晚年吉祥，双妻之字。

帅：刑克父母或性刚果断，中年成功隆昌，晚年劳神之字。

宣：知识渊博，智勇双全，清雅荣贵，中年成功隆昌，官旺之字。

要：性刚或口快，清雅伶俐，中年吉祥，晚年劳神之字。

叙：精明公正，雅量多才，出外吉祥，成功隆昌，荣贵之字。

既：出外逢贵得财，多才能干，中年劳累，晚年吉祥之字。

羿：操守廉正，勤俭忠诚，中年吉祥，忌车怕水，女人有爱情厄之字。

俞：一生清闲，理智聪颖，中年吉祥，晚年隆昌之字。

宠：清雅多才，秀气荣贵，中年吉祥，女人刑偶伤子之字。

南：忧心劳神，中年多劳，晚年吉祥隆昌之字。

玳：清雅伶俐，出外吉祥，中年平凡，晚年隆昌，一生多福之字。

珀：学识丰富，温和贤能，英俊才人，成功隆昌，忌车怕水，女人有爱情厄之字。

珈：一生多福，福禄双收，中年成功隆昌，环境良好之字。

修：英秀伶俐，温和贤能，上下和睦，中年成功，晚年隆昌之字。

倪：出外吉祥，多才巧智，清雅伶俐，出国之字，成功隆昌，孤独格之字。

伦：学识渊博，官运旺盛，安富尊贵，出国之字，成功隆昌，孤独格之字。

情：刑偶欠子或身弱多忧，一生清雅，中年吉祥，晚年劳神之字。

倍：天生聪颖，福禄双收，名利有分，中年成功隆昌，出国之格之字。

倚：福禄双收，中年有灾厄或爱情厄，晚福之字。

侯：中年劳苦，晚年吉祥之字。

借：温和贤能，多才伶俐，中年劳累，成功隆昌，迟见子吉祥之字。

倬：怀才不遇，出外吉祥，晚年吉祥之字。

俯：清雅伶俐，中年吉祥，晚年劳神，环境良好之字。

值：义利分明，名利双收，温和贤能，成功隆昌，环境良好之字。

珊：秀气伶俐，多才巧智，中年成功隆昌，出国之格之字。

洋：多能多才，中年吉祥，女人薄幸欠子之字。

洒：多才巧智，英俊佳人，中年成功隆昌，出国之格，荣贵之字。

津：理智聪颖，晚婚吉祥，中年吉祥隆昌之字。

洗：出外吉祥，清雅多才，中年多劳，晚年隆昌之字。

洛：天性聪颖，多才巧智，中年成功吉祥，出国之字。

派：性刚，英雄豪爽，出外逢贵，中年劳累，晚年隆昌之字。

洲：克父命，刑偶欠子，中年奔波劳苦或身有暗病，晚年隆昌，双妻之字。

活：福禄双收，中年成功，晚年劳神之字。

洽：福禄双收，多才伶俐，中年成功隆昌，双妻之格，名利之字。

洪：一生清雅，温和伶俐，中年辛苦，晚年隆昌之字。

芯：有爱情厄，秀气伶俐，多才温和，晚婚，荣贵吉祥之字。

芙：清雅伶俐，中年劳苦，晚年吉祥，环境良好之字。

芳：英敏雅气，多才温和，出外吉祥，荣贵隆昌，环境良好之字。

芝：温和贤淑，多才多能，中年成功隆昌，环境良好之字。

芷：英雄豪爽，多才巧智，缘和四海，出外成功，清雅荣幸之字。

芬：幼年辛苦，少年千难，中年吉祥，清雅伶俐之字。

芸：温和贤淑，多才能干，中年成功隆昌，清雅荣贵，出国之格之字。

花：虚荣心强或有爱情厄，中年吉祥，晚年劳神或疾病之字。

肪：清雅秀气，温和贤淑，中年成功隆昌，环境良好之字。

肩：刑偶伤子或忧心劳神，中年劳苦或身弱，晚年吉祥之字。

育：精明公正，义利分明，英俊才人，清雅荣贵，中年成功隆昌之字。

玲：清秀灵巧，多才多能，中年成功隆昌，但有爱情厄，出国之格之字。

恢：一生清雅平凡，有口舌之厄，晚年吉祥之字。

兼：英敏之才，特有人缘，上下敦睦，中年劳苦，晚年隆昌之字。

珍：口快多才，兄弟无靠，中年成功隆昌，女人孤独之字。

徐：一生清雅荣贵，多才巧智，中年成功隆昌，晚年劳神之字。

径：有爱情厄或刑偶伤子或身弱多灾，中年劳苦，晚年吉祥之字。

徒：忧心劳神或事劳无功，中年多灾，晚年吉祥之字。

核：奔波劳苦或多愁少乐，中年多灾，晚年吉祥之字。

桂：清雅伶俐，中年吉祥，成功隆昌之字。

格：一生多福少劳，清雅伶俐，中年吉祥，晚年劳神之字。

栖：多才巧智，清雅荣贵，中年有灾厄，晚年成功隆昌之字。

根：英敏之才，有人缘，上下敦睦，中年劳苦，晚年吉祥，与父母无缘之字。

桃：刑偶欠子或有爱情厄，秀气多才，中年平凡，晚年吉祥之字。

桓：一生安富，多才廉正，中年成功隆昌，晚年享福之字。

校：暗路长行，出外吉祥，中年有灾厄，晚年吉祥之字。

桐：双妻之格，中年劳苦，晚年隆昌，荣华之字。

株：贤能温和，中年有灾厄或病疾，二子吉祥之字。

栓：多才巧智，清雅性刚，中年劳苦，晚年吉祥之字。

秩：忧心劳神，中年吉祥，晚年多疾病之字。

秘：一生向上，智勇双全，勤俭建业，家声可振，成功隆昌之字。

秤：教育界大吉，一生清雅平凡，名利双收，女人有爱情厄之字。

娣：清雅多才，英敏伶俐，福禄双收，荣贵成功隆昌，出国之格之字。

娥：天生聪颖，一生清雅伶俐，自尊心强，中年吉祥，晚年劳神之字。

娜：婀娜多姿，秀气伶俐，晚婚吉祥，小心爱情厄，晚年隆昌之字。

娘：温和贤能，肯作肯劳，勤俭持家，中年吉祥，晚年隆昌之字。

娟：有爱情厄或事劳无功，中年有灾厄，晚年吉祥之字。

祖：清雅荣贵，官格，中年吉祥隆昌，晚年劳神之字。

晃：出外逢贵得利，智勇双全，官运旺，中年成功隆昌，出国之格之字。

容：福禄双收，多才伶俐，二子吉祥，中年隆昌，晚年清闲之字。

丞：理智，天生聪颖，中年成功隆昌，子孙兴旺，出国之格之字。

致：清雅荣贵，理智荣贵，中年奔波成功，晚年吉祥之字。

耿：一生清雅，缘和四海，中年劳苦或潦倒，晚年吉祥之字。

家：出外吉祥，多才巧智，清雅伶俐，忌车怕水，晚年吉祥之字。

取：忧心劳神，中年多灾厄或困苦，晚年吉祥之字。

恬：心直口快或性刚果断，晚婚大吉，中年吉祥，晚年多疾之字。

恨：忧心劳神或事劳无功或有爱情厄，中年吉祥，晚年劳神之字。

恒：一年多福，清雅荣贵，多才能干，中年成功隆昌，欠子之字。

高：一生清雅，福禄双收，中年劳苦，晚年吉祥之字。

恣：一生多福少劳，清雅多才，中年吉祥，晚年劳神之字。

准：多才巧智，清雅伶俐，二子吉祥，中年成功隆昌之字。

纯：有爱情烦恼或忧心劳神，清雅伶俐，身弱多疾，晚年幸福之字。

纹：刑偶欠子，肯作肯劳，重信义，有再嫁之厄，晚年隆昌之字。

纺：肯作肯劳，重信义，中年吉祥，子孙鼎盛，晚年隆昌之字。

纳：刑偶伤子或病弱多疾，中年有灾厄，晚年吉祥之字。

纸：忧心劳神或事劳无功，中年劳苦，晚年吉祥多疾之字。

财：忧心劳神，事劳无功，忌车怕水，中年吉祥，晚年多灾厄之字。

耘：天生聪明，多才巧智，中年吉祥，晚年劳神之字。

益：身弱，清雅伶俐，中年有灾，晚年吉祥，克父之字。

轩：清秀灵巧，多才伶俐，中年吉祥隆昌之字。

师：刑克父母，少年千难，中年多灾或潦倒，晚年吉祥之字。

夏：出外吉祥，有爱情厄，中年劳苦，晚年吉祥之字。

仓：福禄双收，清雅伶俐，晚婚吉祥，中年劳苦，晚年吉祥之格之字。

载：子孙兴旺，清雅伶俐，多才荣贵，中年成功隆昌，出国之字。

钊：带刀厄，礼诚待人，安稳守已，中年劳苦，晚年隆昌之字。

带：身犯破或身弱多疾，中年爱情烦恼，再嫁守寡，晚年吉祥之字。

恭：幼年辛苦或身有暗病，中年吉祥，晚年劳神多灾之字。

圃：精明公正，智勇双全，一生清雅荣贵，成功隆昌之字。

库：安分守己，温和伶俐，中年有灾厄，晚年吉祥之字。

宫：智勇双全，福禄双收，义利分明，二子吉祥，晚年隆昌，劳神之字。

训：一生清雅平凡，晚婚大吉，双妻之格，多灾之字。

峰：天生聪颖，多才巧智，中年奔波，晚年吉祥之字。

恩：清雅伶俐，多才多能，中年吉祥，晚年劳神之字。

眠：一生清雅，多才巧智，温和贤能，中年劳苦，晚年吉祥之字。

原：清雅荣贵，多才巧智，中年吉祥，晚年隆昌之字。

殷：出外吉祥，清雅多才，中年劳或奔波，晚年隆昌之字。

岂：英敏伶俐，多才巧智，清雅荣贵，中年吉祥，出国之格之字。

托：义利分明，清雅多才，中年劳苦或奔波，晚年吉祥隆昌之字。

晁：天生聪颖，智勇双全，中年成功隆昌，出国之字。

马：清雅荣贵，多才伶俐，中年劳苦或奔波，晚年吉祥之字。

展：多才贤能，聪明伶俐，中年成功隆昌，出国之格之字。

宴：子孙兴旺，秀气多才，中年劳苦或有灾，晚年吉祥之字。

桑：忧心劳神或事劳无功，中年有灾厄，晚年劳神之字。

峨：心直口快，身瘦多厄，中年劳苦，晚年成功隆昌，出国之格之字。

帐：过房之格，一生清雅多才，中年劳碌，晚年吉祥之字。

迎：奔波劳苦或忧心劳神，晚年享福之字。

近：奔波劳苦，多才巧智，清雅伶俐，中年劳碌，晚年隆昌之字。

旌：英俊佳人，上下敦睦，温和慈祥，成功隆昌，环境良好之字。

苑：秀气英敏，义利分明，贵人明现，中年成功隆昌，享福之字。

茂：刑偶伤子，双妻之格，清雅多才，中年劳累，晚年隆昌之字。

英：天生聪明，气度恢宏，中年成功隆昌，小心爱情厄，出国之格之字。

苗：秀气灵巧，俏雅贤淑，中年吉祥，晚年隆昌之字。

若：福禄双收，孤独格，中年辛苦，晚年吉祥之字。

苡：多才秀雅，上下敦睦，中年成功隆昌，出国之格之字。

袍：出外逢贵得财，中年多灾厄，身弱短寿，晚年吉祥之字。

猛：雄壮厚重，少年千难，中年成功隆昌，子孙兴旺之字。

斌：多才伶俐，清雅荣贵，中年吉祥，成功隆昌，忌车怕水之字。

仑：克夫之格，清雅多才，中年有离乱之厄，晚年吉祥之字。

救：出外吉祥，晚婚迟见子吉，中年隆昌，晚年吉祥之字。

珠：有爱情烦恼或体弱多病，多灾厄，晚年吉祥之字。

班：温和贤能，怀才不遇，中年辛苦，晚年吉祥之字。

胞：身弱多厄，清雅伶俐，中年劳累，晚年吉祥之字。

背：忧心劳神或身弱多厄，晚年吉祥之字。

胡：多才巧智，清雅伶俐，中年辛劳，成功隆昌，晚年吉祥之字。

胎：清雅伶俐，多才贤能，中年吉祥，成功隆昌，欠子之字。

胖：忧心劳神，晚年吉祥之字。

屏：多才清雅，荣贵安富，成功隆昌，出国之格，小心爱情厄之字。

袖：出外大吉，勤俭持家，清雅伶俐，中年平凡，晚年吉祥之字。

悦：清雅吉祥，多才巧智，出外吉祥，中年劳心，成功隆昌之字。

悌：天生聪颖，智勇双全，中年成功，清雅荣贵，出国之格之字。

悟：性刚口快，豪爽伶俐，福禄双收，名利有分，成功隆昌之字。

那：清雅伶俐，秀气巧智，中年成功隆昌，晚年劳神之字。

邦：孤独格，兄弟无缘，英敏巧智，中年隆昌，晚年劳神之字。

流：晚婚迟见子，贵人明现，中年奔波，晚年荣幸之字。

浩：学识丰富，清雅荣贵，福禄双收，官运旺，成功隆昌之字。

浦：勤俭建业，家声可振，中年有灾厄，出国吉祥之字。

海：忧心劳神，多才清雅，中年吉祥，晚年劳神多病疾之字。

浚：英敏多才，清雅荣贵，中年成功，出国富贵之字。

浴：福禄双收，义利分明，中年吉祥，双妻之格，晚年劳神之字。

浪：性刚果断，奔波劳苦，晚婚吉祥，中年多劳，晚年吉祥之字。

消：暗淡无光或忧心劳神或刑偶伤子，中年劳碌，晚年吉祥之字。

浮：虚荣心强，清雅伶俐，中年多劳或有灾，晚年子福之字。

酒：身弱短寿或多忧少乐，中年多灾厄，晚年吉祥之字。

研：刑克父母或刑偶伤子，中年劳苦之字。

趁：秀气多才，温和贤淑，小心爱情厄，中年有灾，晚年吉祥，出外之格之字。

规：理智聪明，性刚口快，一生清雅，中年劳苦，晚年吉祥之字。

振：清雅多才，温和贤淑，双妻之格，中年成功隆昌，二子吉祥之字。

细：智勇双全，清雅伶俐，中年成功隆昌，环境良好，有爱情厄之字。

组：福禄双收，清雅荣贵，中年劳苦，晚年吉祥之字。

绍：义利分明，智勇双全，刑偶欠子，官旺，晚年隆昌之字。

朗：天生聪明，上下和睦，多才巧智，中年成功，隆昌幸福之字。

培：勤俭建业，中年吉祥，出国之格，名利双收，官旺之字。

顷：有厄小心，中年劳苦，晚年吉祥隆昌之字。

偕：出外吉祥，晚婚或迟见吉，中年劳苦，晚年吉祥福禄之字。

侦：福禄双收，二子吉祥，清雅荣贵，中年成功隆昌之字。

条：英俊佳人，清雅多才，中年成功隆昌，环境良好之字。

偏：口快性刚，清雅多才，中年吉祥，晚年劳神之字。

得：晚婚或迟得子大吉，中年多劳或有官厄，晚年吉祥之字。

从：离祖成功，清雅多才，中年成功隆昌，环境良好，福寿兴家之字。

御：秀气伶俐，理智，贵人明现，武官吉，但常人难受之字。

偃：晚婚迟得子吉，中年劳苦，晚年吉祥之字。

伟：多才巧智，清雅伶俐，小心爱情厄，中年成功隆昌，晚年劳神之字。

货：忧心劳神或事劳无功，中年劳累，晚年吉祥之字。

悠：清雅伶俐．多才巧智，中年劳累，但吉祥，晚年隆昌，劳神之字。

彬：清雅荣贵，多才能，智勇双全，有官格之字。

械：口快性刚，忌车怕水，晚年吉祥之字。

梓：一生清雅荣贵，智勇双全，官运旺，成功隆昌，环境良好，劳心之字。

梗：一生温和伶俐，中年辛劳，晚年吉祥之字。

梢：一生清雅多才，中年多劳，晚年吉祥，欠子之字。

梅：小心爱情厄，吉凶分明，吉则出国，成功隆昌，不幸则多灾厄之字。

梧：清雅多才，义利分明，中年吉祥，晚年隆昌，环境良好之字。

移：有爱情厄或刑偶伤子，命途多难，中年劳苦，晚年吉祥之字。

梯：一生清雅伶俐，理智，英雄豪杰，中年成功隆昌之字。

侧：重信义，一生清雅，中年多劳或奔波，晚年吉祥之字。

健：智勇双全，操守廉正，中年成功隆昌，清雅荣贵，出外大吉，官旺之字。

婉：清雅秀气，有才能理智，中年成功隆昌，出国之格之字。

处：出外大吉，性格复杂，重信义，中年劳苦，晚年吉祥之字。

婚：刑偶伤子，一生清雅多才，伶俐，晚婚吉，中年劳累，晚年吉祥之字。

妇：秀气温和，暗淡之格，中年有灾厄或身弱，晚年吉祥之字。

匾：多才巧智，一生清雅贤能，中年隆昌，环境良好，荣幸之字。

焥：多才巧智，温和贤淑，中年吉祥，成功隆昌，晚年劳神之字。

祥：英俊伶俐，天生聪颖，晚年吉祥之字。

望：清雅荣贵，多才伶俐，官格旺，中年劳苦，晚年吉祥之字。

船：中年奔波，晚年吉祥之字。

常：机谋多变，心性易动，中年吉祥，晚年劳神多疾之字。

敏：有爱情厄，多才温和，清雅荣贵，出国之格，劳神之字。

曹：一生清雅多才，晚婚大吉，中年劳累，晚年隆昌之字。

峥：外观幸福，内心多忧，一生清雅平凡，多才伶俐，成功吉祥之字。

岭：福寿兴家，福禄双收，清雅荣贵，官旺成功，隆昌之字。

寅：一生清雅多才，保守之格，官旺吉祥，晚年劳神之字。

崇：英俊多才，清雅荣贵，中年小心爱情厄，环境良好之字。

启：清雅荣贵，中年吉祥，出国之格，有身弱及短寿之格之字。

梨：清雅多才，中年有厄运，晚年吉昌，环境良好之字。

彩：清雅伶俐，多才巧智，中年平凡，晚年吉祥，双妻之格之字。

坚：清雅荣贵，智勇双全，中年成功隆昌，出国之格，官运旺之字。

乾：清雅荣贵，长寿多才，克己助人，中年吉祥，晚年隆昌，女人刑偶伤子，晚婚大吉之字。

最：智勇双全，教育界大吉，官运旺，中年吉祥，环境良好之字。

区：忧心劳神或身弱多厄，中年多难，晚年吉祥之字。

唯：衣食丰足，肖雅贤能，福禄双收，成功隆昌，幸福之字。

唱：一生多病，中年吉祥，晚年隆昌之字。

凰：天生聪颖，清雅荣贵，中年成功隆昌，官运旺，荣富之字。

勘：中年吉祥，环境良好，晚年身闲心劳之字。

动：心直口快，中年劳苦，晚年吉祥之字。

商：福禄有进，名利有分，中年劳苦，晚年吉祥幸福之字。

问：福禄双收，多才伶俐，命硬，有破相之厄之字。

壶：有爱情厄，清秀伶俐，福禄双收，出外吉祥，荣贵之字。

寂：温和贤淑，勤俭伶俐，名利双收，出外吉祥，荣贵之字。

云：清秀伶俐，多才巧智，出国之格，中年成功隆昌之字。

惟：温和贤淑，中年劳神，晚年吉昌之字。

惜：温和慈祥，多才清雅，晚婚迟得子大吉，环境良好之字。

情：一生清雅伶俐，有爱情厄，晚年吉祥之字。

统：智勇双全，操守廉正，中年劳或多灾，晚年吉祥之字。

绒：有爱情厄或忌车怕水，中年小心，晚年吉祥之字。

茸：勤俭起家，清雅荣贵，多才多能，成功隆昌之字。

茜：清雅秀气，智勇双全，安富尊荣，荣贵出国之字。

茱：秀气伶俐，温和多才，中年成功隆昌，清雅荣贵，二子吉祥之字。

荏：精明公正，多才荣贵，中年吉祥，晚年吉祥之格之字。

荃：口快性刚，多才伶俐，清雅多能，中年吉祥，晚年劳神之字。

茶：中年多劳，晚年吉祥隆昌之字。

博：智勇双全，多才巧智，中年奔波，晚年隆昌之字。

皖：忧心劳神，中年多灾厄，晚年吉祥之字。

脂：清雅伶俐，中年多灾，晚年吉祥隆昌之字。

防：贵人明现，一生清雅多才，晚年吉昌之字。

淋：官缘得禄，操守廉正，官运旺，成功隆昌，环境良好之字。

淑：温和伶俐，有爱情厄或身弱，中年吉祥，晚年劳神之字。

清：吉凶分明，吉则成功隆昌，凶则忌车怕水，中年多灾，晚年吉祥之字。

淇：英俊佳人，上下和睦，二子吉祥，义利分明，成功隆昌，官运旺盛之字。

淳：一生清雅伶俐，勤俭励业，福寿兴家，环境良好之字。

深：一生荣贵，中年成功隆昌，环境良好之字。

净：清雅荣贵，克己助人，中年成功隆昌，出国之格之字。

添：孤独格，父母无缘，身弱短寿，中年多灾，晚年吉祥之字。

淡：晚婚迟得子大吉，多灾厄，难幸福之字。

凉：夫妻有刑，晚见子吉，中年劳苦，晚年吉祥之字。

掖：口快性刚或事劳无功，中年多灾，晚年吉祥之字。

涯：一生清雅平凡，中年劳苦或奔波，晚年吉祥之字。

淞：学识渊博，勤俭建业，中年成功隆昌，出国之格之字。

涂：天生聪明，多才多能，清雅荣贵，中年成功隆昌，环境良好之字。

凌：有爱情烦恼，清雅多才，中年成功隆昌，晚年吉祥之字。

淘：温和贤淑，良善积德，福禄双收，名利有分，环境良好之字。

琉：清雅荣贵，多才贤能，中年成功，隆昌出国之格之字。

排：忧心劳神或事劳无功，中年多灾，晚年吉祥之字。

授：肯作肯劳，重义信用，中年多劳，晚年吉祥之字。

措：温和贤淑，福寿兴家．中年吉祥，晚年隆昌，慈祥之字。

接：忧心劳神或百事苦劳，中年劳苦或多厄，晚年吉祥之字。

挂：智勇双全，清雅伶俐，中年成功隆昌，双妻之格，荣贵之字。

探：中年劳苦，晚年吉祥之字。

理：清雅荣贵，多才巧智，成功隆昌，女人多灾之字。

琅：心直口快，清雅荣贵，中年劳苦或奔波，晚年成功隆昌之字。

现：口快性刚，多才伶俐，中年吉祥，晚年隆昌，环境良好之字。

球：贵人明现，清雅多才，精明公正，中年成功，荣贵之字。

冯：一生清雅，福禄双收，中年劳苦或奔波，晚年吉祥之字。

羡：清雅伶俐，多才巧智，有爱情厄，中年劳苦，晚年吉祥之字。

诊：有才能理智，兄弟无靠，中年吉祥，晚年劳神之字。

评：教育界大吉，温和贤能，中年吉祥，晚年劳神多疾之字。

词：一生清雅，名利双收，福寿荣贵，中年隆昌，环境良好之字。

证：义利分明，言而必信，操守廉正，中年成功，荣贵之字。

场：忧心劳神或事劳无功，中年多难，晚年吉祥之字。

程：一生清雅荣贵，智勇双全，中年多劳或奔波，晚年吉昌之字。

稍：一生清雅伶俐，小心爱情厄或离乱，晚年吉祥之字。

稀：性刚果断，少年千难，中年多劳或奔波，晚年吉祥之字。

焱：通晓大义，克己助人，温和贤能，成功隆昌，但常人难受之字。

媛：秀气伶俐，温和贤能，中年吉祥，晚年隆昌，出外吉祥之字。

栋：忧心劳神，清雅荣贵，官运旺，晚年劳神之字

植：一生信义可嘉，名利双收，中年吉祥，晚年隆昌之字。

敦：出外吉祥，清雅英敏，晚年隆昌幸福之字。

寻：忧心劳神，中年多灾厄，晚年吉祥之字。

婷：温和贤淑，心直口快，多才清雅，中年隆昌，一生安详福寿之字。

尊：一生多才伶俐，中年多劳，晚年吉祥清贫之字。

翔：清雅荣贵，官运旺，中年成功隆昌，出国之格，富贵之命之字。

策：二子吉祥，名利双收，多才温和，中年劳苦，晚年吉祥之字。

开：少年千难，中年奔波勤俭，晚年吉祥之字。

徨：义利分明，晚婚吉，中年平凡，晚年隆昌，官旺之字。

童：一生清雅多才，贤能聪敏，中年劳苦但吉祥，晚年劳神之字。

皓：智勇双全，清雅荣贵，官运旺，成功隆昌之字。

喜：一生清雅荣贵，中年成功隆昌，环境良好之字。

轶：忧心劳神或孤独，一生清雅多才，中年吉祥，晚年劳神之字。

尧：克父伤妻，一生清雅多才，官运旺，中年吉祥，晚年劳神之字。

为：英敏秀气，清雅伶俐，二子吉祥，中年劳苦，晚年吉祥之字。

创：英敏秀气，清雅伶俐，中年劳苦，晚年隆昌之字。

须：三子命中存，有才能理智，中年劳苦，晚年吉祥，子孙隆昌之字。

媚：小心爱情厄，聪明伶俐，秀气多才，温和贤淑，成功隆昌之字。

发：清雅多才，中年多劳，晚年吉祥之字。

絮：有爱情烦恼或身弱多厄，清雅伶俐，中年劳苦，晚年吉祥之字。

期：英敏多才，上下和睦，清雅贤良，中年吉祥，晚年隆昌，环境良好之字。

景：多才贤能，精明公正，中年成功隆昌，环境良好之字。

黄：一生清雅，聪明伶俐，刑克父母，中年劳苦，晚年吉祥之字。

弼：智勇双全，官或财旺，中年成功隆昌，环境良好之字。

斯：学识渊博，清雅荣贵，官运旺，福寿兴家，环境良好富贵之字。

视：性刚口快，英雄格，出外吉祥，中年劳苦，晚年多疾之字。

答：克妻欠子，温和伶俐，中年多灾或奔波，晚年吉祥之字。

闵：智勇双全，义利分明，一生清雅荣贵，中年成功隆昌之字。

硬：出外贵人现，福禄双收，晚年隆昌，短寿之字。

蚁：欢乐一生，慷慨精诚，有成人之美德，中年出外大吉之字。

报：奔波劳苦，少年千难，中年劳苦，辛劳之字。

循：小心爱情厄，一生清雅平凡，中年劳苦，晚年吉祥隆昌，出国之格之字。

敢：性刚口快，意志坚强，抱负大，中年多灾或奔波，晚年吉祥之字。

贴：清雅伶俐，多才贤能，中年吉祥，晚年隆昌之字。

雁：出外或离祖吉祥，中年奔波或劳苦，晚年吉祥，双妻之格之字。

翕：精明公正，克己助人，清雅温和，中年平凡，晚年吉祥幸福之字。

惠：一生聪明，秀气伶俐，名利双收，中年吉祥，晚年子孙旺，劳神之字。

登：清雅荣贵，多才贤能，中年成功隆昌，二子吉祥之字。

岚：清雅荣贵，才智出众，但身弱之字。

蛙：得天时地利，天赐之福，中年吉祥，晚年劳神，小心爱情厄之字。

象：英雄豪杰，中年奔波或多劳，晚年吉祥，双妻之格之字。

裁：胆识丰富，清雅荣贵，中年吉祥，多才贤能，晚年劳神多厄之字。

智：吉凶分明，吉则成功，官运旺，凶则短寿不幸之字。

胜：英敏之才，早婚短寿，晚婚平静，中年有灾，晚年吉祥之字。

斐：聪明伶俐，多才秀气，中年吉祥，晚年隆昌，环境良好之字。

寒：劳苦多灾厄或身弱短寿，忌车怕水，二子吉祥之字。

云：英敏荣贵，官运旺，成功隆昌，女人薄幸有爱情厄或身弱短寿之字。

倾：天生聪颖，多才秀气，清雅荣贵，二子吉祥，出国之格之字。

催：忧心劳神或事劳无功，中年多灾或穷苦，晚年吉祥之字。

琶：温和贤淑，勤俭兴家，福禄双收，中年吉祥，晚年隆昌之字。

犹：多才荣贵，英雄豪爽，中年吉祥奔波，晚年隆昌劳神之字。

粮：义利分明，克己助人，中年平凡，晚年吉祥之字。

裕：出外吉祥，福禄双收，中年吉祥，晚年劳神之字。

愉：一生清雅荣贵，谋略出众，官运旺，享福之字。

辞：清雅多才，秀气伶俐，中年劳苦，勤俭持家，晚年吉祥之字。

游：一生清雅伶俐，名利双收，中年劳苦，晚年吉祥，乐天之字。

湖：英俊多才，一生平凡，保守之格，中年吉祥，晚年劳神，妻贤子贵之字。

渡：出外逢贵得财，中年奔波劳苦，夫妻和合欠子，晚年隆昌之字。

渝：胆识兼有，清雅荣贵，官运旺，中年成功隆昌，精诚之字。

港：少年千难，多才贤能，中年劳苦或奔波，晚年隆昌，双妻之格之字。

湘：精明公正，清雅荣贵，中年成功隆昌，女人有爱情厄之字。

琢：出外逢贵得财，智勇双全，中年成功隆昌，环境良好之字。

汤：智勇双全，义利分明，官或财旺，中年成功，出国之格之字。

渊：福寿兴家，理智充足，慈祥有德，环境良好，安享富贵之字。

湫：虚荣心强或有爱情厄，中年多灾，晚年吉祥，贤能之字。

浑：英俊多才，清雅荣贵，中年成功隆昌，晚年环境良好之字。

振：精明公正，义利分明，勤俭建业，家声可振，官旺之字。

莉：秀气灵巧，多才巧智，中年成功隆昌，出国之格，荣贵之命之字。

莆：智勇双全，机智多才，小心爱情厄，中年有灾，晚年吉祥之字。

庄：一生清雅多才，贤能温和，中年劳苦，晚年吉祥之字。

莞：清秀巧妙，清雅温和，中年成功隆昌之字。

莨：出外吉祥，天生聪颖，中年吉祥，晚年隆昌幸福之字。

莎：温和伶俐，勤俭多才，中年吉祥，晚年隆昌，荣贵之字。

追：忧心劳神或多劳少功，中年多灾，晚年吉祥之字。

郊：有爱情厄或身弱短寿，中年劳苦，晚年吉祥之字。

郁：清雅伶俐，心直口快，中年成功隆昌，晚年昌盛安稳之字。

脱：奔波劳苦或身弱多厄，中年劳苦，晚年吉祥之字。

附：智勇双全，清雅聪明，中年成功隆昌，晚年子孙兴旺之字。

挥：精明公正，多才英明，中年成功隆昌，子孙兴旺之字。

换：多才贤能，荣贵，成功隆昌，女人薄幸再嫁之字。

扬：智能双全，多才贤能，名利双收，荣贵官旺，富贵之字。

提：天生聪颖，清雅荣贵，出国之格，中年成功隆昌，荣华之字。

捷：奔波劳苦，出国之格，中年成功隆昌，环境良好之字。

琵：二子吉祥，清雅多才，中年吉祥，晚年隆昌之字。

琳：学识丰富，温和贤淑，官运旺，克己助人，出国荣达之字。

琨：清雅多才，英俊勤俭，中年吉祥，晚年隆昌，官旺财薄之字。

琴：少年千难或中年奔波劳苦，晚年吉祥之字。

琮：智勇双全，名利双收，英俊荣贵，中年吉祥，晚年隆昌，官运旺之字。

斑：一生清雅多才，但怀才不遇，中年多灾，晚年吉祥之字。

琛：清雅荣贵，多才多能，中年成功隆昌，晚年吉祥，福寿之字。

琬：一生多福，清雅荣贵，中年成功隆昌，出国之格，荣贵之命之字。

琦：有爱情厄，福禄双收，中年吉祥，晚年劳神之字。

琪：智勇双全，清雅荣贵，官运旺，中年成功隆昌，清秀之字。

琰：性刚果断，一生清雅多才，中年吉祥隆昌，晚年劳神之字。

暖：晚婚或迟得子吉，秀气多才，出外隆昌，中年吉祥，伶俐之字。

暄：智勇双全，清雅荣贵，成功隆昌，官旺之字。

暗：不祥之格，暗淡无光，不幸之字。

晖：命硬，清雅荣贵，官旺，中年平凡，晚年隆昌，环境良好之字。

睦：智勇双全，精明公正，温和贤能，官运旺，一生享福禄之格之字。

诗：多才贤能，理智，官运旺，中年成功隆昌，出国之格之字。

话：心直口快，多才贤能，福禄双收，中年劳苦，晚年隆昌之字。

夸：少乐多愁，口才伶俐，中年勤敏，但有祸端，晚年吉祥之字。

勤：刑克父母或刑偶伤子，孤独劳神或身弱多灾厄之字。

详：温和贤能，福寿兴家，中年平凡，晚年隆昌之字。

试：忧心劳神或事劳无功，爱情失败，中年多劳，晚年吉祥之字。

诰：福禄双收，清雅多才，良善积德，全家隆盛，环境良好之字。

焕：理智聪敏，多才伶俐，出外吉祥，荣贵隆昌之字

煊：清雅多才，贤能精诚，官运旺，中年有灾，晚年隆昌之字。

辉：性刚或幼年多厄，中年吉祥，晚年隆昌，环境良好，出国之格之字。

煌：多才，贤能清雅，中年平凡，晚年吉祥之字。

煜：一生清雅荣贵，勤敏多才，中年成功隆昌，出国之格之字。

炜：多才贤能，清雅荣贵，中年成功隆昌，出国之格之字。

炼：清雅伶俐，多才巧智，出外大吉，中年平凡，晚年隆昌之字。

衙：有才有理智，清雅荣贵，中年成功隆昌，出国之字。

钰：清秀伶俐，有才能理智，官运旺，中年吉祥，晚年隆昌之字。

预：忧心劳神或刑偶伤子，中年劳苦，爱情失败，晚年吉祥，二子之字。

当：性刚或刑偶伤子，晚婚大吉，中年小心有灾厄，晚年隆昌，环境良好之字。

嫁：外观幸福，内心多忧，出外吉祥，晚年隆昌之字。

驯：一生清雅，奔波劳苦，中年吉祥，晚年隆昌，刑偶伤子之字。

新：多才巧智，智勇双全，一生奔波，晚年吉祥，名利之字。

圣：学问丰富，清雅荣贵，官运旺，成功隆昌，享福终世之字。

鼎：精明公正，智勇双全，官运成功隆昌，出国荣贵之字。

钵：一生安详，中年平凡，晚年吉祥，环境良好之字。

廉：清雅英敏，出外吉祥，中年平凡，晚年吉祥，二子兴隆之字。

献：智勇双全，多才清雅，中年吉祥，晚年劳神，环境良好之字。

势：清雅多才，中年劳苦或多灾，晚年吉祥之字。

聘：有爱情烦恼或少乐多忧，中年劳苦，晚年吉祥但多疾之字。

雷：一生清雅，多才贤能，中年平凡，晚年隆昌之字。

颁：智勇双才，多才贤能，中年有灾，晚年隆昌之字。

意：外观幸福，内心多忧，中年劳苦，晚年隆昌之字。

岁：清雅多才，英敏贤能，中年平凡，晚年吉祥之字。

义：多才巧智，清雅伶俐，中年吉祥，晚年隆昌幸福之字。

奥：二子吉祥，多才贤能，中年吉祥，晚年劳神之字。

督：忧心劳神，一生困苦多病之字。

蜀：精明公正，克己助人，出外吉祥，中年成功隆昌，出国之格之字。

几：多情重恩，一生清雅伶俐，出外大吉，名利双收之字。

资：清雅荣贵，二子吉祥，中年隆昌，多才贤能，环境良好，秀气之字。

筠：清秀伶俐，温和贤淑，中年吉祥，晚年隆昌，出国之格之字。

硕：清雅荣贵，贤能多才，二子吉祥，官运旺，名利双收之字。

阁：勤俭治家，忠厚善良，上下和睦，中年吉祥，环境良好之字。

管：多才贤能，清雅温和，福禄双收，晚年吉祥之字。

献：性刚口快，操守廉正，智勇双全，武官吉，官运旺，福寿兴家之字。

尽：清雅伶俐，刑偶欠子或有爱情烦恼，再嫁守寡之字。

闽：幼年多灾，中年多劳，忧心劳神，晚年吉祥之字。

划：少乐多忧，晚婚大吉，中年劳苦，晚年吉祥之字。

造：出外吉祥，清雅多才，中年吉祥，晚年隆昌，福禄双收之字。

通：口快伶俐，出外大吉，中年多劳，晚年吉祥之字。

逢：贵人明现，出外吉祥，晚年隆昌，荣贵之字。

连：出外大吉，贵人明现，福禄双收，名利之字。

速：出外吉祥，一生多才，清雅伶俐，中年劳苦，晚年吉祥，小心爱情厄之字。

菁：温和贤淑，秀气多才，中年吉祥，晚年劳苦，小心爱情厄之字。

萌：幼年辛苦，英雄之格，中年劳心，晚年吉祥之字。

华：天生聪颖，多才贤能，有爱情厄，中年有灾，晚年吉祥之字。

萍：清雅秀气，多才贤能，小心为爱情伤身，出国之格之字。

菊：小心爱情烦恼，清秀伶俐，多才荣贵，中年吉祥，晚年隆昌之字。

菜：秀气伶俐，清雅多才，温和，中年操劳，晚年隆昌荣幸之字。

瑜：学识渊博，官运旺，清雅荣贵，成功隆昌，名利双收，出国之字。

瑛：清雅荣贵，小心爱情厄，成功隆昌，环境良好之字。

瑚：一生清雅伶俐，智勇双全，福禄双收，一生安详，幸福之字。

瑞：英俊才人，多才荣贵，教育界大吉，成功隆昌，女人多厄之字。

玮：清雅伶俐，天生多才，中年吉祥，晚年隆昌，官旺之字。

铨：精明公正，身瘦多才，清雅荣贵，中年成功隆昌，环境良好，出国之格之字。

铜：多才温和，晚婚迟得子吉，福禄双收，名利有分，环境良好，女人多疾病之字。

铭：智勇双全，精明公正，福禄双收，名利有分，安福尊荣之字。

制：刑偶伤子或少乐多忧，中年劳苦，晚年吉祥之字。

毓：学识渊博，清雅荣贵，宫运旺，名利双收，出国隆昌之字。

叹：一生清雅，多才但多灾厄，难幸福之字。

源：清雅荣贵，智勇双全，官财两旺，兴旺富贵之字。

溪：事业如意，中年成功隆昌，福禄双收，双妻之命，晚年劳神之字。

滋：温和贤淑，清秀伶俐，中年吉祥，晚年隆昌，环境良好，贤能之字。

温：一生清雅多才，中年吉祥，晚年劳神多疾之字。

涂：英俊人才，清雅荣贵，一门鼎盛，中年吉祥，安详之字。

溜：多才贤能，福禄双收，名利俱全，中年隆昌，晚年劳神之字。

溢：兄弟无缘，多才贤能，身弱多疾，中年吉祥，晚年劳神之字。

溥：义利分明，操守廉正，勤俭温和，中年成功，隆昌出国之字。

僧：温和伶俐，一生清雅多才，中年吉祥，晚年隆昌之字。

像：性刚口快，慷慨待人，中年劳苦或奔波，晚年吉祥，双妻之格之字。

微：出外吉祥，晚婚迟得子吉，中年劳苦，晚年吉祥之字。

衔：精明公正，操守廉正，中年成功隆昌，名利双收，富贵之字。

嫩：多才秀气，肯作肯劳，勤俭治家，中年吉祥，晚年隆昌之字。

察：三子命，清雅多才，中年平凡，晚年隆昌，保守之字。

境：英敏多才，清雅荣贵，福禄双收，名利有分，出外大吉，荣贵之字。

夏：出外吉祥，小心爱情厄，多才贤能，秀气温和，中年劳苦，晚年隆昌之字。

彰：学识丰富，清雅多才，中年吉祥，晚年隆昌，三子之字。

畅：一生清雅荣贵，天生聪颖，事业如意，家庭和睦，环境良好之字。

凤：学问丰富，官运旺，成功隆昌，富贵之字，女人有爱情厄或薄幸之字。

尔：秀气英敏，温和荣贵，中年吉祥，晚年成功隆昌，出国官旺之字。

熊：胆识丰富，智勇双全，中年吉祥，晚年隆昌，荣贵之字。

端：英敏多才，智勇双全，清雅荣贵，中年吉祥，环境良好之字。

齐：清雅多才，学识渊博，中年吉祥隆昌，晚年劳神之字。

图：多才贤能，理智充足，出外大吉，中年吉祥，晚年劳神之字。

旗：性刚口快，中年多劳或奔波，晚年劳神之字。

辅：胆识丰富，一生清雅荣贵，官运旺，成功隆昌，荣贵之字。

饰：外观幸福，内心多忧，有爱情厄，晚年吉祥之字。

寿：环境良好，官或财旺，但身弱多疾，中年吉祥，晚年劳神之字。

碧：一生清荣，中年成功隆昌，环境良好，双妻之格，女人多厄短寿之字。

鼓：破相或身弱短寿或奔波劳苦，命途多灾难之字。

鸣：清雅伶俐，秀气温和，中年吉祥，晚年隆昌福禄之字。

翠：小心爱情厄，清秀温和，中年多劳，晚年隆昌幸福之字。

歌：出外吉祥，一生清雅伶俐，刑偶或伤子，中年劳苦，晚年吉祥之字。

台：学问丰富，清雅多才，中年吉祥，晚年隆昌之字。

瑭：多才贤能，温和忠厚，勤俭治家，中年吉祥，清雅平凡之字。

肇：清明公正，忠厚多才，清雅荣贵，官运旺，成功隆昌，名利双收之字。

署：忧心劳神，中年劳苦，晚年吉祥，子孙兴旺之字。

荣：吉凶分明，吉则清雅荣贵，成功隆昌，凶则牢狱凶亡之字。

豪：孤独格，兄弟无靠，出外吉祥，福禄双收，环境良好，幸福之字。

董：英敏才人，理智充足，中年吉祥隆昌，晚年劳神之字。

万：忧心劳神，一生清雅伶俐，中年劳苦或潦倒，晚年吉祥之字。

机：心直口快，外出大吉，中年多劳，但隆昌，晚年荣幸之字。

蒂：清雅多才，秀气贤能，中年吉祥，晚年隆昌幸福之字。

萱：学识渊博，一生多才，清雅荣贵，官运旺，福寿出国之字。

叶：有爱情厄或身弱短寿，中年劳苦，晚年吉祥之字。

广：刑克父母，一生清雅伶俐，中年劳苦，晚年吉祥，教育界大吉之字。

娴：秀气灵巧，天生聪颖，中年成功隆昌，荣贵之字。

墀：精明公正，官运旺，智勇双全，清雅荣贵，中年劳苦，晚年成功之字。

瑾：智勇双全，多才贤能，中年成功隆昌，学识渊博，出国之格之字。

绪：智勇双全，清雅多才，晚婚迟得子吉，中年劳苦，晚年吉祥之字。

演：一生清雅多才，中年吉祥，晚年劳神，二子吉祥之字。

漩：温和伶俐，清雅贤淑，中年劳苦或有爱情厄，晚年隆昌之字。

满：有爱情烦恼或身弱短寿，多灾厄，难幸福，女人再嫁守寡，男人成功之字。

渔：一生清雅，伶俐秀气，多才，福寿双全，环境良好之字。

漪：秀气伶俐，温和清雅，中年多灾，晚年隆昌之字。

浒：口才伶俐，天生聪颖，中年成功，晚年隆昌清闲之字。

漠：清雅荣贵，忠厚善良，中年吉祥，晚年隆昌之字。

汉：义利分明，荣贵隆昌，中年平凡，晚年吉祥，英雄格之字。

稼：福禄双收，名利双收，出外吉祥，中年隆昌享福之字。

徵：学问丰富，名利双收，清雅荣贵，子孙兴旺，出国之字。

彻：出外吉祥，清雅多才，中年劳苦或奔波，晚年吉祥，环境良好之字。

德：多才巧智，温和贤能，中年劳苦或奔波，晚年成功，环境良好之字。

冲：性刚果断，刑偶伤子，中年多厄，晚年吉祥之字。

价：晚婚迟得子大吉，温和贤能，二子吉祥，中年劳苦，晚年吉祥之字。

仪：忠厚良善，勤俭兴家，名利双收，清雅荣贵，富贵之字。

磁：多相克命硬，少年千难，中年劳苦，晚年隆昌，二子吉祥之字。

刘：英敏之才，清雅伶俐，二子吉祥，中年劳苦，晚年吉祥之字。

箭：多相克，中年奔波，劳苦多灾厄，晚年吉祥，从事技艺可臻高超之字。

竖：多才巧智，清雅荣贵，中年成功隆昌，官运旺，环境良好之字。

翩：清雅多才，中年劳苦或克偶伤子，晚年吉祥之字。

乐：英敏多才，子孙兴旺，名利双收，中年吉祥，晚年隆昌之字。

调：福禄双收，重义信用，多才伶俐，中年吉祥，环境良好，女人刑夫之字。

铺：一生清雅伶俐，贵人明现，中年平凡，晚年吉祥隆昌之字。

范：胆识丰富，多才贤能，中年劳苦，出外吉祥，晚年昌盛之字。

巩：性刚口快，武官大吉，中年劳苦，晚年吉祥之字。

婵：秀气多才，福禄双收，中年成功隆昌，环境良好之字。

增：福禄双收，名利双收，中年吉祥，晚年隆昌荣贵之字。

楼：学问丰富，福禄双收，智勇双全，武官大吉，成功隆昌，兴家之字。

颖：多才贤能，清雅伶俐，中年劳，晚年吉祥隆昌，女人不幸之字。

阅：勤俭，肯作肯劳，重信义，刑偶伤子，中年劳苦，晚年吉祥之字。

璋：福禄双收，理智充足，吉凶分明，吉则环境良好、隆昌，凶则短寿多厄之字。

磐：一生清雅平凡，晚婚吉，早婚欠子，晚年吉祥之字。

课：少年千难，中年平凡，晚年吉祥隆昌，清雅，环境良好之字。

驾：多相克之格，清雅多才，中年劳苦或奔波，晚年吉祥之字。

养：忠厚良善，义利分明，福寿绵长，勤俭治家，环境良好，子孙兴旺之字。

谈：性刚口快，口才伶俐，多才清雅，中年劳苦，晚年吉祥之字。

毅：学识渊博，清雅荣贵，出外吉祥，出国之格之字。

蝶：有爱情厄或刑偶伤子，秀气伶俐，中年吉祥，晚年劳神之字。

爽：忍耐力强，多才贤能，中年吉祥隆昌之字。

震：勤俭建业，智勇双全，武官吉，中年吉祥之字。

篇：天生聪颖，秀气灵巧，中年劳苦，晚年吉祥之字。

颉：清雅荣贵，智勇双全，官运旺，名利双收，二子吉祥，出国之格之字。

辈：忧心劳神，性刚果断，中年多灾厄，晚年吉祥，子孙兴旺之字。

数：有爱情厄，出外吉祥，中年劳苦，晚年隆昌，男人多才贤能之字。

面：有爱情厄，中年劳苦，晚年吉祥，外向之字。

驻：义利分明，智勇双全，中年吉祥，晚年隆昌之字。

质：秀气多才，温和贤淑，二子吉祥，克母命，中年吉祥隆昌之字。

剑：性刚果断，武官带刀厄，中年劳或奔波，晚年吉祥之字。

蝴：秀气伶俐，多才贤能，中年隆昌，晚年劳神之字。

盘：身瘦伶俐，带血字刑克父母，中年吉祥，晚年劳神，长寿之字。

须：温和贤淑，伉俪和合，子贵福禄，成功隆昌，环境良好之字。

鲁：多才贤能，温和伶俐，晚婚迟见子吉，中年劳苦，晚年隆昌之字。

靓：多才贤能，勤俭治家，但言多必失，中年吉祥，晚年隆昌之字。

霆：智勇双全，精明公正，出外吉祥，官运旺，中年成功隆昌之字。

赋：多愁多劳，命途多灾难或身弱多病，孑然一身之字。

敷：出外吉祥，一生清雅平凡，中年多灾厄，晚年吉祥之字。

驹：秀气贤能，清雅荣贵，福禄双收，环境良好，小心爱情厄之字。

游：一生流浪外乡，晚年吉祥之字。

遂：一生清雅多才，贤能慷慨，中年劳苦，晚年吉祥之字。

遍：性刚果断或奔波穷苦，出外吉祥，晚年隆昌之字。

运：福禄双收，出外吉祥，清雅荣贵，官运旺，环境良好，出国之格之字。

道：智勇双全，精明公正，出外大吉，中年成功隆昌，荣贵出国之字。

润：福禄双收，福寿兴家，环境良好，安富尊荣之字。

潭：刑偶欠子，清雅伶俐，中年吉祥，晚年劳神，清秀之字。

洁：忧心劳神或事劳无功，有爱情厄，不幸再嫁之字。

澄：多才贤能，英敏伶俐，中年平凡，晚年吉祥，环境良好，昌荣之字。

潮：多才巧智，清雅伶俐，中年劳苦，晚年吉祥隆昌之字。

璇：出外吉祥，小心爱情厄，早婚不吉，中年劳苦，晚年成功隆昌之字。

琏：学识渊博，福禄双收，名利永在，中年成功，环境良好之字。

录：智勇双全，性刚口快，环境良好之字。

锤：义利分明，克己助人，中年成功，环境良好之字。

铮：精明公正，清雅荣贵，官运旺，克己助人，中年成功隆昌，出国之字。

锦：吉凶分明，吉则清贵隆昌，出国富贵，凶则忌车怕水，恶死凶之字。

钢：心直口快，武官大吉，中年劳苦，晚年吉祥之字。

锡：温和多才，聪明理智，中年劳苦或有爱情厄，出国之格之字。

钱：一生清雅伶俐，多才，中年奔波，晚年吉祥之字。

环：出外吉祥，天生聪颖，一生温和贤能，晚婚大吉，出国之格，小心爱情之字。

树：一生清雅多才，中年劳苦，晚年吉祥之字。

机：忧心劳神或事劳无功或身弱多病，中年劳苦，晚年吉祥之字。

桥：多才温和，清雅伶俐，福禄双收，刑偶伤子，晚婚吉，晚年吉祥之字。

桦：温和贤能，多才忠厚，中年吉祥，晚年隆昌，官旺之字。

积：天生聪颖，一生温和多才，白手起家，晚年隆昌之字。

灯：晚婚迟得子吉，出外逢贵人，中年劳苦，晚年吉祥之字。

燃：清雅荣贵，官或财旺，福禄双收，名利有分，环境良好，享福之字。

炽：精力旺盛，刑偶伤子，出外吉祥，晚婚大吉，成功隆昌，幸福之字。

烨：秀气多才，温和贤淑，中年吉祥，晚年隆昌，幸福荣贵之字。

荧：天生聪明秀气，勤俭，中年吉祥，敦厚善良，一门鼎盛之字。

窑：英敏多才，清雅荣贵，中年成功隆昌，晚年劳神多疾之字。

谕：胆识丰富，精明公正，官运旺，中年成功隆昌，出国之格之字。

谋：出外吉祥，温和多才，中年劳苦但吉祥，晚年隆昌之字。

谐：一生清雅平凡，晚婚大吉，中年劳苦，晚年吉祥隆昌之字。

谓：刑偶伤子，一生多才，荣贵厚善，中年吉祥，晚年隆昌之字。

诸：清雅多才，温和贤淑，晚婚迟得子吉，中年劳苦，晚年吉祥之字。

谚：精明公正，重信义，福禄双收，成功隆昌，环境良好之字。

谒：口才伶俐，勤俭治家，家声可振，中年劳苦，晚年吉祥之字。

倩：秀气多才，贤能勤俭，中年吉祥，有离乱之厄，晚年劳神之字。

梦：清雅荣贵，中年吉祥，环境良好，女人刑偶伤子或不幸之厄之字。

幕：忧心劳神或事劳无功，中年潦倒或多灾，晚年吉祥之字。

苍：一生清雅平凡，天生聪颖，福禄双收，中年劳苦，晚年吉祥之字。

蓉：温和忠厚，福禄双收，一生多才贤能，中年成功隆昌，出国之格之字。

陆：心直口快，少年千难，中年吉祥或奔波，晚年隆昌之字。

陵：常有祸端，智勇双全，中年成功隆昌，晚年多灾厄之字。

陈：口快心刚，清雅多才，中年穷苦，晚年隆昌之字。

陶：多才伶俐，温和贤能，中年吉祥，晚年隆昌之字。

陪：理智充足，一生清雅伶俐，福禄双收，一生平凡，保守之字。

阴：一生清雅多才，福禄双收，环境良好，女人有不幸多灾，守寡之字。

邮：忧心劳神，少年千难，中年平凡，晚年吉祥，伶俐之字。

乡：清雅伶俐，多才勇敢，中年吉祥，晚年隆昌，女人有爱情厄之字。

都：清雅多才，温和贤能，中年平凡，晚年吉祥，清闲之字。

遛：出外逢贵得财，名利双收，中年劳苦，晚年隆昌之字。

逸：一生奔波劳苦或怀才不遇，智勇双全，中年劳苦，晚年隆昌之字。

衡：清雅伶俐，中年吉祥，晚年劳神，保守之字。

醒：有爱情烦恼，一生多才无运，内心多忧，晚年吉祥之字。

动：清雅多才，刑偶伤子，中年离乱，晚年隆昌，双妻之格之字。

儒：多才有能，精明公正，官运旺，荣贵隆昌，环境良好之字。

兴：温和英敏，清雅多才，中年劳苦，晚年隆昌之字。

霏：清雅多才，福禄双收，中年吉祥，小心爱情厄，晚年隆昌之字。

黔：忧心劳神或事劳无功，晚婚吉祥，中年劳苦，晚年吉祥之字。

赖：谋为出众，清雅多才，中年劳苦，晚年吉祥，环境良好之字。

济：清雅荣贵，勤俭治家，官运旺，中年成功隆昌，出国之格之字。

冀：怀才不遇或外祥内愁，中年多劳，晚年吉祥之字。

尽：暗淡不祥，刑偶伤子或身弱短寿，难幸福多灾厄，守寡之格之字。

滕：刑偶伤子或有爱情厄，爱情失败，晚年吉祥，晚福之字。

战：心直口快，多才贤能，中年吉祥，晚年劳神之字。

穆：一生清雅贤能，有才英俊，中年劳苦，晚年吉祥之字。

羲：温和贤能，义利分明，官运旺，多才忠厚，成功隆昌之字。

筑：少乐多忧或事劳无功，晚婚大吉，中年劳苦，晚年吉祥之字。

睿：天生聪颖，多才忠厚，中年成功隆昌，环境良好，出国之格之字。

靛：清雅平凡，出外逢贵得财，中年吉祥，晚年刑偶伤子，劳神之字。

奋：英敏之才，清雅荣贵，中年吉祥，小心爱情厄，出国成功之字。

头：克偶伤子，中年平凡，晚年隆昌，环境良好，双妻之字。

笃：三日东，四日西，南战北讨，奔波劳苦，中年多灾，晚年吉祥之字。

融：慈祥有德，一生成功隆昌，所谋如意，环境良好之字。

导：小心爱情厄，多才英雄，中年多灾，晚年吉祥，欠子之字。

馆：一生清雅伶俐，福禄双收，中年有灾厄，晚年吉昌之字。

霖：学问丰富，清雅荣贵，官运旺盛，精明公正，出国之格，富贵之命之字。

余：多才贤能，中年平凡，晚年吉祥，环境良好之字。

雕：智勇双全，清雅多才，中年平凡，晚年隆昌，但劳神多疾之字。

擂：一生清雅，多灾厄，刑偶欠子，孤独守寡，长寿之字。

历：清雅英敏，中年平凡，晚年吉祥，荣幸之字。

亲：心直口快，刑偶伤子，中年吉祥，晚年劳神，出外大吉之字。

龙：克父命，晚婚吉，中年多灾厄或潦倒，出外吉祥，晚年平凡多灾之字。

整：妻贤子贵，一生清雅，义利分明，中年吉祥，晚年隆昌之字。

默：清闲伶俐，多才和睦，中年成功隆昌，出国之格之字。

卢：晚婚吉，中年多劳，晚年吉祥之字。

宪：小心爱情厄，有才能，官旺，英敏伶俐，晚年隆昌之字。

豫：忧心劳神或有爱情厄，中年劳苦，晚年吉祥，有身弱短寿之厄之字。

熹：清雅荣贵，克己助人，多才温和，中年吉祥，晚年隆昌之字。

臻：温和多才，操守廉正，中年成功隆昌，官运旺，出国享福之字。

帧：忠厚善良，义利分明，中年隆昌，晚年劳神之字。

燕：天生聪颖，清雅多才，中年吉祥，晚年隆昌之字。

学：外祥内优，多才贤能，中年劳苦，晚年吉祥之字。

静：多才贤淑，清雅伶俐，中年平凡，晚年吉祥，小心爱情烦恼之字。

晓：胆识丰富，理智充足，出外大吉，官运旺，清雅荣贵，出国之格之字。

璜：刑克父母，英敏多才，中年吉祥，晚年隆昌之字。

泽：学问丰富，名利双收，官或财旺，智勇兴家，一生荣贵之字。

津：多才贤淑，清雅伶俐，中年吉祥，晚年隆昌，白手起家，荣贵之字。

拥：性刚口快，多才贤能，荣贵隆昌，晚年劳神之字。

择：一生清雅伶俐，多才贤能，中年劳苦，晚年吉祥之字。

远：温和忠厚，勤俭治家，少年千难，晚年劳神之字。

莲：吉凶分明，吉则多和，贤能出国隆昌，凶则刑偶伤子，病弱短命之字。

逊：奔波劳苦或怀才不遇，中年多灾，晚年隆昌，子孙兴旺之字。

蔓：秀气温和多才贤淑，中年吉祥，晚年隆昌，荣贵幸福，出国之格之字。

蔚：清雅荣贵官运旺，出国之格，成功隆昌之字。

锻：贤能多才，子孙兴旺，温和伶俐，忠厚良善，环境良好，保守之字。

营：中年多灾或有爱情厄，晚年吉祥之字。

优：出外成功，清雅伶俐，刑偶伤子，晚年吉祥之字。

应：外祥内苦或刑偶伤子或怀才不遇，中年劳苦，晚年吉祥之字。

霞：少年千难或有爱情厄，晚年吉祥之字。

慕：性刚果断，中年劳苦，晚年吉祥之字。

禧：一生清雅多才，温和贤能，中年吉祥，晚年隆昌，福禄双收之字。

操：福禄双收，清雅温和，中年劳苦，晚年吉祥，女人身弱短寿，不幸之字。

骏：官或财旺，天生聪颖，出外大吉，荣贵隆昌，出国之格之字。

灿：克父命，英敏多才，清雅贤能，中年平凡，晚年吉祥之字。

耸：清雅多才，温和贤能，中年劳苦，晚年隆昌之字。

偿：吉祥，贤能勤俭，肯作肯劳，义利分明，成功隆昌之字。

傴：忧心劳神或事劳无功，身弱多厄，一生多灾，晚年吉祥之字。

励：聪明伶俐，有才能理智，荣贵隆昌，出国之格之字。

赛：清雅多才，秀气伶俐吉祥，晚年劳神之字。

鸿：精明公正，学识渊博，官运旺，中年成功隆昌，富贵之字。

链：清雅荣贵，官运旺，中年成功隆昌，女人有爱情厄或病弱多灾之字。

键：富贵双全，一生名利双收，出外吉祥，成功隆昌，官旺之字。

变：智勇双手，义利分明，出外吉，中年成功隆昌，出国之格，官旺之字。

柴：一生清雅平凡，福禄双收，名利有分，中年劳苦，晚年隆昌之字。

钟：勤俭忠厚，克己助人，中年吉祥，晚年隆昌，环境良好之字。

谦：英敏佳人，口才伶俐，交际巧妙，中年平凡，晚年吉祥，环境良好之字。

斋：学问丰富，官运旺，福禄双收，清雅隆昌，富贵之字。

联：事业如意，成功隆昌，环境良好，官或财旺，荣贵之字。

繁：刑偶伤子，晚婚大吉，中年平凡，晚年吉祥，女人身弱多病或不幸之字。

声：温和贤能，名利双收，中年成功，隆昌荣贵，双妻之格之字。

檀：清雅荣贵，多才贤能，中年吉祥，晚年隆昌，出国之格之字。

瞳：得天时地利，官运旺，中年劳或多灾，晚年吉祥之字。

矫：有爱情厄或刑偶伤子，福禄双收，中年劳苦，晚年吉祥之字。

禅：温和贤能，怀才不遇，中年劳累，晚年吉祥之字。

糟：忧心劳神或事劳无功，刑偶伤子，中年劳苦，晚年吉祥之字。

鲜：清雅荣贵，多才贤能，中年吉祥，晚年隆昌，名利双收之字。

篷：清雅荣贵，出外吉祥，中年劳苦，晚年吉祥，出国之格，官旺之字。

岭：多才贤能，勤俭忠厚吉祥，中年劳苦，晚年吉祥，出国之格之字。

烛：贵人明现，官运旺，清雅荣贵，中年吉祥，晚年隆昌之字。

徽：多才贤能，温和勤俭，中年成功隆昌，出国之格，名利双收富贵之字。

瞬：英敏贤能，克父命，中年劳苦，晚年吉祥，环境良好之字。

举：小心爱情厄，天生聪明，中年劳苦，晚年吉祥之字。

敛：忧心劳神或刑偶伤子，中年多灾厄或病弱，不祥之字。

检：性刚果断，中年多灾或刑偶伤子或病弱多难之字。

恳：一生清雅多才，温和贤能，中年劳累，晚年吉祥，劳神之字。

擎：性刚口快，外祥内苦或刑偶伤子，中年多灾，晚年吉祥之字。

胜：清雅荣贵，多才贤能，官运旺，成功隆昌之字。

桧：多才贤能，中年成功隆昌，环境良好，晚年劳神或多疾之字。

戴：出外逢贵得财，克己助人，中年劳苦，晚年成功隆昌之字。

队：出外逢贵得财，清雅伶俐，中年劳苦，晚年吉祥之字。

阳：多才巧智，清雅荣贵，中年多劳，晚年隆昌，环境良好之字。

隆：克父命，多小心，清雅伶俐，中年劳或奔波，晚年隆昌之字。

褒：出外吉祥，多才贤能，义利分明，中年劳苦，晚年吉祥之字。

讲：口才伶俐，心诚守信，和气敦睦，中年平凡，晚年吉祥，环境良好之字。

奚：福禄双收，清雅荣贵，中年吉祥，晚年隆昌，劳神，双妻之格之字。

罄：英敏清雅，多才贤能，福禄双收，名利有分，荣贵之字。

谢：一生清雅多才，伶俐勤俭，中年多劳，晚年吉祥之字。

与：英敏清秀，勤俭忠厚，一门鼎盛，福禄双收，环境良好之字。

黛：有爱情烦恼或身弱，性刚口快，中年有灾厄，不幸之字。

豁：忧心劳神或怀才不遇，小心爱情厄，晚年隆昌之字，福禄双收之字。

霜：忧心劳神，刑偶伤子，中年劳苦，晚年吉祥，女人不幸再嫁守寡之字。

鞠：智勇双全，清雅荣贵，出国之格，中年成功隆昌之字。

艰：有爱情烦恼或刑偶伤子，中年多灾厄，晚年吉祥，幸福之字。

翼：英敏佳人，有才能理智，中年劳苦，晚年吉祥之字。

赚：勤俭建业，家声可振，福禄双收，中年劳苦，晚年吉祥之字。

棣：多愁多忧，百事苦劳，中年劳苦，晚年吉祥，晚福之字。

纵：出外逢贵，多才贤能，中年吉祥，晚年隆昌，小心爱情厄之字。

聪：环境良好，理智，中年劳累，晚年隆昌，人缘和之字。

临：体弱多病或事劳无功，配合吉则吉，成功隆昌荣贵之字。

总：一生清雅多才，义利分明，中年劳苦，晚年吉祥，双妻之格之字。

嫔：秀气贤淑，清雅伶俐，中年平凡，晚年隆昌之字。

缝：身弱或外祥内苦，中年劳苦，晚年吉祥之字。

丰：多才巧智，清秀伶俐，中年成功隆昌，幸福荣贵之字。

济：清雅荣贵，官运旺，中年成功隆昌，环境良好，晚年劳神之字。

涛：身瘦多才，清雅荣贵，中年吉祥，环境良好，晚年劳神多病之字。

滨：英敏多才，清雅贤能，中年平凡，晚年吉祥之字。

滢：口快性刚，清雅多才，中年劳苦，晚年隆昌之字。

濮：智勇双全，学问丰富，中年成功隆昌，官运旺，出国富贵之字。

璨：刑偶伤子，智勇双全，中年辛苦，晚年成功隆昌之字。

环：清雅秀气，温和贤能，小心有爱情厄，中年吉祥之字。

拟：忧心劳神或事劳无功，中年多灾厄，晚年吉祥之字。

获：性刚果断，有勇无谋，怀才不遇，武官吉，中年吉祥，晚年劳神之字。

观：出外吉祥，口快性刚，中年平凡，晚年吉祥，环境良好之字。

翱：清雅荣贵，福禄双收，操守廉正，出国之格，隆昌之字。

镇：英敏多才，贤能勤俭，出国之格，中年劳苦，晚年隆昌之字。

翘：清雅伶俐，多才贤能，智勇双全，官运旺，富贵出国之字。

储：晚婚迟得子吉，清雅伶俐，中年平凡，晚年隆昌，环境良好之字。

归：少年千难，英俊多才，中年吉祥，但刑偶伤子，晚年劳神之字。

焘：晚婚迟得子吉，清雅伶俐，中年平凡，晚年隆昌，环境良好之字。

爵：官或财旺，一生清雅荣贵，中年成功隆昌，刑偶伤子之字。

蕊：小心爱情厄，秀气伶俐，薄幸知寿，不幸再嫁守寡之字。

粮：勤俭治家，忠厚善良，清雅荣贵，中年成功隆昌，环境良好之字。

瞻：福禄双收，少年千难，中年劳或奔波，晚年吉祥之字。

闯：刑偶伤子，一生多灾厄，中年劳苦，晚年吉祥之字。

隙：出外逢贵得财，晚婚大吉，中年吉祥，晚年隆昌，官旺之字。

覆：少年千难，中年多厄或身弱奔波，晚年吉祥隆昌之字。

礼：清雅伶俐，刑偶或欠子，中年吉祥，晚年隆昌，双妻之格之字。

双：多才清雅，中年平凡，晚年吉祥，女人刑偶伤子或外祥内苦之字。

谨：义利分明，清雅荣贵，中年劳苦，晚年吉祥，环境良好之字。

绕：清雅贤能，理智聪明，中年平凡，晚年吉祥，女人小心爱情厄之字。

陨：智勇双全，聪明伶俐，中年平凡，晚年吉祥之字。

织：晚婚迟得子吉，小心爱情厄，中年多灾，晚年隆昌，身弱多病之字。

骐：清秀英俊，多和享福，中年吉祥，晚年隆昌，环境良好，官运旺之字。

馥：秀气伶俐，清雅荣贵，出国之格，官旺，中年成功隆昌之字。

曜：多才勤俭，贤能忠厚，中年平凡，晚年隆昌，环境良好之字。

谟：清雅荣贵，多才贤能，中年成功隆昌，出国之格之字。

鹄：天生聪颖，多才贤能，中年平凡，晚年吉祥，环境良好之字。

础：命硬，出外成功，中年劳苦奔波，晚年成功隆昌，刑偶伤子之字。

题：出外成功隆昌，自在快乐，中年平凡，晚年隆昌，环境良好之字。

释：一生清雅荣贵，智勇双全，中年平凡，晚年吉祥之字。

馨：英敏多才，言必信，人缘好，忠厚善良，中年成功，环境良好之字。

蝉：天生聪颖，智勇多才，中年吉祥，晚年隆昌幸福之字。

转：忧心劳神或事劳无功，中年劳苦或刑偶伤子，晚年吉祥之字。

恭：义利分明，克己助人，精明公正，中年吉祥，晚年隆昌，出国之格之字。

锁：学问丰富，中年平凡，环境良好，晚年隆昌之字。

职：晚婚迟得子吉，天生聪颖，中年劳苦，晚年吉祥，短寿之字。

垒：忧心劳神或外祥内苦，小心爱情厄，中年多灾，晚年吉祥之字。

医：一生清雅多才，中年辛劳，晚年隆昌之字。

镰：清雅荣贵，多才贤能，中年吉祥，晚年隆昌，出国之格之字。

关：晚婚迟得子吉，中年劳苦，晚年吉祥荣贵之字。

松：外祥内忧，清雅贤能，中年辛劳，晚年吉祥隆昌之字。

骑：福禄双收，晚婚大吉，贵人明现，中年劳苦，晚年吉祥之字。

鹃：清雅多能，小心爱情厄，中年平凡，晚年吉祥隆昌之字。

攀：有爱情烦恼或刑偶伤子，多灾厄或不幸，再嫁或守寡之字。

旷：理智充足，吉祥荣贵隆昌，环境良好，克父之字。

龄：慈祥有德，温和贤淑，清雅荣贵，中年劳苦，晚年隆昌之字。

韬：多才贤能，清雅多能，中年吉祥，晚年隆昌官运旺之字。

谱：晚婚迟得子大吉，清雅荣贵，中年吉祥，晚年隆昌之字。

玺：清明公正，义利分明，智勇双全，中年成功，官运旺之字。

际：忠厚善良，义利分明，谋略出众，中年吉祥，晚年劳神之字。

鹏：性刚果断或身弱多病，中年劳苦，武官大吉，晚年隆昌，官旺之字。

遵：出外吉祥，温和多才，中年勤俭治家，晚年吉祥，环境良好之字。

迁：刑偶伤子，清雅多才，中年潦倒或困苦，晚年吉祥，出外吉祥之字。

遗：有才能理智，难遇知己，出外吉祥，中年有厄，晚年安吉之字。

头：智勇双全，忠厚勤俭，中年成功隆昌，环境良好，教育界大吉之字。

镜：多才贤能，出外吉祥，官运旺，荣贵隆昌，环境良好之字。

祷：温和多才，清雅荣贵，身弱多疾，中年劳苦，晚年隆昌，官旺之字。

麒：学识渊博，智勇双全，一生荣贵隆昌，二子吉祥，官旺之字。

谭：温和贤能，英敏清敏，中年吉祥隆昌，晚年劳神之字。

铿：操守廉正，清雅荣贵，官运旺，中年成功隆昌，出国之格之字。

赞：清雅荣贵，刑偶伤子，晚婚大吉，中年成功，晚年隆昌之字。

赠：英敏多才，清雅荣贵，中年成功隆昌，环境良好，晚婚大吉之字。

证：英俊佳人，多才多能，忠厚善良，中年平，晚年隆昌之字。

畴：学问丰富，清雅荣贵，成功隆昌，官旺之格之字。

丽：清秀多才，妻贤子贵，中年吉祥，女人小心爱情厄之字。

鹊：理智充足，晚婚吉祥，中年劳苦，晚年隆昌之字。

愿：多才贤能，清雅荣贵，中年吉祥，晚年隆昌，环境良好之字。

识：刑偶伤子，晚婚大吉，中年劳或有爱情厄，晚年吉祥之字。

韵：小心爱情厄，中年有灾，晚婚平安，晚年吉祥之字。

辞：消极之格或身弱多病，不幸之字。

麓：名利双收，重信义，中年劳苦，白手起家之字。

绘：多才贤能，温和贤淑，晚婚大吉，早婚多疾，中年劳苦，晚年吉祥之字。

泺：自在乐天成家业，中年劳苦或奔波，晚年吉祥之字。

稳：一生伶俐，早婚不宜，中年劳苦，晚年吉祥，女人再嫁，守寡之字。

系：有爱情烦恼或身弱短寿，中年多灾或劳苦，晚年隆昌之字。

薇：秀气多才，清雅伶俐，出外吉祥，中年平，晚年隆昌之字。

薄：刑偶伤子，清雅多才，中年成功隆昌，晚年劳神之字。

宝：清雅多才，中年劳苦，晚年吉祥，女人有爱情厄或身弱短寿之字。

触：性刚果断，英雄之格，或杀人或被杀，或身弱或短寿或忌车怕水，晚年吉祥之字。

党：多才贤能，一生平凡，保守之保，女人有爱情厄，不幸之字。

窦：一生清雅荣贵，精明公正，但刑偶伤子，中年劳苦，晚年隆昌之字。

萧：秀气贤能，伶俐清雅，中年劳苦，晚年吉祥之字。

藏：温和清雅，多才贤能，出外吉祥，中年劳苦，晚年隆昌之字。

悌：智勇双全，清雅荣贵，多才贤能，中年成功隆昌，出国之格之字。

筹：多才贤能，清雅伶俐，中年吉祥，身弱多厄，晚年隆昌之字。

琼：小心爱情厄，秀气贤能，二子吉祥，中年成功隆昌，出国之格之字。

怀：浮沉不定，机谋多变，刑偶伤子，晚婚大吉，中年劳苦，小心爱情厄，出国之格之字。

婴：清秀聪慧，温和贤淑，中年吉祥，晚年隆时，环境良好，早婚不宜之字。

耀：天生聪颖，清雅荣贵，多才贤能，中年成功隆昌，出国之格之字。

劝：克父伤母或刑偶伤子，中年劳苦，晚年吉祥，女人难幸福，多灾之字。

肃：有爱情烦恼或身弱多病，中年多灾，晚年吉祥之字。

继：胆识丰富，精明公正，中年成功隆昌，出国之格，小心爱情厄之字。

觉：刑偶或欠子，性刚口快，中年吉祥，晚年隆昌，出外吉祥之字。

腾：出外逢贵得财，一生清雅，中年劳苦，晚年吉祥之字。

篮：一生清雅伶俐，理智充足，刑偶或伤子，中年劳苦，晚年吉祥之字。

警：福禄双收，贵人明现，爱情失败，中年劳苦，晚年吉祥之字。

舰：性刚果断，多才贤能，中年劳苦，晚年吉祥，环境良好之字。

赡：福禄双收，特有人缘，中年劳苦或有灾厄，晚年吉祥之字。

译：一生清闲，上下和睦，爱人所爱，中年吉祥，晚年隆昌之字。

严：智勇双全，忠厚善良，事业如意，官运旺，成功隆昌，荣贵之字。

籍：晚婚迟得子吉，白手起家，自力更生，中年勤俭，晚年隆昌之字。

应：出外逢贵得财，多才贤能，言必信，重义信用，刑偶伤子之字。

壤：晚婚迟得子大吉，出外吉祥，中年劳苦或怀才不遇之字。

飘：福禄双收，中年吉祥，环境良好，晚年劳神，双妻之格之字。

迈：少年千难，出外逢贵得财，中年劳苦，晚年隆昌，官运旺，出国之格之字。

还：奔波劳苦或身弱多疾，刑偶伤子，晚年吉祥之字。

顾：一生清雅荣贵，理智充足，中年劳苦，晚年吉祥之字。

护：晚婚大吉，出外吉祥，中年有灾，晚年隆昌之字。

续：清雅温和，多才伶俐，中年吉祥，环境良好，晚年多疾之字。

誉：福禄双收，官运旺，白手起家，晚年隆昌，环境良好之字。

铎：官运财旺，一生优裕，中年平凡，晚年隆昌，环境良好之字。

铁：性刚果断，离祖成功，中年奔波吉祥，晚年劳神之字。

属：忧心劳神或事劳无功，早婚不宜，中年劳苦，晚年吉祥之字。

藤：身健多疾，义利分明，名利双收，中年劳苦，晚年吉祥之字。

览：忧心劳神或奔波劳苦或有爱情厄，中年累，晚年吉祥之字。

鹤：安详自乐，中年吉祥，晚年隆昌，但劳神多疾之字。

露：秀气伶俐，福禄双收，小心爱情厄，中年平凡，晚年隆昌之字。

巍：清雅雄壮，英敏豪爽，中年劳苦，晚年吉祥，女人身弱之字。

跃：清雅荣贵，福禄双收，中年吉祥，劳神，晚年隆昌，环境良好之字。

霸：刑偶欠子，晚婚大吉，中年离乱，成功隆昌，环境良好，双妻之格之字。

莺：秀气伶俐，多才贤淑，出外吉祥，中年劳苦，晚年隆昌之字。

樱：清雅文静，小心爱情厄，中年劳苦，晚年隆昌，环境良好之字。

衬：小心爱情厄，出外吉祥，中年劳累辛苦，晚年吉祥之字。

赣：少年千难，中年开泰，吉祥隆昌，晚年劳神之字。

胤：学识丰富，清雅荣贵，官运旺，中年成功隆昌之字。

艺：有才能理智，温和贤能，中年吉祥，晚年隆昌，出国之格之字。

随：忧心劳神或事劳无功或外祥内愁，中年多灾，晚年吉祥之字。

笼：忧心劳神，刑偶伤子，晚婚大吉，中年劳苦，晚年吉祥之字。

读：出外贵人明现，清雅多才，中年劳苦，晚年吉祥之字。

听：性刚口快，父母无缘，中年无灾，晚年吉祥之字。

铸：精明公正，忠厚善良，荣贵隆昌，但身弱短寿之字。

欢：刑偶或伤子，清雅荣贵，中年成功隆昌，环境良好之字。

懿：智勇双全，操守廉正，清雅荣贵，官运旺，富贵之字。

郦：秀气伶俐，天生聪颖，温和贤淑，出国之格，成功隆昌之字。

权：清雅荣贵，学问丰富，官运旺，中年成功，晚年劳神之字。

响：性刚果断，身弱短寿，中年多灾厄，忌车怕水，不祥之字。

诸：义利分明，克已助人，晚年吉祥隆昌，环境良好之字。

苏：天生聪颖，多才贤能，中年劳苦或奔波，晚年吉祥隆昌之字。

兰：多才贤能，中年劳苦，晚年隆昌，女人小心爱情厄或身弱多病之字。

征：出外吉祥，名利双收，中年劳苦，晚年隆昌，荣幸之字。

攒：清雅多才，中年劳累，晚年吉祥之字。

严：刑偶伤子，中年多灾厄，难幸福之字。

驿：忧心劳神或身弱短寿，虽成功隆昌，难幸福之字。

体：福禄双收，名利双收，中年劳苦或多灾，晚年吉祥，有爱情厄之字。

麟：操守廉正，清雅荣贵，官运旺，中年成功隆昌，出国之格之字。

显：胆识丰富，多才贤能，中年吉祥，晚年劳神之字。

赢：清雅伶俐，多才巧智，刑偶或伤子，忌水厄，晚年吉祥之字。

霭：谋为出众，福禄双收，贵人明现，中年吉祥，晚年隆昌之字。

鹰：性刚口快，少年千难，中年平凡，晚年吉祥，子孙兴旺之字。

让：福禄双收，出外吉祥，中年平凡，晚年隆昌，环境良好之字。

鑫：英俊才人，特有人缘，荣贵吉祥，官运旺，环境良好之字。

艳：秀气伶俐，多才贤淑，中年吉祥，小心爱情厄，晚年隆昌之字。

酿：清雅伶俐，贤能勤俭，出外吉祥，中年平凡，晚年吉祥之字。

灵：精明公正，义利分明，中年成功隆昌，名利双收，环境良好之字。

鹭：秀气伶俐，温和贤淑，中年成功隆昌，晚年劳神之字。

灏：操守廉正，医界大吉，官运旺，中年成功隆昌，富贵之字。

簧：温和贤能，多才伶俐，中年劳苦或奔波，官运旺，晚年隆昌，欠子之字。

骥：出外吉祥，晚婚大吉，中年有灾厄，忌车怕水，晚年吉祥之字。

腾：身弱短寿或忌车怕水，中年多灾厄，晚年吉祥之字。

湾：一生劳碌且多劳少功，有爱情厄，晚年吉祥之字。

爵：天生聪颖，多才贤能，中年平凡，晚年隆昌，官运旺，荣幸之字。

銮：有爱情厄或身弱短寿，中年劳苦，晚年隆昌，伶俐之字。

骧：多才贤能，温和贤淑，忌车怕水，中年劳苦，晚年吉祥之字。

缆：性格复杂，多变易动，出外吉祥，浮沉不定，一生无运之字。

锣：义利分明，清雅多才，中年平凡，晚年隆昌，环境良好之字。

第13章

佳名赏析

从古至今，每一个悦耳动听、命格和顺的名字，都是经过了从构思到修改、从加工到斧正的一整套过程。成功的名字中，既蕴含着丰富的经验，又可以作为起名的范例，相信看过本章的内容，你一定会从中得到启示。

丁一三：智趣型。全名共六画，每个字的笔画分配为二、一、三，是最小的三个自然数，名字都用数目词，有特色。语义为一个顶三个。

于大川：文学型。“于”取“鱼”文，大江、大河之中的鱼，领域广阔，行动自由，比喻环境条件好，有发展前途。字形结构良好。

于北溟：文学型。用“北溟有鱼”之典，北海的大鱼“鲲”是大鹏鸟的前身，暗寓有鲲鹏之志。语音良好。

于得水：文学型。取“如鱼得水”之义，比喻环境、条件很适宜，可以尽情尽意，充分显示自己的才智。

才晓予：文学型。才最了解我，委婉表示“我有才能”，文学组合巧妙，含蓄有趣味。

万丹如：文学型。一树枫叶如千万支火一般，照红了一片天地。一二叠韵，语音欠佳。

万众一：文学型。取成语“万众一心”之意，表示人多势众，心齐志坚，有鼓舞力。末字为低音字，尾音不响亮。

万象春：文学型。人间万象喜迎春，大地复苏，涂绿染红；人勤志壮，编织宏图。

千百惠：文学型。以名纪实抒情：热情的观众给予的千百次恩惠、厚爱，一定牢记在心，愿以更多更大的奉献报答人们的厚爱。

马忆湘：文学型。湘水湘地长相忆，难忘湘情恩爱深，结合纪实抒情，有感染力。

马致远：文学型。路遥知马力，“致远”见真功，能致远之马乃良马、宝马。用语委婉、巧妙。

马瑞麟：文学型。说马不像马，鳞光闪闪披银甲，原来象征祥瑞的麒麟，委婉。

王九思：文学型。“九”形容多，九思即多思。善思是聪明者的特征。多思，即暗示聪明、富有智慧。

王玉珏：智趣型。累加组名法，王十玉=珏。名字的音、义、造型为良好。

王若飞：文学型。借用“关山度若飞”的诗意，表达奔赴战场的急切心情。含蓄。

王昆仑：文学型。昆仑是高大雄伟的山脉，借此表达自己的追求，雄心壮志非等闲。

王牧天：文学型。以天为牧场，自由驰骋，与“天高任鸟飞”相近。视角新颖。

王朝闻：文学型。用“朝闻昔死”之典，表示学习“道业”追求真理的信念，精神感人。

云照光：文学型兼有三美型。双向行文：顺读，白云辐射出柔和的光芒；倒读，阳光穿透朵朵白云，二者为因果关系，结合巧妙。语音、语义、形体皆好。

戈宝权：文学型。武器与武装力量，是夺取政权和捍卫政权的法宝，十分重要。寓意深远，有教育意义。

戈壁舟：文学型。沙漠之舟。人称骆驼为沙漠之舟，这里以骆驼自喻，表示要到最困难的地方，默默地奉献一切，精神可嘉。

毛凤麟：文学型兼三美型。活用成语“凤毛麟角”，表示人才难得，可贵。声调富于变化，语音清脆响亮，字形活泼。

毛泽东：文学型。润泽东方，为祖国作贡献，为人们谋福益。名字含蓄表达出伟人的志向和理想。

方未艾：文学型。取成语“方兴未艾”之义，显示出稳健的特点，具有勉励作用。

方天祥：文学型。取天降吉祥之义，表示神灵相助，顺乎天意，必然祥瑞、顺利，容易成功。音程、声调均有变化，语音好。

文彦博：文学型。博学多才的优秀人士，目标明确，有鼓舞作用。声调铿锵，富于变化。

文洁若：文学型。文若其人，纯洁高雅，女性特点鲜明。三字形体结构好，笔画多变。

元好问：文学型。从小就喜欢勤学好问。文字通俗朴实，有良好的导向作用。古人有这类名字，实在难得。

月景辉：文学型。圆月撒下明丽的光辉。形象鲜明，气氛恬静，有诗情画意。

邓稼先：文学型。“稼”代表农业、农民，取“庄农最为先”之义，体现了重农思想，鼓励人们以农为本，发展经济。

古鼎华：文学型。古代金鼎的智慧之光，蕴含着崇敬之情与继承、发扬之意，颇为典雅。三字结构合理，语音良好。

甘苦：文学型。欲求甘，先吃苦，苦尽甘来。甘与苦是不可分割的对立统一体，其中蕴含着辩证法，耐人寻味。

石开金：文学型。金藏矿石中，开石冶炼而得金。有专门技术又肯勤奋工作，就能化石为宝，揭示技术与勤奋是成功的基础。

石达开：文学型。功力所至，开石获宝，目的即能达到。三字笔画匀称、有变化、形体美。

石蕴玉：文学型。玉生石中，石中蕴玉，石同玉如何区分，须有慧眼。比喻群众之中有人才，辨材识人很重要。委婉含蓄。

步平青：文学型。取成语“平步青云”之义，比喻顺利或发展快、进步快，表示祝愿。

龙振海：文学型。蛟龙翻腾，挟风卷浪，大海也为之振奋，表示龙有巨大的威力。

帅孟奇：文学型。矫健、勇武、奇特，洋溢着雄风豪气。

叶成章：文学型。林间的层层绿叶，排列组合，构成气势宏伟的文章。比喻有文采，表示组织起来的群众有力量。

叶知秋：文学型。取成语“一叶知秋”之义，树叶反映出季节的转换，我们借树叶可以认识自然。比喻以小见大，由现象见到本质。

叶剑英：文学型。长叶似剑，英姿焕发，闪闪有光，表示有请缨念。文辞委婉。

田福庭：文学型。田地帮我建设幸福的家庭。田为良友，感情深厚。字形良好。

史长存：文学型。血汗铸成的历史将永世长存，表示用实际行动写好自己的历史。

史可法：文学型。历史具有匡世法则的作用，有的可以效法，有的应当借鉴。

卢鸣谷：文学型。卢取芦义，芦笛声声，在山谷间传响，生动而有情趣。

卢照邻：文学型。炉火正旺，温暖一方，照亮四邻，象征着团结友爱精神。

白水泉：智趣型。累加组名法，“白水”累加得“泉”的字。

白清才：文学型。心地洁白、作风清正的贤良之才，表示人生目标，有教育意义。

乐时鸣：文学型。双向行文：正读，欢乐时不由自主地鸣唱起来；倒读，鸣唱时感到由衷的快乐。二者首尾相接，形成连环。

冯甘雨：文学型。取“久旱逢甘雨”之义，象征吉庆、吉祥、形势好、充满希望。

吉天相：文学型兼三美型。取“吉人天相”之义，豁达、开朗。语言逐次提高，尾音响亮，声调富于变化，字形和谐、美观。

列御寇：文学型。布兵列阵，抵御来犯之敌寇，态度积极、主动。字形结构好。

成致平：文学型。实现社会太平、人民安宁的目标，就是事业的成功。

字形良好。

曲六乙：文学型。“乙”借用为“艺”，“六艺”指古代学校的六项教学内容：礼、乐、射、御、书、数，这里表示全面发展，成为有用的人才。

朱自清：文学型。用“廉洁正直以自清”之典，表示做自清自尊、品格高洁的人。三字形体好，一二字语音不佳。

朱炳梁：文学型。立志做闪耀着红光的栋梁。语音铿锵响亮，字形结构良好。

任平生：文学型。用“一蓑烟雨任平生”之典，表示开朗、豁达、不计得失，不怕挫折，听任自然。平生叠韵，语音欠佳。

向仲华：文学型。心向中华，表示热爱祖国，献身中华，决心振兴民族大业。

全德斌：文武德才全面发展，表示做适应时代需要的新人。文辞简练，内涵丰富。笔画搭配良好。

刘白羽：文学型。用“平明寻白羽，没人石棱中”之典，白羽指能射穿青石的利箭，表示要磨炼自己，使之具有利箭之威。

齐白石：文学型。白石比喻空白无物；白石便于题诗、刻字、作画。名字表示起点低，潜力大，发展广阔。白石又是起名点，可作纪念。

庄逢甘：文学型。久旱的庄稼盼来了甘霖，表示时来运转，形势好，前景光明。

安如山：文学型。像大山那样安定、平稳，赞扬国家安定、社会平稳，表达人心所向。

关牧村：文学型。关注着牧野村的兴衰之变。牧村指牧野村，是古代“牧野之战”的旧址，以此为名，具有纪念意义。

许言午：智趣型。折学组名法，将姓氏字按结构一分二，折出“言午”作名，义指许多话语说不完，一直谈到中午，有趣味。

江碧波：文学型。一江碧波耀清辉，表示江水清澈，水流平稳，风光秀美。

池生春：文学型。池塘生辉春色好，朝气勃勃，喜气洋洋，象征着前景美妙。三字形体优美。

阳春雪：文学型。取成语“阳春白雪”之义，比喻高雅的艺术品。三字形体结构好。

麦结华：文学型兼三美型。小麦扬花吐穗，丰收在望，文辞朴实，富于美感。语音清亮，声调跳荡，字体匀称，美观。

杨万里：文学型。杨取“扬”义，扬帆万里行，心高志远，天地广阔，前程远大。

杨柳桥：文学型。小桥流水，杨柳依依，恬静而有生气，一幅农村秀丽的图画。三字都用“木”旁，字上变化少些。

杨根思：文学型。根之思。内容丰富，枝、干、花、果等都在其内，是启发性的心理表达，具有含蓄性和灵活性。

杨瑞雪：文学型。代表着祥瑞的大雪纷纷扬扬，下个不停。有意境美，字形良好。

李自成：文学型。取自成大业之义，有志气，充满自信，能鼓舞人。字形良好，音欠佳。

李若冰：三美型、文学型。李子花开，洁白如冰，语义好。语音清脆，末字响亮，声调铿锵。三字笔画疏密适中，笔形多变，形体美。

李烛尘：文学型。闪闪发光的李花，照亮了尘世，为人间送来了光明。字形良好。

李清照：文学型。数枝李花临窗照，一股清香入室来，有形有色，有光有味，颇为动人。字形、语音良好。

李淳风：文学型。清新淡泊的李花，不施红、不涂彩，保持着自己淳朴的风格。语音、字形良好。

李福泽：文学型。银光闪闪的李花，跳荡着幸福的光泽，预示着美好的前程。

李墨林：文学型。李花为墨林之友，诗人画家无不视李花为知己。字形良好。

豆如意：文学型。豆作“都”解，都如意，吉祥语。三字形体良好。

吴山秀：文字型。江南的山峦秀丽多姿，富有感情。定形、结构良好。

吴敬梓：文学型。“梓”是古代用来刻字制版的木材，也代指印刷。敬梓即尊重和向往刻木行文及编书写作之类的事业。

时铭扬：文学型。名扬当代，誉满四方，表示成就突出或德高望重。字形优美。

何以端：文学型。设问起名法，用什么办法端正世风呢？发人深省，别具一格。

何思源：文学型。奔腾向前的河水，不会忘记它的源头是涓涓山泉，比喻不忘本。

何海清：文学型。何作“河”用，取成语“河清海晏”之义。河水澄清，大海平静，无风无浪，天下太平。

应模章：文学型。应当做执行规章制度的模范，表示以身作则。字形结构优美。

陆维明：文学型。只有通过讨论、争论、辩论，集思广益，才能把事理辨析明白。

陈见真：文学型。从过去遗留下来的陈迹中，可以发现一些历史的真实，具有启示性。一二字同韵。

陈静波：文学型。清澈的水面上陈列着缓缓移动的波纹。动中有静，静中有动，似动似静，别有风味。

张国威：文学型。张扬显示国家的威势，表示为国增光。三字组合效果良好。

张振翼：文学型。张开翅膀，振羽高飞，姿态雄健，目标高远，前途无量。

范长江：文学型。范取“泛”义，即漂浮，游泳。在长江里泛游，豪壮，有气魄。二三字叠韵，语音欠佳。

林茂源：文学型。树林之所以茂盛，是因为有泉水浇灌。由木草水组字，形体优美。

林默涵：文学型。林深境幽，虽沉默不语，却内涵丰富，比喻有涵养或城府深。字形良好。

和自兴：文学型。和睦团结，家业自然兴旺，国家也会强盛，富于哲理。字形好。

周溶泉：文学型。溶溶的泉水在四周荡漾，表示水势浩大、广阔，画面生动。

弦高：文学型。弓箭高挂，表示没有战事，社会安定，寄托希求和平的愿望。文辞含蓄，语音响亮。

荆山璞：文学型。产自荆山的璞玉。表示未曾加工雕饰，完全出自天然。

荣凤祥：文学型。“荣”用如“龙”，取“龙凤呈祥”之义，喜庆喜祥，前程无量。字形组合优美。

柳如烟：文学型。柳丝在如烟如雾的春风中荡漾，景色美，富于诗意。有女性特征。

柳宗元：文学型。推崇、尊奉事业的开创者，表示对开国、创业者的崇敬。

思任发：文学型。思路正确，就可尽情发挥，表示鼓励发挥各自的主观能动性。

钟志成：文学型。取“众志成城”之义。众心齐，泰山移，伟业可建，万事可成。

闻一多：文学型。自谦式，表示浅薄，容易满足，只知其一却自认为知之甚多。内蕴辩证思维，富于教育意义。

宫之奇：文学型。宫室中的奇才异物，表示非同寻常。三字形体组合良好。

姚醒吾：文学型。要经常反省自己，始终保持清醒的头脑，注重自我修养，有教育价值。

秦兆阳：文学型兼三美型。谐音取义，勤奋努力就象征着太阳，象征着光明的希望。语音铿锵而响亮，字形美观。

莫非仙：文学型。莫非是仙人下凡？说明与凡人不相同，有奇异之处。猜度语气。

顾云飞：文学型。眼观云飞涛涌，心中热血翻腾。情因景发，表示情绪高昂。

晏阳初：文学型。晏取“宴”义，太阳初升之宴，即早宴，送行之宴：祝君如朝阳，一帆风顺，步步登高。言辞委婉。

钱养廉：文学型。有了钱，要养成廉洁的优良作风，不能挥霍浪费。立足点较高。

高迎祥：文学型。高高兴兴地迎接吉祥与福音，一派喜悦的气氛。音、形良好。

席文翰：文学型兼三美型。“席”取“习”义，习文作画之笔，表示有志于文章写作及书画艺术。语音清亮，由弱渐强，字形好。

凌子风：文学型。凌用作“陵”，“陵子”暗指汉代隐士严子陵。陵子风，即不愿在朝为官的高士之风。

诸九鼎：文学型。九鼎为夏禹时收九州之金铸成的传国宝器，比喻神圣与高贵。

陶行知：文学型。行知统一，行为先。即实践与理论相统一，实践出真知，实践先行。辩证思维，有指导意义。

陶诗言：文学型。陶渊明诗中所描绘的那种境界，只有导向而不具体说明，含蓄。

黄炎培：文学型。发扬“炎”传统，培养为中华振兴、争光的一新人。

奢崇明：文学型。崇尚光明，表示有理想、有追求，有进取精神。字形结构良好。

盛世才：文学型。取“盛世良才”之义，时代好，人才辈出，表示大有作为，信心百倍。一二字双声，语音欠佳。

崔紫云：文学型。紫云高耸，流霞喷火，热烈而壮观，表示岁月峥嵘，极不平凡。

康泰：文学型。人康国泰，取国泰民安之义。两字都有捺，且有相似笔画，不利于书写。

梁中玉：文学型。“梁”作“粮”解，粮中见玉，宝中藏宝，十分珍贵，可喜可贺。

梁启雄：文学型。为英雄的成长开辟道路，表示呼唤英雄出世，颇具气势。

谋士赏：文学型。智谋之士交口称赞，表示计策高明，深受赏识。字形组合尚好。

彭壁辉：文学型。取成语“蓬荜生辉”之义，表达立志图新的理想。谐音兴义法。

散宜生：文学型。宽松、自由的环境宜于生长。古人名，具有辩证意识。

董智勇：文学型。既勇敢又懂智谋，是智能双全的难得人才，表示可贵。字形好。

蒋月泉：文学型。淡淡的月光下，一道泉水，明丽闪闪，流淌如银，富有诗意。

程千帆：文学型。取“千帆竞发”之义，众多船只争先恐后破浪前进。场面热烈，情绪高涨，有鼓动性。字形良好，二三字叠韵。

储安平：文学型。必要的储备是保证社会安定、太平的重要条件，说明事理，有教育作用。字形良好。

童诗白：文学型。两解：一曰写诗应当学习李白；二曰儿童诗应当明白如话。

温如玉：文学型。玉石性温，像玉石那样温情脉脉，富有女性色彩。

湛若水：文学型。心地像碧水那样清澈、明静，表示纯洁，透明度高，有个性特色。

雷天觉：文学型。雷声轰鸣是老天睡醒时的反应，表示春雷要唤醒万物。构思好。

满园春：文学型。取“满园春色”之义，表示春色正浓，百花斗艳，时光大好。

谭佑铭：文学型。谭取“谭”义，以清澈的谭水为座右铭，映照自己的人生，表示清廉洁净，无私无忧。委婉，寓意深。

赛帘秀：文学型。舞台上的门帘鲜亮秀丽、引人注目，而演员们的表演更加吸引人，赛过了一切道具。以“帘”衬人，艺术性高。

熊习武：文学型。能够习武，善于治军，表示习武治军是其优势或专长，有个性。

翟从善：文学型。“翟”取“择”义，用“择其善者而从之”的典故，表示学习善者。

墨遗萍：文学型。墨子遗传下来的一叶青萍，表示行踪不定，但执著地发扬着墨家看重实践的优良传统。

颜春辉：文学型。春风拂面，满脸春晖，喜笑颜开，表示心情欢畅。字形结构良好。

霍士廉：文学型。为官应当廉洁，廉洁是一种美德。字形组合协调。